처음 배우는 딥러닝 수학

처음 배우는 딥러닝 수학 그림으로 이해하고 엑셀로 확인하는 딥러닝 수학 기본

초판 1쇄 발행 2018년 2월 1일
초판 4쇄 발행 2019년 11월 19일

지은이 와쿠이 요시유키, 와쿠이 사다미 / **옮긴이** 박광수(아크몬드) / **펴낸이** 김태헌
펴낸곳 한빛미디어(주) / **주소** 서울시 서대문구 연희로2길 62 한빛미디어(주) IT출판부
전화 02-325-5544 / **팩스** 02-336-7124
등록 1999년 6월 24일 제25100-2017-000058호 / **ISBN** 979-11-6224-044-1 93000

총괄 전정아 / **책임편집** 이상복 / **기획·편집** 이중민 / **진행** 박지영
디자인 표지 신종식 내지 김연정 조판 김현미
영업 김형진, 김진불, 조유미 / **마케팅** 박상용, 송경석, 조수현, 이행은, 홍혜은 / **제작팅** 박성우, 김정우

이 책에 대한 의견이나 오탈자 및 잘못된 내용에 대한 수정 정보는 한빛미디어(주)의 홈페이지나 아래 이메일로
알려주십시오. 잘못된 책은 구입하신 서점에서 교환해 드립니다. 책값은 뒤표지에 표시되어 있습니다.

한빛미디어 홈페이지 www.hanbit.co.kr / 이메일 ask@hanbit.co.kr

지금 하지 않으면 할 수 없는 일이 있습니다.
책으로 펴내고 싶은 아이디어나 원고를 메일(writer@hanbit.co.kr)로 보내주세요.
한빛미디어(주)는 여러분의 소중한 경험과 지식을 기다리고 있습니다.

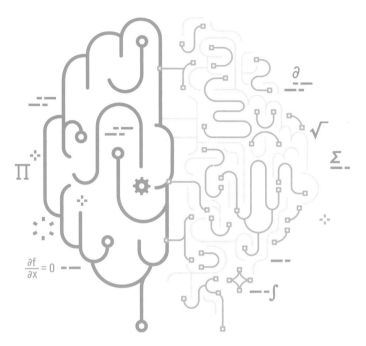

처음 배우는
딥러닝 수학

와쿠이 요시유키, 와쿠이 사다미 지음
박광수(아크몬드) 옮김

한빛미디어
Hanbit Media, Inc.

지은이 · 옮긴이 소개

지은이 **와쿠이 요시유키**

1950년 도쿄에서 태어났습니다. 도쿄교육대학(현 쓰쿠바대학) 수학과를 졸업하고 치바현립고등학교에서 학생들을 가르쳤습니다. 현재는 수학이나 과학 관련 서적을 집필하는 작가로 활동 중입니다. 한국에 소개된 책으로는 『법칙, 원리, 공식을 쉽게 정리한 수학 사전』(그린북, 2017), 『그림으로 설명하는 개념 쏙쏙 통계학 개정판』(성안당, 2017), 『과학 잡학사전』(어젠다, 2013) 등을 공저했습니다.

지은이 **와쿠이 사다미**

1952년 도쿄에서 태어났습니다. 도쿄대학 이학계 연구과 석사 과정을 수료하고, 후지쓰, 가나가와현립 고등학교에서 학생들을 가르쳤습니다. 현재는 과학 논픽션 작가로 독립해 활동 중입니다. 와쿠이 요시유키와는 형제 사이입니다. 한국에 소개된 책으로는 『법칙, 원리, 공식을 쉽게 정리한 물리 · 화학 사전』(그린북, 2017), 『그림으로 설명하는 개념 쏙쏙 통계학 개정판』(성안당, 2017), 『과학 잡학사전』(어젠다, 2013)을 공저했습니다.

옮긴이 **박광수** archmond@gmail.com

박광수라는 이름보다 '아크몬드'라는 필명으로 더 잘 알려진 블로거입니다. 2004년부터 지금까지 최신 윈도우 정보를 꾸준히 나누고 있습니다. 2007년부터 2017년까지 마이크로소프트 MVP(Windows 부문)를 수상했습니다. 오피스 365, 애저(Azure) 등 마이크로소프트의 최신 기술에 열광합니다. 현재 일본에서 서버 개발자로 활동하면서 딥러닝에 많은 관심을 두고 있습니다.

인공지능의 기반이 되는 딥러닝에 관한 관심이 높아지고 있습니다. 새 시대를 이끌 기술로 계속 발전할 것으로 기대하기 때문입니다. 현재는 여러 가지 라이브러리나 프레임워크를 이용해 딥러닝 모델을 실제 프로그래밍으로 구현하는 데 관심을 두고 있지만, 앞으로 딥러닝을 제대로 이용하려면 수학 지식을 한번은 살펴봐야 합니다. 그래야 실제 프로그래밍할 때 적절한 함수를 선택할 수 있고, 여러분에게 필요한 모델을 직접 설계할 힘이 생기기 때문입니다. 이 책에서는 이를 돕기 위해 많은 그림과 구체적인 예를 들어 딥러닝에 필요한 수학 지식을 기초부터 제대로 설명합니다.

이 책의 장점은 다음 세 가지입니다.

1 다른 딥러닝 책과 달리 딥러닝의 핵심인 신경망에 주목해 '왜 그렇게 되는지' 집중적으로 설명합니다. 이 책의 설명을 쭉 읽다 보면 그간 답답했던 마음을 해소할 수 있을 것으로 생각합니다.

2 고등학교 수준의 수학만 알면 신경망의 기초를 이해할 수 있습니다. 이 책으로 딥러닝에 관한 수학 개념을 제대로 이해한다면 머신러닝과 딥러닝 프로그래밍이 더 쉬워질 것입니다.

3 프로그래밍할 줄 모르는 분들도 엑셀을 이용해 신경망의 동작을 직접 확인해볼 수 있습니다. 기초 개념과 알고리즘을 확실하게 이해할 수 있습니다. 필기체 글자 '1', '0'을 엑셀에서 구별하는 과정을 확인해보면 작은 희열을 느낄 겁니다.

최근 도쿄에서 근무하면서 일본의 인공지능 시장을 살펴보는 중입니다. 주로 자동차 산업에서 많은 기술 발전이 이뤄지고 있지만, 농업과 사물인터넷IoT에 인공지능을 접목하는 데도 많은 연구가 진행되고 있습니다. 언뜻 보면 똑같아 보이는 채소의 '특징'을 학습해 고품질의 작물을 자동으로 선별해내는 딥러닝 기술은 미래 농업의 희망을 보여주는 사례라고 생각합니다. 이 책의 독자분이라면 더 많은 사례에 딥러닝을 적용해 더욱 멋진 세상을 만들어주면 좋겠습니다.

번역을 끝내고 하얀 바탕의 빈 문서에 옮긴이의 말을 적고 있으니 감회가 새롭습니다. 이 책을 번역하면서 도움을 준 한빛미디어의 이중민 님, 그리고 유희재, 강무성 님을 비롯한 도쿄의 지인분께 감사드립니다.

옮긴이_ **박광수**

최근 인공지능Artificial Intelligence, AI이 IT 업계의 큰 이슈입니다. 그리고 인공지능을 구현하는 주요 이론으로 딥러닝에 주목하는 개발자가 많습니다. 그럼 딥러닝을 왜 주목할까요? 다음 그림과 같은 예를 들어보겠습니다. 3장의 꽃 사진입니다.

서로 크기도 생김새도 다르지만 '장미'를 찍은 사진입니다. 사람이라면 이 사진을 '장미'라고 인식할 것입니다. '책상', '펜' 등의 다른 사진을 보더라도 사람은 무의식적으로 이러한 사물을 빠르게 구별합니다. 그럼 수많은 꽃의 사진 중에서 장미꽃만 추출하는 프로그램을 만든다고 생각해봅시다. 사람에게는 당연한 사물 인식을 컴퓨터나 기계가 이해할 수 있도록 구현하기가 어렵습니다.

컴퓨터와 수학의 세계에서 사물의 모양을 인식하는 것을 패턴 인식이라고 합니다. 실제로 20세기까지 효율적인 패턴 인식 이론을 정립하는 일은 좌절의 연속이었습니다. 예를 들어 20세기에 장미꽃 패턴 인식을 구현할 때는 '장미는 XXX한 특징이 있는 것'으로 가르치려 노력했습니다. 그러나 큰 성공을 거두지 못했습니다. 같은 장미꽃이라도 색깔이 다를 수 있고 모양도 일정하지 않기 때문입니다. 다양한 꽃 사진에서 '장미'의 특징만 정확하게 인식시키는 것은 불가능에 가까웠습니다.

이 상황은 21세기에 인공신경망Artificial Neural Network(이 책에서는 신경망이라고 할 것입니다)이라는 수학적 기법을 도입하면서 변하기 시작했습니다. 신경망은 동물의 신경 세포를 모방한 '유닛'을 축적해 네트워크를 만듭니다. 그리고 네트워크에 많은 학습 데이터를 넣고 스스로 학습합니다. 앞 예라면 많은 장미꽃 사진을 넣고 장미꽃을 찾도록 학습하겠죠. 특히 신경망을 다층 구조로 만든 합성곱 신경망Convolutional Neural Network을 이용하면서 사진과 동영상 안에 있는 사람이나 고양이도 인식할 수 있게 되었습니다. 이러한 합성곱 신경망에서 구현하는 인공지능 기술이 딥러닝입니다.

신경망의 수학 이론은 어렵지 않습니다. 기본적으로 고등학교까지 배웠던 수학으로 충분히 이해할 수 있습니다. 그러나 많은 자료에서는 다양한 이론과 연계해서 설명해야 한다는 이유로 최대한 간결한 공식으로 표현합니다. 이러한 이유로 처음 신경망을 공부할 때 수학이 어렵다는 사람이 많습니다. 이 책은 이런 어려움 없이 누구나 딥러닝의 핵심인 신경망을 쉽게 공부하는 것을 목적으로 둔 입문서입니다. 이 책을 읽고 21세기의 인공지능 발전에 조금이라도 도움을 주는 많은 사람이 등장하길 기원합니다.

끝으로 이 책의 기획부터 출간까지 많은 도움을 준 기술평론사의 와타나베 에츠지 씨에게 감사드립니다.

지은이_ **와쿠이 요시유키, 와쿠이 사다미**

이 책은 딥러닝의 핵심인 신경망을 이해하는 데 필요한 수학 이론을 설명합니다. 서문에서는 이 책을 읽는 데 필요한 여러 가지 내용을 설명합니다.

이 책을 읽는 방법

- 딥러닝을 적용하는 분야는 많지만 이 책은 계층형 신경망과 합성곱 신경망을 이미지 인식에 응용한다는 전제로 집필했습니다.
- 엄격한 수학 정확도를 추구하는 것보다 수학 이론을 쉽게 이해하는 데 중점을 두었으므로 그림을 많이 사용하고 구체적인 예를 들어 설명합니다.
- 활성화 함수는 시그모이드 함수를 사용합니다만 그 외 상황도 이해할 수 있게 설명합니다.
- 신경망의 최적화 방법으로 최소제곱법을 사용합니다만 그 외 상황도 이해할 수 있게 설명합니다.
- 신경망의 학습 방법은 크게 지도 학습과 비지도 학습이 있습니다. 이 책은 지도 학습을 사용한다는 전제로 설명합니다.
- 수학 관련 자료를 읽기 어려운 이유 중 하나는 대학교에서 배우는 수학 내용을 기반에 두는 기호 표현에 있습니다. 이 책에서는 고등학교 수학 수준의 기호로 설명해 이해를 돕습니다.
- 엑셀 예제는 이 책의 설명을 이해하는 데 도움을 주는 것입니다. 실제 엑셀의 기능을 많이 다루지 않고도 설명한 내용을 파악할 수 있도록 구성했기 때문입니다. 이 책에서 설명하는 과정을 충실하게 따라 한다면 별도로 엑셀을 공부할 필요가 없습니다.

예제 파일 다운로드

이 책에서 사용하는 예제 파일은 다음 주소에서 다운로드할 수 있습니다.

- http://www.hanbit.co.kr/src/10044

원서의 예제 파일을 직접 다운로드하고 싶은 독자는 다음 주소에서 다운로드할 수 있습니다.

- http://gihyo.jp/book/2017/978-4-7741-8814-0/support

예제 파일 설명

항목명	페이지	파일명	설명
2장 11 엑셀로 경사하강법 살펴보기	119쪽	2_11_경사하강법.xlsx	경사하강법의 원리를 살펴봅니다.
3장 05 엑셀로 신경망의 가중치와 편향 결정하기	160쪽	3_5_신경망_가중치_편향_찾기.xlsx	오차역전파법을 사용하지 않고 최적화 기법(해 찾기 기능)을 실행해 신경망을 정합니다.
4장 04 엑셀로 신경망의 오차역전파법 살펴보기	187쪽	4_4_신경망_오차역전파법.xlsx	오차역전파법을 이용하여 신경망을 정합니다.
5장 04 엑셀로 합성곱 신경망 살펴보기	228쪽	5_4_합성곱신경망.xlsx	오차역전파법을 사용하지 않고 최적화 기법(해 찾기 기능)을 실행해 합성곱 신경망을 정합니다.
5장 06 엑셀로 합성곱 신경망의 오차역전파법 살펴보기	248쪽	5_6_합성곱신경망_오차역전파법.xlsx	오차역전파법을 이용하여 합성곱 신경망을 정합니다.
부록 A 학습 데이터 1	260쪽	부록_A.xlsx	1~4장의 학습 이미지 데이터
부록 A 학습 데이터 2	261쪽	부록_B.xlsx	5장의 학습 이미지 데이터

기타

- 예제 파일은 엑셀 2013에서 만들었습니다. 엑셀 2016에서 정상 동작한다는 점은 확인했습니다.
- 내용 오류가 있다면 예제 파일의 내용은 예고 없이 변경할 수 있습니다.
- 예제 파일을 자유롭게 변경할 수 있습니다. 단, 그에 관한 문의는 받지 않습니다.

CONTENTS

Chapter 1 신경망의 동작 방식

CONTENTS

Chapter 2 신경망을 위한 수학 기초

CONTENTS

Chapter **3** 신경망 최적화

CONTENTS

Chapter 5 딥러닝과 합성곱 신경망

CONTENTS

신경망의 동작 방식

신경망은 경제나 사회 뉴스에 매일 거론되는 인공지능, 그중에서도 딥러닝의 기반이 되는 중요한 이론입니다. 이 장에서는 신경망이 무엇인지, 수학이 신경망에 어떻게 관여하는지 살펴봅니다.

01 신경망과 딥러닝

이 절에서는 기존의 인공지능과 앞으로 다루게 될 신경망(neural network, NN)이 무엇인지 간단하게 살펴보겠습니다. 신경망은 딥러닝의 출발점이기도 합니다.

20세기형 인공지능과 딥러닝

요즘 이야기하는 인공지능[Artificial Intelligence, AI]에서 이용하는 대표적인 이론이 딥러닝[Deep Learning][1]입니다. 딥러닝이 도대체 무엇이길래 이렇게 열광하는 것일까요? [표 1-1]은 딥러닝이 인공지능 분야에 이바지한 주요 사건을 정리한 것입니다.

표 1-1

년도	주요 사건
2012년	이미지 인식 콘테스트 ILSVRC[2]에서 딥러닝을 이용한 Supervision이 월등한 성능으로 1위를 차지
2012년	구글이 개발한 딥러닝 기반 인공지능이 유튜브 영상에서 고양이를 인식
2014년	애플 시리(Siri)의 음성 인식 시스템이 딥러닝을 이용하도록 변경
2016년	구글 알파고(AlphaGo)가 세계 정상급 기사 이세돌과 대결해 승리
2016년	아우디와 BMW의 자동 운전 기술에 딥러닝 적용

'사람이 가르치는' 20세기형 인공지능은 지금도 다양한 분야에서 사용 중입니다. 그러나 사용할 수 없는 분야도 있습니다. 그중 하나가 패턴 인식[Pattern Recognition]입니다.

보통 "숫자 0이다"라는 의미를 컴퓨터에 어떻게 가르치면 좋을까요? 20세기형 인공지능에게

---

1 역자주_ 일본에서는 딥러닝을 심층학습(深層学習)이라고도 합니다.
2 역자주_ The ImageNet Large Scale Visual Recognition Challenge (ILSVRC), http://www.image-net.org/challenges/LSVRC/

는 이미 컴퓨터가 인식할 수 있게 만들어 놓은 0이라는 숫자를 알려줄 것입니다. 그런데 8×8 픽셀의 필기체 숫자 이미지에서 '0'인지를 판별하는 알고리즘을 만들어야 한다고 생각해봅시다. 필기체 숫자의 예로 [그림 1-1] 같은 것이 있습니다.

그림 1-1

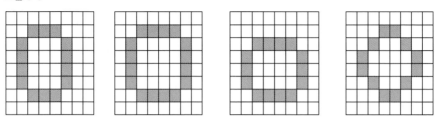

앞 그림은 크기와 모양이 다르지만, 모두 숫자 0입니다. 그런데 "0은 이런 형태다"라고 컴퓨터에게 알려주기에는 일관성이 없습니다. 더욱이 [그림 1-2] 같은 악필이라면 사람은 어떡하든 '0'이라고 판별하겠지만 컴퓨터에게 판독 조건을 가르칠 수 없을 것입니다.

그림 1-2

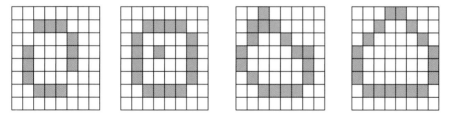

즉, '가르치는' 유형의 인공지능은 이미지나 음성 패턴 인식에 적합하지 않습니다. 현실적으로 컴퓨터에게 모든 것을 가르칠 수 없기 때문입니다.

그런데 21세기에 들어 이 문제를 쉽게 해결할 방법을 찾았습니다. 이 책에서 설명할 신경망 기반의 딥러닝입니다. 딥러닝을 처음 접하면 주어진 데이터를 스스로 학습하는 획기적인 방법이나 신기한 세계처럼 느낄 수도 있을 겁니다. 그러나 자세히 살펴보면 매우 간단한 수학 원리에 기반을 두고 있습니다.

신경망

신경망을 설명하려면 우선 생물학에서 다루는 뉴런을 이야기해야 합니다. 생물학에서는 뇌를 형성하는 뉴런(신경세포)을 다음처럼 설명합니다(더 자세한 내용은 1장 02에서 설명합니다).

1 뉴런은 네트워크를 형성합니다.

2 여러 뉴런에 전달되는 신호의 합이 일정 크기(임곗값)를 넘지 않으면, 뉴런은 전혀 반응하지 않습니다.

3 여러 뉴런에 전달되는 신호의 합이 일정 크기(임곗값)를 넘으면 뉴런이 반응하며, 다른 뉴런에 일정 강도의 신호를 전달합니다.

4 2와 3에서 여러 뉴런에 전달되는 신호의 합은 신호마다 가중치가 다릅니다.

그림 1-3

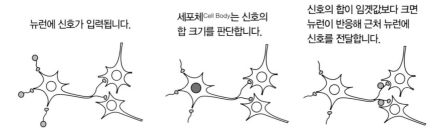

뉴런에 신호가 입력됩니다.

세포체Cell Body는 신호의 합 크기를 판단합니다.

신호의 합이 임곗값보다 크면 뉴런이 반응해 근처 뉴런에 신호를 전달합니다.

이러한 뉴런의 작용을 수학적으로 추상화해 일정 단위의 인위적인 네트워크로 표현한 것이 신경망입니다. 즉, 뇌를 형성하는 뉴런의 집합체를 수학 모델로 나타내는 것이 신경망의 출발점입니다.

기존 인공지능과 신경망 기반 인공지능의 차이

인공지능은 SF 영화나 애니메이션 등에서 예전부터 볼 수 있었던 개념입니다. 그럼 오래전부터 연구해온 인공지능과 신경망 기반 인공지능의 차이는 무엇일까요? 신경망 기반 인공지능은 과거의 데이터를 스스로 학습한다는 점이 다릅니다.

이전의 인공지능은 사람이 인공지능에게 다양한 지식을 가르친다는 전제로 만들었습니다. 산업용 로봇 등에서 많이 활용했습니다.

그림 1-4

산업용 로봇
산업용 로봇 대부분은 사람이 가르치는 유형의
인공지능을 이용합니다. 이를 이용해 각 분야
전문가의 기술을 습득한 로봇도 많습니다.

반면 신경망 기반 인공지능은 사람이 단순히 데이터를 제공할 뿐입니다. 데이터를 받은 신경망
은 네트워크의 관계 속에서 '스스로 필요한 것을 배우고 이해'하려 합니다.

뉴런 활동의 수학적 표현

1장 01에서 신경망은 뉴런의 작용을 네트워크로 표현한 것이라고 설명했습니다. 이 절에서는 뉴런의 기능을 더 자세히 살펴보고 수학적으로 추상화해보겠습니다.

뉴런의 기능

사람의 뇌 속에는 다수의 뉴런(신경세포)이 네트워크를 이룹니다. 이는 뉴런 하나가 다른 뉴런에게 신호를 받거나 보낸다는 의미입니다. 뇌는 이 네트워크상의 신호 흐름에 따라 다양한 정보를 처리합니다.

그림 1-5

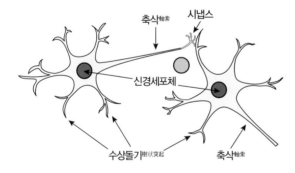

뉴런의 모식도
뉴런은 주로 신경세포체, 축삭(軸索)[3], 수상돌기로 구성됩니다. 수상돌기는 다른 뉴런에게 정보를 받는 돌기며, 축삭은 다른 뉴런에게 정보를 발송하는 돌기입니다. 수상돌기가 받은 전기 신호는 신경세포체에서 처리한 후 축삭을 지나 다음 뉴런으로 전달합니다. 또한 뉴런은 시냅스를 매개로 결합해 네트워크를 형성합니다.

뉴런이 정보를 전달하는 방법을 더 자세히 살펴봅시다. 뉴런은 [그림 1-5]처럼 신경세포체, 수상돌기, 축삭이라는 세 부분으로 구성되어 있습니다. 다른 뉴런에서 온 신호(입력 신호)는 수상돌기를 통해 신경세포체(뉴런 본체)에 전달됩니다. 뉴런 본체는 여러 뉴런에서 온 입력 신

---

3 역자주_ https://ko.wikipedia.org/wiki/축삭

호를 합해서 반응 여부를 판단한 후 신호를 보내야 하면 축삭 끝의 시냅스를 이용해 다른 뉴런에 전달합니다.

그렇다면 뉴런은 어떤 방식으로 입력 신호를 합해서 반응 여부를 판단할까요? 어떤 뉴런이 여러 뉴런에게 입력 신호를 받았다고 합시다. 이때 여러 뉴런에게 받은 '신호의 합'이 작아서 뉴런 고유의 경곗값境界値(임곗값이라고도 합니다)을 넘지 않으면 뉴런의 신경세포체는 받은 신호를 무시[4]하고 아무런 반응을 하지 않습니다.

그림 1-6

뉴런에 신호 입력   신경세포체는 신호를 합함   신호의 합이 임곗값보다 작을 때는 무시

반대로 **입력 신호의 합**이 뉴런 고유의 경곗값(**임곗값**)을 넘으면 신경세포체는 축삭으로 연결된 다른 뉴런에 신호를 전합니다.

그림 1-7

뉴런에 신호 입력   신경세포체는 신호를 합함   신호의 합이 임곗값보다 클 때는 반응해 옆 뉴런에 신호 전달

그럼 뉴런이 반응했을 때 출력 신호는 어떻게 표현할까요? 보통 출력했는지를 일정 단위로 표현합니다. 즉, 인근의 뉴런에서 큰 자극을 얻었든, 여러 신경이 축삭에 연결되었든 해당 뉴런은 출력 여부만 나타냅니다. 컴퓨터에서는 0 또는 1의 디지털 정보로 표시합니다.

----

4 뉴런이 작은 입력 신호를 무시하는 것은 생명체에게 중요한 일입니다. 사소한 신호의 요동에도 뉴런이 반응하면 신경계는 '정서 불안정' 상태가 됩니다.

뉴런의 활동을 수학으로 표현하기

방금 살펴본 뉴런의 반응 구조를 정리해봅시다.

1 다른 여러 뉴런의 '신호 합'이 뉴런의 입력입니다.
2 '신호 합'이 뉴런 고유의 임곗값보다 크면 반응합니다.
3 뉴런의 출력 신호는 반응했는지를 0과 1의 디지털 신호로 표현합니다. 복수의 출력 신호가 있더라도 반응 여부를 0과 1이라는 값으로 표현할 뿐입니다.

그럼 이 반응 구조를 수학으로 표현해봅시다.

먼저 입력 신호의 수식 표현입니다. 입력 신호는 옆 뉴런의 출력 신호고, '있음'과 '없음'의 두 가지 정보로 나타낼 수 있습니다. 따라서 입력 신호를 변수 x라고 할 때 다음과 같이 표현할 수 있습니다.[5]

$$\begin{cases} \text{입력 신호 없음: } x = 0 \\ \text{입력 신호 있음: } x = 1 \end{cases}$$

그림 1-8

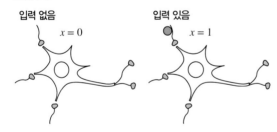

입력 없음　$x = 0$　　**입력 있음**　$x = 1$

뉴런의 입력 신호 유무를 디지털로 표현
하면 $x = 0, x = 1$입니다.

다음으로 출력 신호의 수식 표현입니다. 출력 신호 또한 '있음', '없음'으로 나타낼 수 있습니다. 따라서 출력 신호를 변수 y라고 할 때 다음과 같이 표현할 수 있습니다.

$$\begin{cases} \text{출력 신호 없음: } y = 0 \\ \text{출력 신호 있음: } y = 1 \end{cases}$$

---

5 단, 시각세포에 직접 연결되는 뉴런 등은 이렇게 활동한다고 단정 지을 수 없습니다. 시각세포에 입력되는 정보는 아날로그이기 때문입니다.

그림 1-9

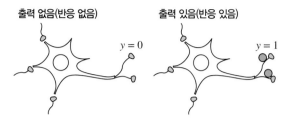

출력 없음(반응 없음)   출력 있음(반응 있음)

$y = 0$ $y = 1$

뉴런의 출력 신호 유무를 디지털로 표현하면 $y = 0$, $y = 1$입니다. [그림 1-9]에서는 출력 대상이 2개지만 출력 신호의 유무만 나타냅니다.

마지막으로 뉴런의 반응 여부를 수식으로 표현해보겠습니다. 앞에서 뉴런의 반응 여부는 다른 뉴런의 입력 신호 합으로 판단한다고 했는데 합을 얻는 방식은 단순하지 않습니다. 예를 들어 테니스 경기 중 시각 신경의 신호와 청각 신경의 신호를 받는다면 뇌는 '가중치[6]'를 고려한 신호의 합을 뉴런의 입력 신호로 삼습니다. 즉, 인접한 뉴런 1, 2, 3의 입력 신호를 각각 x_1, x_2, x_3이라고 하면, 대상 뉴런의 입력 신호는 다음과 같이 표현될 것입니다.

식 1-1

$$w_1x_1 + w_2x_2 + w_3x_3$$

이 표현식의 w_1, w_2, w_3는 입력 신호 x_1, x_2, x_3의 가중치weight입니다.

그림 1-10

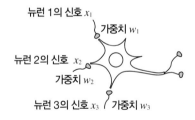

뉴런 1의 신호 x_1

가중치 w_1

뉴런 2의 신호 x_2

가중치 w_2

뉴런 3의 신호 x_3 가중치 w_3

왼쪽 뉴런은 다른 뉴런의 입력 신호 x_1, x_2, x_3에 가중치 w_1, w_2, w_3을 곱해 입력 신호로 삼습니다. 입력 신호의 합은 [식 1-1]과 같습니다.

그런데 뉴런은 신호의 합이 임곗값보다 크면 반응하고 작으면 반응하지 않는다고 했습니다. 따라서 [식 1-1]을 이용해 '반응 조건'을 [식 1-2]처럼 표현할 수 있습니다.

---

6 '가중치'는 결합하중(結合荷重), 결합부하(結合負荷)라고도 합니다. 이 책은 가중치라고 표현하겠습니다.

식 1-2

$$\begin{cases} \text{출력 신호 없음}\,(y = 0)\colon w_1x_1+w_2x_2+w_3x_3 < \theta \\ \text{출력 신호 있음}\,(y = 1)\colon w_1x_1+w_2x_2+w_3x_3 \geqq \theta \end{cases}$$

여기서 θ는 뉴런 고유의 임곗값입니다.

> **NOTE_** 2개의 뉴런 I, 2에서 입력 신호를 변수 x_1, x_2로, 가중치를 w_1, w_2로, 대상 뉴런의 임곗값을 θ라고
> 가정하겠습니다. $w_1 = 5$, $w_2 = 3$, $\theta = 4$일 때, 신호의 합 $w_1x_1+w_2x_2$ 값과 반응 여부를 나타내는 출력 신호
> y 값을 알아보면 다음과 같습니다.

표 1-2

입력 x_1	입력 x_2	신호의 합 $w_1x_1+w_2x_2$	반응	출력 신호 y
0	0	$5 \times 0 + 3 \times 0 = 0 < 4$	없음	0
0	1	$5 \times 0 + 3 \times 1 = 3 < 4$	없음	0
1	0	$5 \times 1 + 3 \times 0 = 5 \geqq 4$	있음	1
1	1	$5 \times 1 + 3 \times 1 = 8 \geqq 4$	있음	1

반응 조건 그래프

앞에서 살펴본 반응 조건에 관한 [식 1-2]를 시각화해봅시다. 뉴런에 입력되는 신호 합([식 1-1])을 가로축으로, 뉴런의 출력 신호 y를 세로축으로 두어 [식 1-2]를 그래프로 만들면 다음과 같습니다. [식 1-1]이 θ보다 작거나 그 이상일 때 0과 1의 값을 취합니다.

그림 1-11

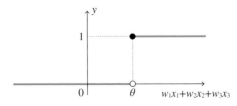

반응 조건 그래프. 가로축은 신호 합
$w_1x_1+w_2x_2+w_3x_3$을 나타냅니다.

이 그래프를 함수로 일반화하면 다음과 같습니다. 이러한 함수를 '단위 계단 함수'라고 합니다.

$$u(z) = \begin{cases} 0 & (z < 0) \\ 1 & (z \geqq 0) \end{cases}$$

앞 단위 계단 함수의 그래프는 다음과 같습니다.

그림 1-12

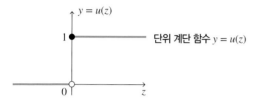

또한 단위 계단 함수 $u(z)$를 이용하면 반응 조건에 관한 [식 1-2]를 하나의 식으로 표현할 수 있습니다.

식 1-3

반응 조건에 관한 식: $y = u(w_1x_1 + w_2x_2 + w_3x_3 - \theta)$

[표 1-3]은 [식 1-3]과 [식 1-2]가 같다는 사실을 정리한 것입니다.

표 1-3

y	$w_1x_1+w_2x_2+w_3x_3$	$z = w_1x_1+w_2x_2+w_3x_3-\theta$	$u(z)$
0(반응하지 않음)	θ보다 작음	$z < 0$	0
1(반응함)	θ보다 큼	$z \geqq 0$	1

또한 이 표의 z([식 1-3]의 단위 계단 함수 인수)를 뉴런의 가중 입력이라고 합니다.

식 1-4

$z = w_1x_1 + w_2x_2 + w_3x_3 - \theta$

NOTE_ $w_1x_1+w_2x_2+w_3x_3=\theta$의 다른 표현

[식 1-2]를 다음처럼 표기하기도 합니다. 자세히 살펴보면 부등호 방향이 반대입니다.

$$\begin{cases} \text{출력 신호 없음}(y = 0): w_1x_1+w_2x_2+w_3x_3 < \theta \\ \text{출력 신호 있음}(y = 1): w_1x_1+w_2x_2+w_3x_3 \geqq \theta \end{cases}$$

생물학적으로는 큰 차이일지도 모르지만 앞으로 이 책에서 다룰 신경망에서는 큰 상관이 없습니다. 단위 계단 함수를 이용하지 않기 때문입니다. 이 책에서는 단위 계단 함수를 미분 가능하게 곡선으로 만드는 시그모이드 함수(Sigmoid Function)를 사용합니다. 다음 절에서 다룹니다.

03 뉴런의 활동을 일반화하는 활성화 함수

1장 02에서는 뉴런의 활동을 수학적으로 표현해봤습니다. 이번 절에서는 뉴런의 활동을 일반화해 보겠습니다.

뉴런 그림 단순화하기

1장 02에서 뉴런을 [그림 1-13]처럼 표현했습니다. 이렇게 표현한 이유는 좀 더 뉴런의 이미지에 가깝게 하기 위해서입니다.

그림 1-13

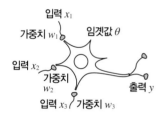

뉴런의 이미지(입력 3개, 출력 2개일 때).
축삭에서 출력 대상이 2개로 나뉘더라도
대상 모두의 출력 여부를 나타냅니다.

그런데 네트워크를 묘사하려면 많은 뉴런을 그려야 하므로 [그림 1-13]은 적합하지 않습니다. 그래서 다음처럼 단순화한 [그림 1-14]를 이용합니다. 이렇게 하면 많은 뉴런을 그리기 쉽습니다.

그림 1-14

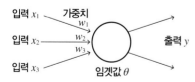

뉴런의 모식도. 화살표선의 방향으로 입출력을 구별합니다. 뉴런의 출력으로 2개의 화살표선이 있더라도 출력 여부는 y로 나타냅니다.

이처럼 단순하게 추상화한 뉴런을 생물학의 뉴런과 구별하여 유닛^{unit7}이라고 하겠습니다.

활성화 함수

앞에서 뉴런 그림을 단순화하면서 입력 신호를 수학적으로 일반화하는 것은 살펴봤습니다. 이번에는 출력 신호도 수학적으로 일반화해보겠습니다.

보통 생물학적 뉴런의 반응 여부에 따라서 출력 신호 y는 0과 1이라는 값으로 표현합니다([그림 1-15] 참고).

그림 1-15

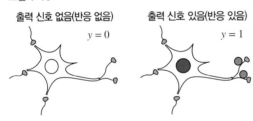

그러나 '생물학적'이라는 조건을 두지 않으면 굳이 '0과 1'로 표현하지 않아도 됩니다. 즉, 반응 여부를 나타내는 [식 1-3]은 단위 계단 함수 u를 특정 값에 영향을 받지 않는 함수 a로 바꿔 일반화할 수 있습니다.

식 1-5

$$y = a(w_1x_1 + w_2x_2 + w_3x_3 - \theta)$$

이때 함수 a는 작성자가 정의하는 함수로 **활성화 함수**^{activation function8}라고 합니다. x_1, x_2, x_3은 뉴런 입력 신호로 사용하는 임의의 수, y는 함수 a가 취하는 임의의 수입니다.

....

7 유닛을 '뉴런'이라고 부르는 자료도 많습니다. 이 책에서는 생물학적인 의미가 있는 뉴런(신경세포)과 구별하기 위해 유닛(단위)이라는 용어를 사용합니다. 또한 유닛을 인공 뉴런이라고 부르는 자료도 있지만 생물학적인 인공 뉴런도 존재하므로 혼란을 피하고자 사용하지 않겠습니다.

8 활성화 함수는 전달 함수라고도 합니다. 이 책에서는 '활성화 함수'라고 할 것입니다. [식 1-5]는 3개의 입력만 고려했지만 쉽게 일반화할 수 있습니다. 또한 [식 1-3]에서 사용한 단위 계단 함수 $u(z)$도 활성화 함수의 하나입니다.

참고로 [식 1-5]는 신경망 모델의 출발점이며 [식 1-3]과는 다르게 반응 여부를 표현하는 출력 y를 0과 1로 한정 짓지 않습니다. 생물학에서 말하는 '흥분도', '반응도', '활성도'로 유닛의 상태를 구분합니다. 이러한 뉴런과 유닛의 차이점을 종합해서 정리하면 [표 1-4] 및 [그림 1-16]과 같습니다.

표 1-4

	뉴런	유닛
활성화 함수	단위 계단 함수	사용자가 정의합니다. 시그모이드 함수가 유명합니다.
출력값 y	0 또는 1	활성화 함수를 사용할 수 있는 임의의 수
출력 신호 해석	반응 여부	유닛의 흥분도, 반응도, 활성도

그림 1-16

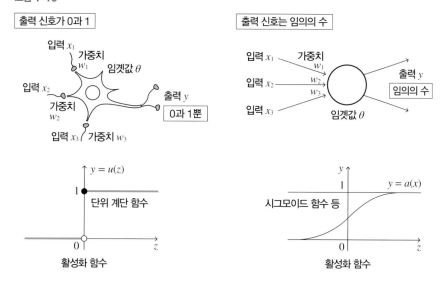

[식 1-3](뉴런의 단위 계단 함수)을 [식 1-5](유닛의 활성화 함수)로 일반화하는 것이 적합한가는 사용자가 만든 신경망 모델이 실제 데이터를 잘 설명하는지로 확인해야 합니다. 참고로 현재 [식 1-5]를 이용하는 신경망 모델은 많은 패턴 인식 문제 해결에서 훌륭한 성과를 내고 있습니다.

시그모이드 함수

활성화 함수의 대표적인 예는 시그모이드 함수 $\sigma(z)$입니다. 정의는 다음과 같습니다.

식 1-6

$$\sigma(z) = \frac{1}{1 + e^{-z}} \quad (e = 2.718281 \cdots)$$

자세한 내용은 2장 01에서 다루기로 하고 먼저 이 함수의 그래프를 살펴봅시다. 시그모이드 함수 $\sigma(z)$의 출력은 0보다 크고 1보다 작은 임의의 값입니다. 또한 미분 가능 함수[9]입니다. 이 두 특성이 시그모이드 함수를 사용하는 이유입니다.

그림 1-17

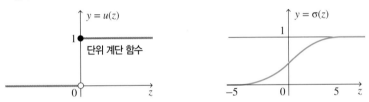

오른쪽이 활성화 함수의 대표적인 사례인 시그모이드 함수 $\sigma(z)$의 그래프입니다. 원점 근처에서 값이 연속된다는 부분 말고는 단위 계단 함수(왼쪽)와 비슷합니다. 시그모이드 함수는 어디서나 미분 가능하다는 특징이 있습니다. 참고로 시그모이드는 'Σ(시그마)를 닮았다'라는 뜻입니다.

단위 계단 함수의 출력값은 반응 여부를 표현하는 0이나 1입니다. 그러나 시그모이드 함수는 0보다 크고 1보다 작은 값을 출력하며, 유닛의 '흥분도'나 '반응도'를 나타냅니다. 예를 들어 출력값이 1에 가까우면 흥분도가 높고, 0에 가까우면 낮다고 생각하는 것입니다.

---

9 역자주_ https://ko.wikipedia.org/wiki/미분_가능_함수, https://ko.wikipedia.org/wiki/매끄러운_함수 참고.

그림 1-18

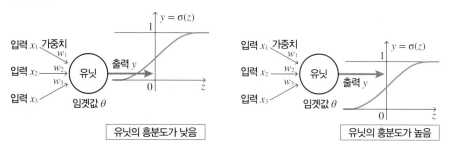

이 책은 앞으로 계산하기 쉬운 시그모이드 함수 $\sigma(z)$를 활성화 함수로 이용합니다. 참고로 단순하게 값이 증가하는 미분 가능 함수로 대체해도 원리는 같습니다.

편향

[식 1-5] 활성화 함수에서 θ는 뉴런의 신호 출력 여부를 결정하는 '임곗값'입니다. θ가 크면 흥분도가 낮고(둔감), 작으면 흥분도가 높습니다(민감).

그런데 θ 앞에 마이너스 기호가 있다면 계산할 때 실수하기 쉽습니다. 그러니 $-\theta$를 b로 치환하겠습니다. 이 b를 편향bias이라고 합니다. [식 1-7]과 같습니다.

식 1-7

$$y = a(w_1x_1 + w_2x_2 + w_3x_3 + b)$$

[식 1-7]의 관계를 그림으로 나타내면 다음과 같습니다.

그림 1-19

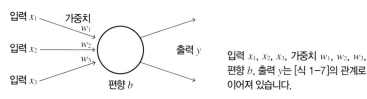

입력 x_1, x_2, x_3, 가중치 w_1, w_2, w_3, 편향 b, 출력 y는 [식 1-7]의 관계로 이어져 있습니다.

이 책은 [식 1-7]을 표준 식으로 이용합니다. 이때 가중 입력 z는 다음과 같습니다.

식 1-8

$$z = w_1x_1 + w_2x_2 + w_3x_3 + b$$

[식 1-7]과 [식 1-8]은 앞으로 신경망 이야기의 출발점이 될 중요한 수식입니다.

가중치 w_1, w_2, w_3의 임곗값 $\theta(= -b)$는 음수가 되지 않습니다. 자연 현상에서 실제 음수로 표현할 상황이 잘 없기 때문입니다. 그러나 뉴런을 일반화한 유닛에서는 음수도 허용합니다.

NOTE_ 유닛 연산의 예

입력 x_1의 가중치는 2, 입력 x_2의 가중치는 3, 편향은 -1인 유닛이 있다고 생각해봅시다.

이때 입력 x_1이 0.2, 0.6, x_2가 0.1, 0.5일 때 가중 입력 z, 출력 y를 구하면 다음과 같습니다(활성화 함수는 시그모이드 함수고 [식 1-6]의 e는 2.7로 계산합니다).

그림 1-20

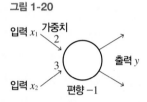

표 1-5

입력 x_1	입력 x_2	가중 입력 z	출력 y
0.2	0.1	$2\times0.2 + 3\times0.1 - 1 = -0.3$	0.43
0.6	0.5	$2\times0.6 + 3\times0.5 - 1 = 1.7$	0.84

NOTE_ 식 1-8의 재구성

[식 1-8]을 다음처럼 재구성할 수 있습니다.

식 1-9

$$z = w_1x_1 + w_2x_2 + w_3x_3 + b\times1$$

이는 가상의 입력을 하나 늘렸을 때 항상 1이라는 입력이 있다고 해석할 수 있습니다([그림 1-21] 참고).

한편 가중 입력은 두 벡터의 내적으로 표현할 수 있습니다.

$(w_1, w_2, w_3, b)(x_1, x_2, x_3, 1)$

내적 계산은 컴퓨터를 활용했을 때 장점이 있습니다. 그러므로 내적을 잘 활용하도록 합시다.

그림 1-21

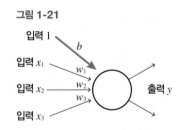

04 신경망

이 책에서 주로 다룰 주제인 신경망이 무엇인지 알아봅시다.

신경망이란

1장 03에서는 뉴런을 모델화한 유닛을 살펴봤습니다. 뇌는 뉴런의 네트워크로 구성된다고도 할 수 있으므로 '유닛'으로 구성하는 네트워크를 만들면 뇌의 역할을 하는 어떤 '지능'이 탄생할 것을 기대할 수 있습니다. 그리고 '유닛 네트워크'는 기대를 배신하지 않고 인공지능 분야에서 큰 성과를 거뒀습니다.

신경망을 이야기하기 전에 1장 03에서 설명한 '유닛'의 특징을 다시 정리해보겠습니다.

- 유닛은 입력 $x_1, x_2, \cdots, x_n$을 가중치를 포함하는 입력 z로 정리합니다.
- 가중치를 포함하는 입력 z는 [식 1−10]으로 표현합니다.

    식 1-10
    $z = w_1x_1 + w_2x_2 + \ldots + w_nx_n + b$ ($w_1, w_2, \cdots, w_n$은 가중치, b는 편향, n은 입력 수)

- 유닛은 가중치를 포함하는 입력 z를 매개변수로 사용하는 활성화 함수며 y를 출력합니다. 이를 [식 1−11]로 표현합니다.

    식 1-11
    $y = a(z)$

그림 1-22

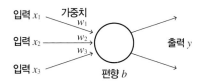

유닛은 연산 기능이 있습니다. 출력이 다수 있어도 출력값은 0 또는 1입니다.

신경망[10]을 만드는 방법은 다양합니다. 이 책에서는 신경망의 기본인 계층형 신경망과 발전형인 합성곱 신경망Convolutional Neural Network, CNN[11]을 알아볼 것입니다.

신경망 안 층의 역할

계층형 신경망은 [그림 1-23]처럼 입력층, 은닉층(중간층), 출력층이라는 층layer으로 구분한 유닛으로 신호를 처리한 후 출력층에서 결과를 얻습니다.

그림 1-23

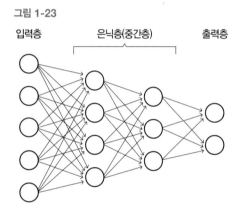

입력층 은닉층(중간층) 출력층

계층형 신경망의 예. 계층형 외에도
'상호결합형' 등의 다양한 네트워크가
있습니다.

각 층은 정해진 특정 작업을 합니다. 입력층은 신경망에 할당하는 입력 정보를 가져옵니다. 이 층에 속한 유닛은 입력을 의미하는 화살표선이 없으므로 데이터에서 얻은 값을 그대로 출력하는 단순한 유닛으로 생각하면 됩니다.

은닉층은 앞에서 살펴본 [식 1-10]과 [식 1-11]을 처리합니다. 화살표선 방향으로 가리키는 유닛에 연산 결과를 전달하며, 신경망에서 실제로 정보를 처리하는 부분입니다.

출력층은 중간층과 마찬가지로 [식 1-10]과 [식 1-11]을 처리하면서 신경망에서 계산한 결과를 출력합니다. 이는 해당 신경망 전체의 출력 결과이기도 합니다.

----

10 보통 생물학적 신경망과 구별하기 위해 인공신경망이라고 합니다. 이 책에서는 생물학적 신경망을 다루지 않으므로 '인공'은 붙이지 않겠습니다.

11 https://goo.gl/9d5Smq 참고.

신경망 예 살펴보기

지금부터 4장까지 이어서 설명하는 예제를 이용해 신경망의 구조를 알아보겠습니다. 이 예에 서는 4×3 픽셀로 이루어진 64개의 흑백 이미지(학습 데이터)에 있는 필기체 숫자 0, 1을 식 별하는 신경망(앞으로 '필기체 숫자 식별 신경망'이라고 하겠습니다)을 살펴볼 것입니다. 간단 하지만 본질을 이해하기에 충분하며 신경망이 더 복잡해지더라도 응용하기 쉽습니다.

신경망은 [그림 1–24][13]처럼 구성할 수 있습니다.

그림 1-24

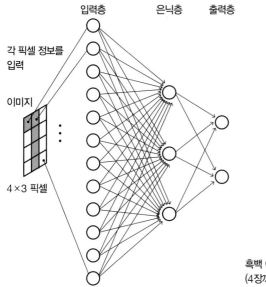

12 역자주_ https://en.wikipedia.org/wiki/Convolutional_neural_network
13 [그림 1–24] 이외의 다양한 방식으로 같은 조건에 맞는 신경망을 구성할 수 있습니다.

'필기체 숫자 식별 신경망'의 특징은 입력층의 유닛 전부가 중간층이 유닛 전부에 출력 신호를 보낸다는 것입니다(이러한 계층 구조를 완전 연결 계층$^{\text{fully connected layer}}$이라고 합니다). 컴퓨터로 연산하는 데 매우 적합한 형태입니다.

입력층의 의미

입력층이 12개의 유닛으로 구성된 것은 바로 이해할 것입니다. $12\,(4 \times 3)$개의 픽셀 정보를 신경망에서 읽을 필요가 있기 때문입니다

그림 1-25

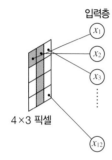

입력층

x_1
x_2
x_3
⋮
x_{12}

4×3 픽셀

입력층의 유닛 수는 12개
$x_1, x_2, \cdots, x_{12}$에는 이미지 데이터의
12개 픽셀값이 들어갑니다.

입력층의 유닛은 입력과 출력이 '동일'합니다. 굳이 활성화 함수 $a(z)$를 도입한다면 항등함수$^{\text{identity function}}$ $(a(z) = z)$를 사용하면 됩니다.

출력층의 의미

출력층을 2개의 유닛으로 구성한 이유는 필기체 숫자 '0', '1'의 식별과 관계가 있습니다. 필기체 숫자 '0'을 읽을 때 값을 출력하는(반응하는) 유닛과 숫자 '1'을 읽을 때 값을 출력하는 유닛이 필요하기 때문입니다.

예를 들어 시그모이드 함수를 활성화 함수로 이용한다고 합시다. 이때 필기체 숫자 '0' 이미지를 읽을 때 출력층 '위' 유닛은 '아래' 유닛보다 큰 값을, 반대로 필기체 숫자 '1'의 이미지를 읽을 때는 출력층 '아래' 유닛이 '위' 유닛보다 큰 값을 출력한다고 생각하면 됩니다. 이렇게 신경망 전체의 필기체 숫자 식별을 출력층 유닛의 출력값에 따르게 합니다.

그림 1-26

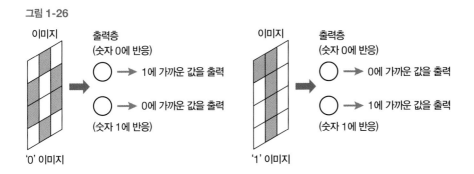

은닉층의 의미

은닉층(중간층)은 입력한 이미지의 특징을 추출하는 역할을 맡습니다. 그러나 은닉층이 왜 입력 이미지의 특징을 추출할 수 있는지는 간단하게 설명하기 힘듭니다. 또한 은닉층이 왜 하나의 층으로 구성되었는지, 2개 층이 아닌지, 왜 유닛 3개로 구성되어 있는지, 유닛 5개가 아닌지 등의 의문도 생길 수 있을 겁니다. 이러한 의문의 답은 1장 05에서 설명합니다.

NOTE_ 경험에서 우러난 신경망 구성의 법칙

'필기체 숫자 식별 신경망'에서 출력층의 유닛을 하나로 합해 출력이 0에 가까운지, 1에 가까운지로 필기체 숫자 '0'과 '1' 이미지를 구별할 수도 있습니다. 그런데 [그림 1-26]에서 적용한 출력층 유닛 2개일 때와 방금 설명한 유닛 1개일 때 중 무엇이 더 좋은지는 수학적으로 판단할 수 없습니다. 단, 컴퓨터로 문자 2개를 판별할 때는 유닛 2개를 사용하는 것이 좋다고 말할 수는 있습니다. 신경망의 구조가 간단하고 식별하기 쉽다는 사례가 있기 때문입니다.

악마가 설명하는 신경망 구조

앞 절에서 신경망 개론을 알아보았습니다. 그러나 은닉층은 어려운 내용이므로 자세히 설명하지 않았습니다. 여기에서는 '특징 추출[14]'이라는 중요한 역할을 하는 은닉층에 초점을 두고 설명하겠습니다.

은닉층의 중요성

'무작정' 유닛을 연결하는 것으로는 쓸만한 신경망을 만들 수 없습니다. 신경망의 동작을 뒷받침하려면 설계자의 정확한 '예측'이 필요한데, '예측'에서 특히 중요한 것이 은닉층입니다. 여기에서는 1장 04에서 소개한 '필기체 숫자 식별 신경망'을 기반으로 은닉층을 구체적으로 설명해 보겠습니다.

1장 01에서 패턴 인식을 구현하기 어려운 이유로 정답이 명확하지 않다는 점을 언급했었습니다. '필기체 숫자 식별 신경망'에서도 그러한 특성이 있습니다. 고작 4×3 픽셀의 흑백 이미지라도 읽을 수 있는 필기체 숫자 0과 1의 이미지 패턴은 다양합니다.

예를 들어 [그림 1-27]은 필기체 숫자 0으로 볼 수 있는 이미지입니다.

그림 1-27

필기체 숫자 0을 의미하는 이미지

---

14 역자주_ https://en.wikipedia.org/wiki/Feature_extraction

사람은 어떻게든 숫자 '0'이라고 읽을 수 있어도 컴퓨터가 판단하기엔 어려울 것입니다.

숫자 0을 식별하는 악마들의 관계

명확한 기준이 없는 문제를 어떻게 해결할까요? 신경망은 '네트워크의 판단'이라는 방법으로 해결합니다. 여기에서는 '네트워크의 판단'을 악마 조직의 정보망에 빗대어 설명해볼 것입니다. 본질을 설명하는 비유일 겁니다.

악마 조직은 다음처럼 구성되어 있습니다. 은닉층에는 3명의 '숨은 악마[15]' A, B, C가 있고, 출력층에는 2명의 '출력 악마' 0과 1이 살고 있습니다. 입력층에는 12명의 '부하' ①~⑫가 숨은 악마 A, B, C를 섬기고 있다고 합시다. 이를 나타내면 [그림 1-28]과 같습니다.

그림 1-28

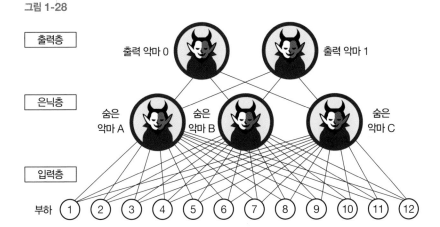

최하층(입력층)에 사는 12명의 '부하'들은 4×3 픽셀로 구성된 이미지의 픽셀 하나입니다. 부하들은 신호가 OFF(값 0)라면 자고 있지만 ON(값 1)이 되면 활동하며, 주인인 '숨은 악마' A, B, C에 활동 정보(출력 신호)를 전달합니다.[16]

....

15 '숨은 악마' A, B, C는 생물학에서 알려진 세포의 '특징 추출'을 추상화한 것입니다.
16 흑백이 아닌 이미지 정보도 처리 방식은 같습니다.

그림 1-29

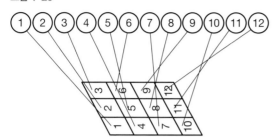

이미지 안에 사는 '부하'들. 부하 각각은
분담하는 이미지 정보를 읽고 신호가
ON이면 활동합니다.

은닉층에 사는 숨은 악마 3명은 입력층에 사는 부하 12명에게 활동 정보(입력 신호)를 받습니다. 그리고 받은 정보를 종합하여 필요(값의 크기)에 따라 자신도 활동하면서 그 활동 정보(출력 신호)를 출력층에 사는 출력 악마에게 전합니다.

출력층에 사는 출력 악마 0과 1도 은닉층에 사는 숨은 악마 3명에게서 활동 정보(입력 신호)를 받습니다. 숨은 악마와 마찬가지로 건네받은 활동 정보를 종합하여 필요(값의 크기)에 따라서 자신도 활동합니다. 그리고 이 출력 악마의 활동 정보(출력 신호)가 악마 집단 전체의 판단(출력)이 됩니다. 출력 악마 0이 출력 악마 1보다 더 많이 활동(출력이 더 크면)하면 신경망은 이미지를 숫자 '0'으로 판단합니다. 반대라면 '1'로 판단합니다.

그림 1-30

그런데 숨은 악마 A, B, C는 별난 취향이 있습니다. [그림 1-31] 패턴 A, B, C의 무늬를 좋아한다는 것입니다(악마 A는 패턴 A를 좋아합니다). 이 특징이 신경망의 특성을 좌우합니다(악마의 '취향'을 판별하는 것이 설계자의 '예측'입니다).

그림 1-31

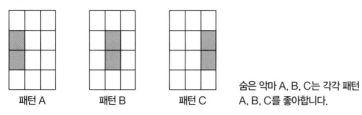

패턴 A   패턴 B   패턴 C

숨은 악마 A, B, C는 각각 패턴
A, B, C를 좋아합니다.

따라서 숨은 악마 A, B, C는 앞 패턴에 따라 12명의 부하 중 관계가 좋은 부하가 있습니다. 예를 들어 숨은 악마 A라면 부하 ④, ⑦과 좋은 관계입니다(패턴 A는 4번과 7번 픽셀에 무늬가 있기 때문입니다).

그림 1-32

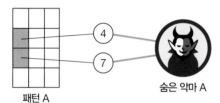

패턴 A   숨은 악마 A

숨은 악마 A는 패턴 A를 좋아하므로
부하 ④, ⑦과 좋은 관계입니다.

마찬가지로 부하 ⑤, ⑧은 숨은 악마 'B', 부하 ⑥, ⑨는 숨은 악마 C와 좋은 관계입니다. 따라서 활동 정보를 전달하는 파이프를 더 굵게 표시하겠습니다([그림 1-33] 참고).

그림 1-33

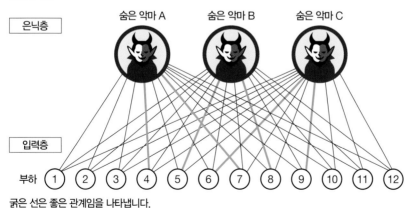

은닉층   숨은 악마 A   숨은 악마 B   숨은 악마 C

입력층

부하 ① ② ③ ④ ⑤ ⑥ ⑦ ⑧ ⑨ ⑩ ⑪ ⑫

굵은 선은 좋은 관계임을 나타냅니다.

은닉층에 사는 숨은 악마 A, B, C외 출력층에 사는 출력 악마 0, 1에도 좋은 관계가 있습니다. 출력 악마 0은 숨은 악마 A, C와 좋은 관계고, 출력 악마 1은 숨은 악마 B와 좋은 관계입니다.

그림 1-34

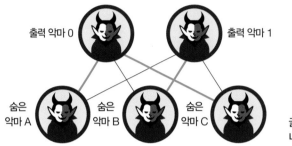

이상이 악마 집단의 관계입니다. 숨은 악마 A, B, C의 취향 이외에는 사람이 사는 사회 어디든 있을 법한 관계입니다.

그럼 이 관계에서 어떤 상황이 일어날까요? 예를 들어 이미지에서 필기체 숫자 '0'을 읽는다고 하겠습니다.

그림 1-35

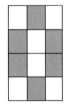
숫자 0의 패턴

각 픽셀에 있는 부하 ④, ⑥, ⑦, ⑨는 이 이미지를 보고 활동하기 시작합니다([그림 1-36] 참고).

그림 1-36

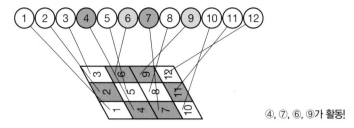

④, ⑦, ⑥, ⑨가 활동!

그런데 활동 중인 부하 ④와 ⑦은 자신과 관계가 좋은 숨은 악마 A에, ⑥과 ⑨는 역시 자신과 관계가 좋은 숨은 악마 C에 활동 정보를 더 적극적으로 전합니다. 반면 숨은 악마 B에는 활동 정보를 그다지 적극적으로 전하지 않습니다.

그림 1-37

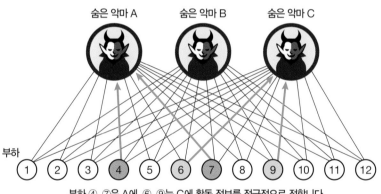

부하 ④, ⑦은 A에, ⑥, ⑨는 C에 활동 정보를 적극적으로 전합니다

부하의 활동 정보를 받은 은닉층의 숨은 악마는 무엇을 할까요? 적극적인 정보를 받은 숨은 악마 A와 C는 당연히 본인들도 활동하려고 합니다. 한편 숨은 악마 B는 부하에게 많은 정보를 전달받지 않았으므로 활동하지 않습니다.

그림 1-38

활동   비활동   활동

숨은 악마 A   숨은 악마 B   숨은 악마 C

숨은 악마 A, C는 활동하고
B는 활동하지 않습니다.

출력층에 사는 출력 악마는 무엇을 할까요? 출력 악마 0은 활동 중인 숨은 악마 A, C와 관계가 좋으므로 적극적인 활동 정보를 받으면 움직이려고 합니다. 반면 출력 악마 1은 숨은 악마 A, C와는 좋은 관계가 아닐뿐더러, 좋은 관계인 숨은 악마 B는 적극적인 활동 상태가 아니므로, 활동하지 않는 상태 그대로입니다.

그림 1-39

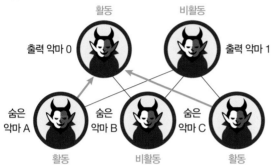

출력 악마 0은 활동하고, 출력 악마 1은 활동하지 않는 상태입니다.

이렇게 필기체 숫자 '0'의 이미지를 계속 읽다 보면 악마들의 관계에서 "출력 악마 0은 활동, 출력 악마 1은 비활동"이라는 결과를 얻습니다. 즉, "출력 악마 0이 적극적으로 활동한다면 숫자 0을 읽은 상태"라는 해답을 악마 조직의 네트워크가 끌어낸 것입니다.

그림 1-40

악마 조직의 네트워크가 0이라는 해답을 끌어내는 데 성공!

NOTE_ 마음의 편향

악마 조직에서는 아래층의 활동 정보가 위층에 사는 전원에게 미미하게나마 전해집니다. 그런데 악마는 자신과 관계없는 부하의 활동 정보를 차단하는 '마음의 편향(bias)'이 있습니다. '마음의 편향'은 각 악마 고윳값(개성)이기도 합니다.

좋은 관계가 아닌 부하가 전달하는 활동 정보는 '불필요'합니다. 불필요한 정보에 악마가 마음을 빼앗겨서는 활동 정보를 제대로 전달할 수 없으므로 이를 차단하는 기능이라고 생각하기 바랍니다.

숫자 1을 식별하는 악마들의 관계

앞에서 숫자 0을 식별하는 악마 조직을 살펴봤습니다. 주목해야 할 것은 악마 사이의 관계(좋고 나쁨)와 각 악마의 개성(마음의 편향)이 협업해 답을 이끌어낸다는 것입니다(악마 조직의 네트워크가 숫자 0을 식별한다고 말할 수도 있습니다). 이는 숫자 1을 식별할 때도 동일하게 적용할 수 있습니다. 20세기의 수학 논리와는 다르므로 '21세기의 수학 논리'라고도 말할 수 있겠습니다.

그럼 필기체 숫자 1의 이미지를 읽고 악마 조직이 '1'이라는 답을 내는 과정을 그림으로 나타내 보겠습니다. 앞 절에서 구체적인 과정은 설명했으므로 [그림 1-41]을 잘 살펴보면 이해할 수 있을 것입니다.

그림 1-41

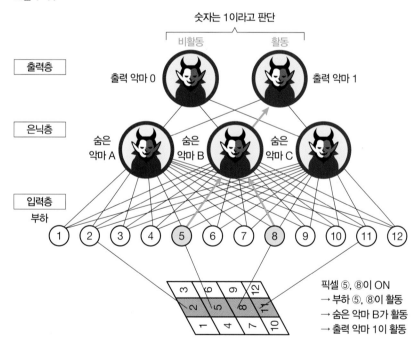

[그림 1-41]의 굵은 선은 출력 악마 1이 적극적으로 받는 활동 정보입니다. 이를 기반으로 필기체 숫자 이미지가 '1'이라고 판단합니다. 즉, 위층과 아래층 악마 사이의 관계와 마음의 편향으로 이미지가 '1'이라고 판단한 것입니다.

06 악마의 활동과 신경망의 연관 관계

앞 절에서는 신경망의 구조를 악마 조직에 비유해 설명했습니다. 이 절에서는 악마들의 활동을 신경망 이론으로 풀어보겠습니다.

악마 네트워크의 핵심 – '가중치'와 '편향'

1장 05에서는 악마 조직이 필기체 숫자 '0', '1'을 구별하는 방법을 알아봤습니다. 이 방법을 신경망에 대입하면 유닛의 연계로 패턴을 인식하는 구조가 됩니다.

악마는 유닛에 비유할 수 있습니다. 즉, '숨은 악마' A, B, C는 은닉층 유닛 A, B, C, '출력 악마' 0, 1은 출력층 유닛 0, 1입니다. 12명의 '부하'는 입력층 유닛 ①~⑫입니다([그림 1-42] 참고).

그림 1-42

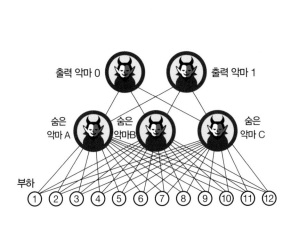

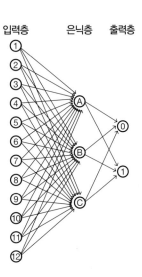

악마 사이의 '관계'는 유닛의 '가중치[17]'로 비유할 수 있습니다. 숨은 악마 A가 부하 ④, ⑦과 좋은 관계라면 입력층의 ④, ⑦ 유닛에서 은닉층 유닛 A에 향하는 화살표선의 '가중치'가 크다고 생각하면 됩니다. 마찬가지로 숨은 악마 B는 부하 ⑤, ⑧과, 숨은 악마 C는 부하 ⑥, ⑨와 좋은 관계이므로 입력층 유닛 ⑤, ⑧에서 은닉층 유닛 B로 향하는 화살표선, 입력층 유닛 ⑥, ⑨에서 은닉층 유닛 C로 향하는 화살표선의 '가중치'가 크다고 생각하면 됩니다.

그림 1-43

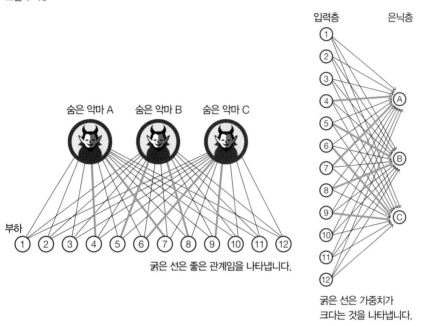

굵은 선은 좋은 관계임을 나타냅니다.

굵은 선은 가중치가 크다는 것을 나타냅니다.

숨은 악마 A, C와 출력 악마 0이 좋은 관계라면 은닉층 유닛 A, C에서 출력층 유닛 0으로 향하는 화살표선의 가중치가 크다고 생각하면 됩니다. 마찬가지로 숨은 악마 B와 출력 악마 1이 좋은 관계라면 은닉층 유닛 B에서 출력층 유닛 1로 향하는 가중치가 크다고 생각하면 됩니다.

이는 신경망이 읽은 필기체 숫자 '0'은 유닛 A와 C의 출력 신호를 크게 하고, 이어서 출력층 유닛 0의 출력 신호를 크게 한다는 뜻이기도 합니다. 이렇게 신경망 전체에서 관계(가중치)를 이용해 숫자 '0'을 인식합니다.

....

17 가중치는 1장 02, 03을 참고하세요.

그림 1-44

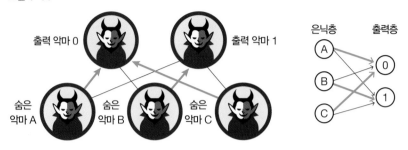

또한 [그림 1-45]처럼 아래층의 모든 유닛이 위층 모든 유닛에 출력 신호를 보낸다면, '0'이라는 필기체 숫자 이미지를 식별할 때도 반응하지 않는 은닉층 유닛 B, 출력층 유닛 1에 신호를 전달합니다. 이러한 신호를 차단하고 신호를 선명히 할 때는 '편향'이 필요합니다(앞에서 '마음의 편향'이라고 표현했습니다).

그림 1-45

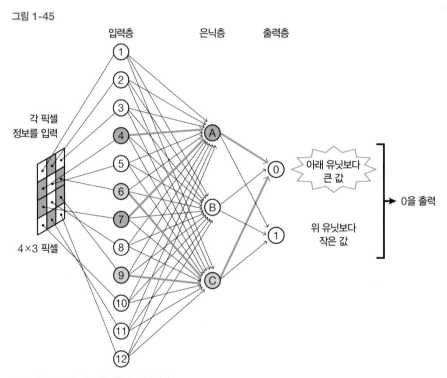

유닛의 관계로 숫자를 확인할 수 있습니다.

이렇게 가중치와 편향을 이용해 이미지를 식별할 수 있습니다.

앞에서 살펴본 악마 네트워크는 '가중치'와 '편향'을 이용해 이미지를 식별합니다. 그런데 신경망에 적용한 유닛의 가중치와 편향이 0이나 1이라는 이미지를 식별한다는 보장은 없습니다. 실제로 방금 설명한 악마 네트워크 기반 신경망을 만든 후 이미지 데이터를 넣어 0이나 1이라는 이미지를 식별하는지 검증해야 합니다. 이를 위해서는 지금까지 설명한 이론을 수식으로 표현해 계산해야 합니다. 2장에서 수식을 소개하고, 3장 이후에는 해당 수식을 계산하는 과정을 살펴볼 것입니다.

층별로 악마의 수가 다른 이유

지금까지 신경망 각 층에 배치한 악마의 수를 정한 이유는 설명한 적 없습니다. 출력층에 사는 출력 악마의 수가 2명인 이유는 서로 다른 악마가 이미지의 숫자가 '0'인지 '1'인지를 판정해야 하기 때문입니다. 또한 은닉층에 사는 숨은 악마의 수가 3명인 이유는 0과 1을 식별하는 패턴이 총 3개 있기 때문입니다. [그림 1-46]은 출력 악마와 숨은 악마의 관계에 따라 실제 0인지 1인지를 예측하는 구조를 보여줍니다.

그림 1-46

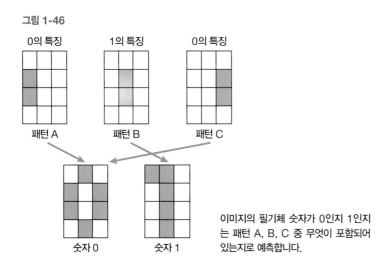

이미지의 필기체 숫자가 0인지 1인지는 패턴 A, B, C 중 무엇이 포함되어 있는지로 예측합니다.

[그림 1-46]에서 숫자 0에는 패턴 A와 C가, 숫자 1에는 패턴 B가 포함되어 있다고 예측합니다. 따라서 패턴 A, B, C에 반응하는 유닛이 있으면 이미지 속 숫자가 0인지 1인지를 판단할 수 있습니다. 이 3개의 유닛이 바로 숨은 악마 A, B, C의 정체였던 셈입니다. 1장 05에서 숨은

악마 A, B, C가 차례로 패턴 A, B, C를 좋아한다고 한다고 했던 것은 이 때문입니다.

이상이 중간층에 3개의 유닛을 배치하는 이유입니다. 예측의 정확성은 실제로 이 신경망이 이미지 데이터를 읽어서 원하는 결과를 얻는지 확인해야 알 수 있습니다. 확인하는 데 필요한 구체적인 계산 방법은 3장에서 살펴볼 것입니다.

생물학적 신경망과 비교

이번에는 지금까지 살펴본 신경망을 다시 생물학적 관점으로 돌아가 살펴보겠습니다.

동물이 사물을 보는 경우를 상상해보겠습니다. 입력층이나 은닉층의 유닛에 해당하는 것은 시각세포, 출력층 유닛에 해당하는 것은 판단을 담당하는 뇌의 신경세포군에 비교할 수 있습니다. 그럼 실제로 은닉층 유닛에 해당하는 시각세포가 존재할까요? 예를 들어 첫 번째 유닛은 [그림 1-46]의 패턴 A에 반응한다고 설명했는데 현실에 그러한 시각세포가 있을지 궁금할 수 있습니다.

실제로 어떠한 패턴에 강하게 반응해 동물의 패턴 인식에 도움을 주는 세포가 있습니다. 1958년 미국 생리학자인 데이비드 H. 허블David H. Hubel, 토르스텐 비셀Torsten Wissel이 발견[18]한 세포의 특징 추출feature extraction입니다. 이 절에서 살펴본 '악마'가 실제로 뇌 속에 있는 셈입니다.

NOTE_ 인공지능 개발에도 붐이 있다!

인공지능 연구는 1950년대부터 시작되었습니다. 시기상 컴퓨터 발전의 역사와 겹치는 부분이 있습니다. 총세 차례의 붐이 있었습니다.

표 1-6

차수	년대	관점	주요 응용 분야
1차	1950~1960년대	논리 중심	퍼즐 등
2차	1980년대	지식 중심	로봇, 자동 번역기
3차	2010년~	데이터 중심	패턴 인식, 음성 인식

---

18 역자주_ https://goo.gl/aFoyWS

07 | 스스로 학습하는 신경망

이 절에서는 수학 관점에서 보는 신경망의 학습 방법을 살펴보겠습니다.

수학 관점에서 보는 신경망의 학습

1장 05와 06에서 '악마'라는 집단의 관계에서 얻는 판단으로 입력 이미지를 식별하는 방법을 알아보았습니다. 이 과정에서는 패턴에 따라 가중치의 크고 작음을 정했습니다. 즉, 계층 사이 '악마'의 관계를 정한 것입니다. 그럼 가중치의 크고 작음(악마의 관계)은 사람이 미리 정하는 것일까요? 신경망이 획기적인 것은 사람이 결정해야 하는 여러 가지 사항을 스스로 학습하는 알고리즘을 이용해 결정한다는 점입니다. 그중 가장 중요한 것으로 신경망의 파라미터 결정이 있습니다.

신경망의 파라미터 결정 방법에는 '지도 학습'과 '비지도 학습'이 있습니다. [19]

지도 학습은 신경망의 가중치와 편향을 정하기 위해 미리 주어지는 데이터가 있습니다. 이를 학습 데이터[20]라고 합니다. 그리고 학습 데이터에서 가중치와 편향을 결정하는 것을 학습이라고 합니다.

신경망은 어떻게 '학습'하는 걸까요? 요약하면 신경망이 계산한 예측값과 정답 사이의 오차를 계산하고 학습 데이터에서 나온 오차들의 합이 최소가 되도록 가중치와 편향을 결정하는 것입니다. 수학에서는 이를 '모델의 최적화'라고 합니다.

예측값과 정답 사이의 오차 '총합'이 무엇인가는 다양한 정의가 있습니다. 이 책은 오차 총합을

---

19 이 책은 주로 '지도 학습'을 다룹니다.
20 학습 데이터는 '훈련 데이터' 혹은 '지도용 데이터' 등으로도 부릅니다.

'예측값과 정답 사이의 오차를 제곱(이것을 제곱오차라고 합니다)하고 학습 데이터 전체의 제곱오차를 합한 것'으로 정의합니다. 이 오차 총합을 '비용함수'라고 하며 C_T로 표시합니다(T는 Total(총합)의 머리글자입니다).

제곱오차를 이용하여 파라미터를 결정하는 방법을 수학에서 '최소제곱법'이라고 합니다. 통계학의 '회귀분석'에서 많이 이용합니다.

그림 1-47

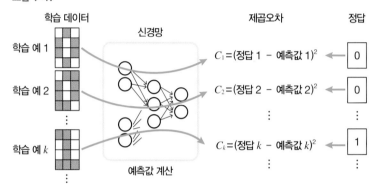

최적화란 제곱오차의 합을 최소화하는 파라미터 결정 방법.

최소제곱법이 실제로 어떤 것인지는 회귀분석을 예로 들어 2장 12에서 살펴보겠습니다. 참고로 이 책에서는 '필기체 숫자 식별 신경망'을 계속 예로 듭니다. 따라서 학습 데이터는 이미지 데이터로 다룹니다. 단, 앞에서도 이야기했듯이 신경망의 가중치로 음수를 허용한다는 점은 주의해야 합니다.

이렇게 신경망은 생물학에서 힌트를 얻었지만 생물학과 다른 세계에서 발전하고 있습니다.

NOTE_ 싱귤래리티(특이점)

싱귤래리티^{Singularity}는 원래 수학에서 이상한 성질이 있는 곡선 위 특정한 점을 의미하지만 인공지능 분야에서는 인공지능이 인간의 지능을 넘는 전환점이라는 의미로 사용되고 있습니다. 미국의 컴퓨터 과학자이자 『특이점이 온다』(김영사, 2007)의 저자인 레이 커즈와일은 2045년경 전환점이 올 것으로 예측(https://goo.gl/ZJDsWS)했습니다. 한편 더 빨리 찾아올 것으로 예상하는 사람도 적지 않습니다.

신경망을 위한 수학 기초

이 장에서는 신경망을 이해하는 데 필요한 수학 기초를 '복습'해보겠습니다. 복습이라고 표현한 이유는 설명하는 수학 내용 대부분을 고등학교 수학에서 배우기 때문입니다. 옛 기억을 되짚어 보면서 하나씩 살펴보면 곧 익숙해질 것으로 생각합니다.

01 신경망의 필수 함수

신경망에서 자주 다루는 함수를 살펴봅니다. 신경망에 반드시 필요한 함수입니다.

1차 함수

수학 함수의 기본이면서 중요한 것이 **1차 함수**입니다. 이는 신경망에서도 마찬가지입니다. 1차 함수는 다음 같은 식으로 나타낼 수 있습니다.

식 2-1

$$y = ax+b \ (a, b는 \ 상수, \ a \neq 0)$$

a를 기울기, b를 절편이라고 하며 두 변수 x, y가 [식 2–1]의 관계를 만족할 때 변수 y는 변수 x와 '1차 함수 관계'라고 합니다. 1차 함수를 그래프로 그리면 직선으로 나타납니다.

그림 2-1

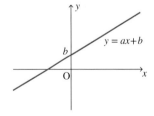

1차 함수 $y = ax+b$의 그래프.
직선을 나타냅니다.

예를 들어 1차 함수 $y = 2x+1$의 그래프라면 [그림 2–2]의 왼쪽과 같습니다. 절편은 1, 기울기는 2입니다. 또한 $y = -2x-1$의 그래프라면 [그림 2–2]의 오른쪽과 같습니다. 절편은 −1, 기울기는 −2입니다.

그림 2-2

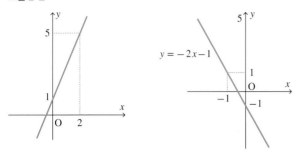

1차 함수는 독립변수가 여러 개일 때도 있습니다. 예를 들어 두 변수 x_1, x_2가 다음 [식 2-2]처럼 나타낼 수 있다면, y는 x_1, x_2와 '1차 함수 관계'라고 합니다.

식 2-2

$$y = ax_1 + bx_2 + c \ (a, b, c\text{는 상수}, a \neq 0, b \neq 0)$$

신경망에서 유닛이 받는 '가중 입력'은 1차 함수 관계로 표현합니다. 예를 들어 아래층에서 3개의 입력 신호를 받은 유닛의 가중 입력 z는 [식 1-8]인 $z = w_1 x_1 + w_2 x_2 + w_3 x_3 + b$로 표현합니다.

가중치 w_1, w_2, w_3와 편향 b를 상수 파라미터라고 생각하면 가중 입력 z는 입력 x_1, x_2, x_3과 1차 함수 관계입니다. 또한 유닛이 받는 x_1, x_2, x_3을 입력 데이터값으로 확정했다면 가중 입력 z는 가중치 w_1, w_2, w_3 및 편향 b와 1차 함수 관계에 있습니다. 4장과 5장에서 다룰 오차역전파법 Backpropagation에서 식을 도출할 때 이러한 1차 함수 관계가 식 계산을 쉽게 만들어줍니다.

> **NOTE_ 독립변수**
>
> 두 변수 x, y가 있고, x가 주어지면 y가 결정되는 관계가 있을 때, y는 x의 함수라고 말하고, $y = f(x)$로 표현합니다. 이때 x를 독립변수, y를 종속변수라고 합니다.

2차 함수

함수에서 1차 함수만큼 중요한 것이 **2차 함수**입니다. 이 책에서는 1장 마지막에서 설명한 비용 함수에서 2차 함수를 이용했습니다.

2차 함수는 [식 2-3]으로 나타낼 수 있습니다.

식 2-3

$y = ax^2+bx+c$ (a, b, c는 상수, a ≠ 0)

[식 2-3]의 그래프는 공을 던졌을 때 그리는 궤적인 포물선이 됩니다. 이 그래프에서 중요한 것은 a가 양수일 때는 아래로 볼록한 그래프고, 최솟값이 존재한다는 것입니다. 이 특징은 나중에 알아볼 최소제곱법의 기본입니다.

그림 2-3

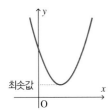

예를 들어 2차 함수 $y = 2x^2$의 그래프를 그리면 [그림 2-4] 왼쪽 그래프가 될 것입니다. $x = 0$일 때 최솟값 0입니다. 또한 $y = (x-1)^2+2$의 그래프를 그리면 [그림 2-4] 오른쪽 그래프가 됩니다. $x = 1$일 때 최솟값 2입니다.

그림 2-4

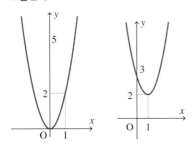

방금 소개한 2차 함수는 독립변수가 하나입니다. 이를 확장해도 여기에서 살펴본 성질은 바뀌지 않습니다. 예를 들어 독립변수가 x_1, x_2일 때 [식 2-4] 함수는 x_1, x_2에 대한 2차 함수라고 합니다.

식 2-4

$$y = ax_1^2 + bx_1x_2 + cx_2^2 + px_1 + qx_2 + r$$

여기에서 a, b, c, p, q, r은 상수고, $a \neq 0$, $c \neq 0$이어야 합니다.

독립변수가 2개 이상이면 그래프를 그리기 어렵습니다. 예를 들어 [식 2-4]의 그래프를 그리려면 [그림 2-5]처럼 복잡하게 표현됩니다.[1]

그림 2-5

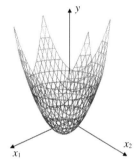

실제 신경망에서는 변수가 더 많은 2차 함수를 다루는데 그 기반은 방금 소개한 [그림 2-3]~[그림 2-5] 그래프입니다. 이러한 사실을 이해한다면 앞으로 신경망을 살펴볼 때의 큰 장애물 하나를 넘은 것입니다.

단위 계단 함수

신경망의 기본 모델에서는 [그림 2-6]의 그래프 같은 단위 계단 함수 $u(x)$를 활성화 함수(1장 02 참고)로 이용했습니다.

---

1 [식 2-4]가 나타내는 그래프는 [그림 2-5]와 같은 포물면이 된다고 할 수 없습니다.

그림 2-6

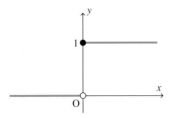

단위 계단 함수의 그래프. 응용수학에서는
선형 응답 함수(linear response function)[2]
입니다.

단위 계단 함수를 표현하면 [식 2-5]와 같습니다.

식 2-5

$$u(x) = \begin{cases} 0 & (x < 0) \\ 1 & (x \geqq 0) \end{cases}$$

예를 들어 $u(-1)$은 0, $u(1)$은 1, $u(0)$은 1입니다.

1장에서도 살펴봤지만 단위 계단 함수는 원점에서 불연속입니다. 원점에서 '미분 불가능'입니다. 이 미분 불가능하다는 특징 때문에 단위 계단 함수는 신경망의 활성화 함수로 자주 사용하지 않습니다.

지수함수와 시그모이드 함수

다음 형태의 함수를 **지수함수**[3]라고 합니다.

$y = a^x$ (a는 양의 상수, $a \neq 1$)

상수 a는 지수함수의 '밑base'이라고 합니다. 밑의 값으로 특히 중요한 것은 자연상수[4] e입니다.

---

2 역자주_ https://en.wikipedia.org/wiki/Linear_response_function
3 역자주_ https://ko.wikipedia.org/wiki/지수_함수
4 역자주_ 오일러의 수 혹은 네이피어 상수라고도 합니다. https://ko.wikipedia.org/wiki/E_(상수) 참고.

e[5]는 다음과 같은 근삿값을 갖습니다.

$e = 2.718281828...$

자연상수를 포함하는 지수함수를 분모로 갖는 함수가 시그모이드 함수 $\sigma(x)$입니다. 신경망에서 사용하는 활성화 함수의 대표입니다(1장 03 참고).

식 2-6[6]

$$\sigma(x) = \frac{1}{1+e^{-x}} = \frac{1}{1+\exp(-x)}$$

예를 들어 e를 2.7이라고 하면 $\sigma(-1)$은 0.27, $\sigma(0)$은 0.5, $\sigma(1)$은 0.73입니다.

이 함수의 그래프는 [그림 2-7]에서 살펴볼 수 있습니다(1장 03에서도 살펴봤습니다).

그림 2-7

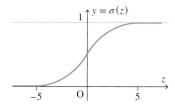

시그모이드 함수의 그래프

그래프에서 보듯 이 함수는 어디서나 미분 가능한 함수입니다. 또 함숫값은 0과 1 사이입니다. 함숫값으로 확률을 계산할 수 있습니다.

정규분포의 확률밀도함수

신경망을 컴퓨터에서 설정할 때 가중치 및 편향의 초깃값을 설정해야 합니다. 이 초깃값을 구

---

5 역자주_ 한국 실정에 맞진 않겠지만 원문에서는 '붕어 한 그릇 두 그릇'이라는 표현으로 기억하라고 말합니다. 실제로 '2.7 / 18 / 28 / 18/ 28'로 끊어서 보면 2.7 이후 18과 28이 2번 반복되는 형태라고 기억해두는 것도 좋습니다. 이후 패턴 없는 숫자 형태를 보입니다.

6 exp는 exponential function(지수함수)의 줄임말로 exp(x)는 지수함수 e^x를 나타냅니다.

할 때 도움 되는 것이 정규분포[7]입니다. 이 분포를 따르는 정규분포 난수를 초깃값으로 사용하면 신경망 계산 시 좋은 결과를 얻는다고 알려져 있습니다.

정규분포는 [식 2-7] 확률밀도함수 $f(x)$를 따르는 확률분포를 말합니다.

식 2-7

$$f(x) = \frac{1}{\sqrt{2\pi}\sigma} e^{-\frac{(x-\mu)^2}{2\sigma^2}}$$

μ은 기댓값(평균값), σ는 표준편차라고 하며 모두 상수입니다. 그래프는 [그림 2-8]과 같은데 이 모양은 벨 커브라고 합니다. 종 모양과 비슷하기 때문입니다.

그림 2-8

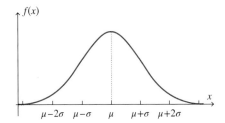

기댓값 μ, 표준편차 σ의 정규분포. 표준편차 σ와 시그모이드 함수의 이름 σ는 같은 기호를 사용한 다는 것 말고 다른 의미는 없습니다.

예를 들어 기댓값 μ가 0, 표준편차 σ가 1인 정규분포의 확률밀도함수 그래프를 그리면 [그림 2-9]와 같습니다. 이 정규분포를 표준 정규분포라고 합니다.

그림 2-9

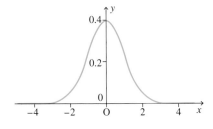

$\mu = 0$, $\sigma = 1$ 정규분포의 확률밀도함수 그래프

7 역자주_ https://ko.wikipedia.org/wiki/정규분포

정규분포가 되도록 생성한 난수를 정규분포 난수라고 합니다. 신경망 계산에서 정규분포 난수는 초깃값을 부여할 때 자주 사용합니다.

NOTE_ 엑셀로 정규분포 난수 구하기

엑셀에서 정규분포 난수를 구할 때는 다음 함수 조합을 사용합니다.

NORM.INV(RAND( ), μ, σ) (μ는 기댓값, σ는 표준편차)

신경망의 이해를 돕는 수열과 점화식

오차역전파법은 수열과 점화식에 익숙하다면 이해하기 쉽습니다. 여기서는 간단한 예제로 살펴보겠습니다. 점화식에 익숙해지면 컴퓨터에서 실제 계산을 시킬 때 큰 도움이 됩니다. 컴퓨터는 미분 계산에는 서투르지만 점화식 계산에는 강점이 있기 때문입니다.

수열의 의미

수열은 '숫자 열'을 의미합니다. 예를 들어 2, 4, 6, 8, 10, …로 진행되면 짝수열이라는 수열입니다.

수열에서 정렬하는 숫자 하나하나를 항이라고 합니다. 첫 번째 항은 1항, 두 번째 항은 2항, n번째 항은 n항이라고 합니다. 방금 소개한 짝수열이라면 1항은 2, 2항은 4입니다.

신경망의 수열은 유한개 항 수를 갖는 수열입니다. 이런 수열을 유한수열이라고 합니다. 유한수열의 마지막 항은 말항final term(끝항)이라고 합니다.

수열이 1, 3, 5, 7, 9라면 유한수열의 예입니다. 수열의 첫 번째 항은 1, 말항은 9, 항 수는 5입니다.

수열의 일반항

수열의 n번째 수를 보통 a_n 등으로 표현합니다. a는 해당 수열에 붙인 이름입니다.[8] 수열 전체를 나타내고 싶을 때는 집합 기호 { }를 이용한 $\{ a_n \}$ 등으로 표현합니다.

주어진 수열의 n번째 수를 n을 이용한 식으로 나타낸 것을 수열의 일반항이라고 합니다. 예를

---

8 수열 이름은 로마 또는 그리스어 알파벳 문자를 사용하는 관례가 있습니다.

들어 짝수열은 항 번호 n을 사용하여 $a_n = 2n$으로 나타냅니다. 이것이 짝수열의 일반항입니다. 홀수열 1, 3, 5, 7, 9, 11, …인 $\{b_n\}$의 일반항을 구하면 $b_n = 2n-1$입니다.

신경망에서 유닛의 가중 입력과 출력은 수열로 간주합니다(1장 03 참고). "몇 번째 층의 몇 번째 수는 몇 개"와 같이 순서로 값이 결정되기 때문입니다. 그래서 다음처럼 수열과 비슷한 기호로 값을 표현합니다.

a_j^l (*l*층 *j*번째 유닛의 출력값)

수열과 점화식

수열에는 일반항 이외에도 중요한 표현법이 있습니다. 이웃에 있는 항의 관계로 표현하는 수열의 귀납적 정의입니다. 일반적으로 1항 a_1과 인접한 2개의 항 a_n, a_{n+1}의 관계식으로 수열 $\{a_n\}$을 표현합니다. 이 관계식을 점화식이라고 합니다.

예를 들어 1항이 $a_1 = 1$이고 관계식이 $a_{n+1} = a_n+2$로 주어졌다고 합시다. 이때 다음처럼 수열을 표현할 수 있습니다.

$a_1 = 1, a_2 = a_{1+1} = a_1+2 = 1+2 = 3, a_3 = a_{2+1} = a_2+2 = 3+2 = 5,$
$a_4 = a_{3+1} = a_3+2 = 5+2 = 7, …$

여기서 사용한 관계식이 점화식입니다. 이러한 수열을 나타내면 [그림 2-10]과 같습니다.

그림 2-10

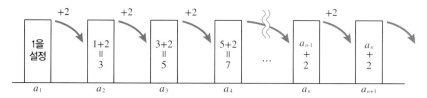

점화식을 이미지화하면 도미노 현상 같은 모습을 나타냅니다. 1항과 전후 관계(점화식)가 주어지면 수열이 결정됩니다. 참고로 이 그림의 수열은 홀수열 $a_n = 2n-1$입니다.

또 다른 예도 살펴보겠습니다. 1항이 $c_1 = 3$고 점화식이 $c_{n+1} = 2c_n$일 때 수열 $\{c_n\}$의 4항까지를 구하는 것입니다. 4항까지의 수열은 다음처럼 표현할 수 있습니다.

$c_1 = 3$, $c_2 = c_{1+1} = 2c_1 = 2 \times 3 = 6$, $c_3 = c_{2+1} = 2c_2 = 2 \times 6 = 12$,

$c_4 = c_{3+1} = 2c_3 = 2 \times 12 = 24$, ...

이러한 수열을 나타내면 [그림 2–11]과 같습니다.

그림 2-11

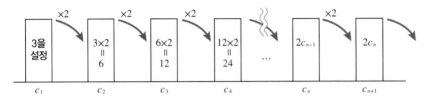

1항과 점화식 $c_{n+1} = 2c_n$으로 수열이 결정됩니다.

수열의 항에서 규칙을 찾아 1항과 점화식을 표현하는 귀납적 정의도 있습니다. 2, 4, 6, 8, 10, …의 짝수열 $\{a_n\}$을 귀납적으로 정의하면 1항은 $a_1 = 2$, 점화식은 $a_{n+1} = a_n + 2$가 됩니다.

연립 점화식

예제로 연립 점화식을 알아보겠습니다. 다음 두 점화식으로 주어진 수열의 3항까지 값을 찾아봅시다.

1항은 $a_1 = b_1 = 1$이고 점화식은 다음과 같습니다.

$$\begin{cases} a_{n+1} = a_n + 2b_n + 2 \\ b_{n+1} = 2a_n + 3b_n + 1 \end{cases}$$

이때 다음처럼 수열의 값 a_n, b_n을 차례로 계산할 수 있습니다.

$$\begin{cases} a_2 = a_1 + 2b_1 + 2 = 1 + 2 \times 1 + 2 = 5 \\ b_2 = 2a_1 + 3b_1 + 1 = 2 \times 1 + 3 \times 1 + 1 = 6 \end{cases}$$

$$\begin{cases} a_3 = a_2 + 2b_2 + 2 = 5 + 2 \times 6 + 2 = 19 \\ b_3 = 2a_2 + 3b_2 + 1 = 2 \times 5 + 3 \times 6 + 1 = 29 \end{cases}$$

이처럼 여러 수열이 몇 가지 관계식으로 연결된 것을 연립 점화식이라고 합니다. 신경망에서는 모든 유닛의 입력과 출력이 연립 점화식으로 연결되어 있다고 생각합니다. 예를 들어 1장 04의 '필기체 숫자 식별 신경망'에서 [그림 2-12]를 떠올려봅시다.

그림 2-12

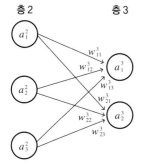

층 2   층 3

1장 '필기체 숫자 식별 신경망'의 일부.
각 변수의 의미는 3장 01에서 알아봅니다.

화살표선 끝에 표시된 것은 가중치, 유닛의 원 안에 표시된 것은 해당 유닛의 출력 변수입니다. $a(z)$를 활성화 함수, a_1^3, a_2^3을 '세 번째 층'의 각 유닛 편향으로 설정하면, 1장 03에서 소개한 [식 1-7]을 다음처럼 나타낼 수 있습니다.

$$a_1^3 = a(w_{11}^3 a_1^2 + w_{12}^3 a_2^2 + w_{13}^3 a_3^2 + b_1^3)$$

$$a_2^3 = a(w_{21}^3 a_1^2 + w_{22}^3 a_2^2 + w_{23}^3 a_3^2 + b_2^3)$$

이 관계식에서 세 번째 층의 출력 a_1^3, a_2^3은 두 번째 층의 출력 a_1^2, a_2^2, a_3^2를 입력 신호로 받습니다. 즉, 두 번째 층의 출력과 세 번째 층의 출력은 연립 점화식으로 연결되어 있다는 의미입니다. 이와 같은 점화식을 신경망에 응용한 것이 4장과 5장에서 알아볼 오차역전파법입니다.

그림 연립 점화식의 계산 과정을 살펴봅시다. 다음 연립 점화식에서 정의한 수열 a_n, b_n이 있고 1항 a_1, b_1과 점화식은 다음과 같습니다.

$$a_1 = 2, \ b_1 = 1$$

$$\begin{cases} a_{n+1} = 3a_n + b_n \\ b_{n+1} = a_n + 3b_n \end{cases}$$

여기서 3항 a_3, b_3을 구하겠습니다. 다음 순서대로 계산합니다.

$$\begin{cases} a_2 = 3a_1 + b_1 = 3 \times 2 + 1 = 7 \\ b_2 = a_1 + 3b_1 = 2 + 3 \times 1 = 5 \end{cases}$$

$$\begin{cases} a_3 = 3a_2 + b_2 = 3 \times 7 + 5 = 26 \\ b_3 = a_2 + 3b_2 = 7 + 3 \times 5 = 22 \end{cases}$$

NOTE_ 컴퓨터가 점화식 계산을 잘하는 이유

컴퓨터는 점화식처럼 인접한 항의 관계에 따른 계산에 강점이 있습니다. 예를 들면 1에서 n까지의 숫자를 순서대로 곱하는 팩토리얼 계산 $n!$이 있습니다. 사람은 보통 $1 \times 2 \times 3 \times \cdots \times n$으로 $n!$을 계산하지만 컴퓨터는 다음과 같은 점화식에 옮겨서 계산합니다.

$$a_1 = 1, \ a_{n+1} = (n+1)a_n$$

이러한 컴퓨터의 계산 방법은 뒤에서 살펴볼 신경망의 주 계산 방법인 오차역전파법에서 유용합니다.

03 신경망에서 많이 사용하는 시그마 기호

익숙해지는 데 시간을 들여야 하는 수학 공식으로 시그마(Σ)가 있습니다. 시그마 기호로 가중 입력을 표현하면 간결하기 때문에 실제 신경망 관련 자료는 시그마 기호로 수식을 표현합니다. 이 절에서는 신경망 관련 자료를 읽을 때 꼭 알아야 할 시그마 기호를 살펴보겠습니다.

시그마 기호의 의미

수열의 합을 간결하게 표현하는 것이 시그마 기호[9]입니다. 합을 표현하는 것 외에 다른 의미는 없지만 표현이 간결하므로 수학을 잊어버린 지 오래된 신경망 초심자라면 어려워할 수도 있습니다.[10]

수열 a_n의 합을 시그마 기호로 나타내면 [식 2-8]과 같습니다. '1항부터 n항까지 수열 a_n의 합계'입니다.

식 2-8

$$\sum_{k=1}^{n} a_k = a_1 + a_2 + a_3 + \cdots + a_{n-1} + a_n$$

시그마 기호에 있는 문자 k는 항 숫자를 의미합니다. 실제 [식 2-8]의 오른쪽에 문자 k는 나타나지 않습니다. 꼭 k로 표기할 필요는 없습니다. 수학에서는 항 숫자를 의미하는 알파벳으로 i, j, k, l, m, n을 자주 이용합니다.

참고로 시그마 기호로 합을 나타내는 방식은 다음처럼 여러 가지가 있습니다.

---

9 기호인 Σ는 그리스 문자로 로마자 S에 대응합니다. 합계(sum)의 머리글자를 의미합니다.

10 이 책에서는 가급적 시그마 기호를 이용하지 않습니다. 시그마 기호는 간결한 표현을 할 수 있지만 수식을 쉽게 이해하는 데 어려움이 있기 때문입니다.

$$\sum_{n=1}^{5} a_n = a_1 + a_2 + a_3 + a_4 + a_5$$

$$\sum_{k=1}^{7} k^2 = 1^2 + 2^2 + 3^2 + 4^2 + 5^2 + 6^2 + 7^2$$

$$\sum_{i=1}^{m} 2^i = 2^1 + 2^2 + 2^3 + \cdots + 2^m$$

시그마 기호의 특징

시그마 기호는 '선형성[11]'이라는 특징을 갖습니다. 미분과 적분 등에 공통으로 적용되며 이 특징 때문에 시그마 식을 [식 2-9]처럼 바꿀 수 있습니다.

식 2-9

$$\sum_{k=1}^{n} (a_k + b_k) = \sum_{k=1}^{n} a_k + \sum_{k=1}^{n} b_k$$

$$\sum_{k=1}^{n} ca_k = c\sum_{k=1}^{n} a_k \quad (c는 상수)$$

그럼 [식 2-9]는 어떤 원리로 성립하는 것일까요? 앞 식을 실제 수열로 전개한 다음 과정을 살펴보면 이해할 수 있습니다.

$$\sum_{k=1}^{n} (a_k + b_k) = (a_1 + b_1) + (a_2 + b_2) + \cdots + (a_n + b_n)$$

$$= (a_1 + a_2 + \cdots + a_n) + (b_1 + b_2 + \cdots + b_n) = \sum_{k=1}^{n} a_k + \sum_{k=1}^{n} b_k$$

$$\sum_{k=1}^{n} ca_k = ca_1 + ca_2 + \cdots + ca_n = c(a_1 + a_2 + \cdots + a_n) = c\sum_{k=1}^{n} a_k$$

---

11 역자주_ 서로 대응하는 두 값의 변화가 어떤 비례 관계를 갖는 규칙으로 표현할 수 있는 성질을 말합니다. 보통 직선으로 나타나는 함수라면 선형성이 있다고 말합니다.

그럼 [식 2-9]를 이용해 $2n+1$의 합을 다른 방식으로 표현하는 과정을 살펴봅시다.

$$\sum_{k=1}^{n}(2k+1) = (2\times1+1)+(2\times2+1)+\cdots+(2n+1)$$

$$= 2(1+2+3+\cdots+n)+(1+1+1+\cdots+1) = 2\sum_{k=1}^{n}k+\sum_{k=1}^{n}1$$

또 다른 예로 n^2-3n+2의 합을 다른 방식으로 표현하는 과정도 살펴보겠습니다.

$$\sum_{k=1}^{n}(k^2-3k+2) = (1^2-3\times1+2)+(2^2-3\times2+2)+\cdots+(n^2-3n+2)$$

$$= (1^2+2^2+3^2+\cdots+n^2)-3(1+2+3+\cdots+n)+(2+2+2+\cdots+2)$$

$$= \sum_{k=1}^{n}k^2-3\sum_{k=1}^{n}k+\sum_{k=1}^{n}2$$

04 신경망의 이해를 돕는 벡터

벡터는 크기와 방향을 갖는 양으로 정의합니다. 여기서는 신경망에 관한 내용에 한정해 특징을 확인하겠습니다.

유향선분과 벡터

두 점 A, B가 있을 때 A에서 B로 향하는 선분line segment을 생각해봅시다. 방향을 갖는 선분 AB를 유향선분directed segment이라고 합니다. 이때 A를 시작점, B를 종점이라고 합니다.

그림 2-13

유향선분 AB는 속성으로 점 A의 위치, B에 관한 방향, AB의 길이인 크기가 있습니다. 이 세 속성 중 방향과 크기만을 추상화한 양을 '벡터vector'라고 합니다. 보통 화살표선으로 표현합니다. 정리하면 다음과 같습니다.

벡터는 방향과 크기를 갖는 양이며 화살표선으로 표현합니다.

유향선분 AB의 대표 벡터를 $(\overrightarrow{AB})$로 나타냅니다. 또한 화살을 딴 로마자인 $\vec{a}$나 굵은 a 문자 등으로 나타냅니다.

그림 2-14

벡터를 표시하는 기호는 여러 가지입니다.

벡터의 성분 표시

벡터의 화살표선을 좌표 평면에 배치하여 표현할 수 있습니다. 화살의 시작점을 원점에 놓고 종점의 좌표로 벡터를 나타내는 것입니다. 이를 벡터의 성분 표시라고 합니다. 성분을 표시한 벡터 $\vec{a}$는 평면일 때 [식 2-10]처럼 표현합니다.

식 2-10

$$\vec{a} = (a_1, a_2)$$

그림 2-15

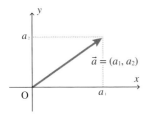

벡터의 성분 표시. '시작점을 원점으로 했을 때 종점의 좌표가 성분 표시'입니다.

[그림 2-16]은 벡터 성분 표시의 다양한 예입니다.

그림 2-16

예 1) $\vec{a} = (3, 2)$를 나타내는 벡터

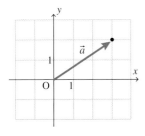

예 2) $\vec{b} = (-2, -1)$을 나타내는 벡터

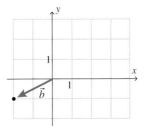

예 3) 3차원 공간의 경우도 마찬가지입니다. 예를 들어 $\vec{a} = (1, 2, 2)$는 오른쪽 그림의 벡터를 나타냅니다.

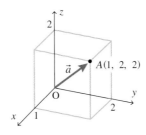

벡터의 크기

벡터를 나타내는 화살표선의 길이를 벡터의 크기라고 합니다. 벡터 $\vec{a}$의 크기는 $|\vec{a}|$[12]로 표현합니다.

그림 2-17

벡터의 크기를 계산하는 예는 [그림 2-18]과 같습니다.

그림 2-18[13]

예 1) $\vec{a} = (3, 4)$의 크기 $|\vec{a}|$는 오른쪽 그림을 참고해 다음처럼 계산할 수 있습니다.

$$|\vec{a}| = \sqrt{3^2 + 4^2} = 5$$

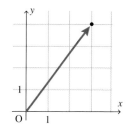

예 2) 3차원 공간일 때도 계산 방식은 같습니다. $\vec{a} = (1, 2, 2)$라는 벡터 공간이 있다면 크기 $|\vec{a}|$는 다음처럼 계산할 수 있습니다.

$$|\vec{a}| = \sqrt{1^2 + 2^2 + 2^2} = 3$$

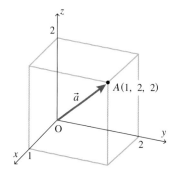

---

12 '| |'는 숫자의 절댓값 기호를 일반화한 것입니다. 참고로 양수나 음수로 벡터의 방향을 표현할 수 있다면 1차원 벡터입니다.
13 예 1, 예 2에서는 피타고라스의 정리를 사용했습니다.

또한 [그림 2-19]처럼 서로 다른 2개의 벡터가 있는 상황도 생각해봅시다.

그림 2-19

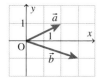

벡터 $\vec{a}$, $\vec{b}$ 각각의 크기를 다음처럼 계산할 수 있습니다.

$$|\vec{a}| = \sqrt{2^2 + 1^2} = \sqrt{5}$$
$$|\vec{b}| = \sqrt{3^2 + (-1)^2} = \sqrt{10}$$

벡터의 내적

앞에서 벡터는 '크기와 방향을 갖는 양'이라고 정의했습니다. 따라서 벡터의 곱셈은 '크기와 방향'을 모두 고려해야 합니다. 이때 크기(스칼라)만 고려한 벡터의 곱셈을 내적이라고 합니다. 신경망의 입력과 출력은 모두 벡터 형태며 입력과 가중치의 내적을 출력으로 내보내므로 내적을 잘 알아두는 것이 좋습니다.

두 벡터 $\vec{a}$, $\vec{b}$의 내적은 $\vec{a} \cdot \vec{b}$로 표현하며 [식 2-11]로 구합니다. [그림 2-20]을 참고하면 더 이해하기 쉬울 겁니다.

식 2-11

$\vec{a} \cdot \vec{b} = |\vec{a}| |\vec{b}| \cos\theta$ (θ는 벡터 $\vec{a}$, $\vec{b}$가 구성하는 각도)

그림 2-20

예를 들어 변의 길이가 1인 정사각형 ABCD가 있고, $\overrightarrow{AB}$를 벡터 $\vec{a}$, $\overrightarrow{AD}$를 벡터 $\vec{b}$, $\overrightarrow{AC}$를 벡터 $\vec{c}$라고 생각해봅시다. 벡터의 크기는 $|\vec{a}| = |\vec{b}| = 1$, $|\vec{c}| = \sqrt{2}$ 입니다. 또한 벡터 $\vec{a}$와 $\vec{a}$가 이루는 각은 $0°$, $\vec{a}$와 $\vec{b}$가 이루는 각도는 $90°$, $\vec{a}$와 $\vec{c}$, $\vec{b}$와 $\vec{c}$가 이루는 각은 $45°$입니다. 이를 기반으로 다음처럼 벡터의 내적을 구할 수 있습니다.

$$\vec{a} \cdot \vec{a} = |\vec{a}||\vec{a}| \cos 0° = |\vec{a}|^2 = 1^2 = 1$$

$$\vec{a} \cdot \vec{b} = |\vec{a}||\vec{b}| \cos 90° = 1 \cdot 1 \cdot 0 = 0$$

$$\vec{a} \cdot \vec{c} = |\vec{a}||\vec{c}| \cos 45° = 1 \cdot \sqrt{2} \cdot \frac{1}{\sqrt{2}} = 1$$

$$\vec{b} \cdot \vec{c} = |\vec{b}||\vec{c}| \cos 45° = 1 \cdot \sqrt{2} \cdot \frac{1}{\sqrt{2}} = 1$$

3차원일 때도 마찬가지입니다. 먼저 [그림 2-21]처럼 한 변의 길이가 3인 정육면체 ABCD-EFGH의 벡터 $\overrightarrow{AD}$, $\overrightarrow{AF}$, $\overrightarrow{AH}$가 있다고 생각해보겠습니다. 정사각형의 예처럼 $\overrightarrow{AD} \cdot \overrightarrow{AD}$ $(0°)$, $\overrightarrow{AD} \cdot \overrightarrow{AF}$ $(90°)$, $\overrightarrow{AF} \cdot \overrightarrow{AH}$ $(60°)$의 내적을 계산하면 다음과 같습니다.

그림 2-21

$$\overrightarrow{AD} \cdot \overrightarrow{AD} = |\overrightarrow{AD}||\overrightarrow{AD}| \cos 0° = 3 \cdot 3 \cdot 1 = 9$$

$$\overrightarrow{AD} \cdot \overrightarrow{AF} = |\overrightarrow{AD}||\overrightarrow{AF}| \cos 90° = 3 \cdot 3\sqrt{2} \cdot 0 = 0$$

$$\overrightarrow{AF} \cdot \overrightarrow{AH} = |\overrightarrow{AF}||\overrightarrow{AH}| \cos 60° = 3\sqrt{2} \cdot 3\sqrt{2} \cdot \frac{1}{2} = 9$$

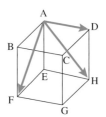

이번에는 한 변의 길이가 2인 정사면체 OABC가 있을 때, 내적 $\overrightarrow{OA} \cdot \overrightarrow{OB}$ $(60°)$를 계산하겠습니다. [그림 2-22]와 같습니다.

그림 2-22

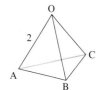

$\overrightarrow{OA} \cdot \overrightarrow{OB}$가 이루는 각도는 60°이므로

$$\overrightarrow{OA} \cdot \overrightarrow{OB} = |\overrightarrow{OA}||\overrightarrow{OB}| \cos 60° = 2 \cdot 2 \cdot \frac{1}{2} = 2$$

코시-슈바르츠 부등식

[식 2-11]에서 중요한 공식을 도출할 수 있습니다. 임의의 $\cos\theta$는 $-1 \leq \cos\theta \leq 1$이라는 범위를 갖습니다. 이 범위에 벡터의 크기 $|\vec{a}||\vec{b}|$를 대입하면 다음 식이 성립합니다.

$$-|\vec{a}||\vec{b}| \leq |\vec{a}||\vec{b}|\cos\theta \leq |\vec{a}||\vec{b}|$$

이때 $|\vec{a}||\vec{b}|\cos\theta$는 벡터의 내적이므로 앞 식을 [식 2-12]로 바꿀 수 있습니다. 이를 코시-슈바르츠 부등식[14]이라고 합니다.

식 2-12

$$-|\vec{a}||\vec{b}| \leq \vec{a} \cdot \vec{b} \leq |\vec{a}||\vec{b}|$$

[식 2-12]를 그림으로 살펴봅시다. 2개의 벡터 $\vec{a}$, $\vec{b}$의 크기를 일정하게 하면 관계는 [그림 2-23]의 ①, ②, ③ 세 가지가 됩니다.

그림 2-23

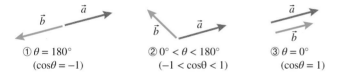

① $\theta = 180°$ ② $0° < \theta < 180°$ ③ $\theta = 0°$
($\cos\theta = -1$)   ($-1 < \cos\theta < 1$)   ($\cos\theta = 1$)

[그림 2-23]의 ①~③은 다음과 같은 특징이 있습니다.

　① 두 벡터가 반대 방향이라면 내적은 최솟값입니다.

　② 두 벡터가 평행하지 않다면 내적은 반대 방향일 때와 평행일 때 사이의 중간값입니다.

　③ 두 벡터가 같은 방향이라면 내적은 최댓값입니다.

이 특징이 뒤에서 살펴볼 경사하강법[15](2장 10, 4장, 5장)의 기본 원리입니다.

내적은 "두 벡터가 어느 정도로 같은 방향을 향하고 있는가?"를 나타냅니다. 벡터의 방향이 '비

---

14 역자주_ https://ko.wikipedia.org/wiki/코시-슈바르츠_부등식

15 역자주_ https://ko.wikipedia.org/wiki/경사_하강법

숫하다'라고 판단한다면 두 벡터의 내적은 커질 것입니다. 이러한 벡터의 방향별 내적의 크기를 나타내면 [그림 2-24]와 같습니다.

그림 2-24

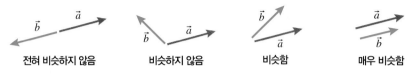

| 전혀 비슷하지 않음 | 비슷하지 않음 | 비슷함 | 매우 비슷함 |

내적으로 두 벡터의 상대적인 비슷함을 알 수 있습니다.

앞으로 합성곱 신경망을 살펴볼 때 이 개념이 중요합니다(부록 C 참고).

내적의 성분 표시

[식 2-10]을 내적의 성분 표시로 나타내보겠습니다. [그림 2-25] 같은 평면이라고 가정할 때 [식 2-13]이 성립합니다.

식 2-13

$$\vec{a} \cdot \vec{b} = a_1 b_1 + a_2 b_2$$
$$(\vec{a} = (a_1, a_2), \vec{b} = (b_1, b_2))$$

그림 2-25

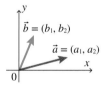

예를 들어 $\vec{a} = (2, 3)$이고 $\vec{b} = (5, 1)$이라면 내적 각각은 다음과 같습니다.

$$\vec{a} \cdot \vec{b} = 2 \cdot 5 + 3 \cdot 1 = 13, \ \vec{a} \cdot \vec{a} = 2 \cdot 2 + 3 \cdot 3 = 13, \ \vec{b} \cdot \vec{b} = 5 \cdot 5 + 1 \cdot 1 = 26$$

[그림 2-26] 같은 3차원 공간이라면 내적의 성분 표시는 [식 2-14]와 같습니다. 평면 벡터 내적 [식 2-13]에 z 성분을 덧붙였을 뿐입니다.[16]

---

16 [식 2-13]과 [식 2-14]의 증명은 생략합니다. 참고로 앞 두 식을 내적의 정의에 사용하는 자료도 있습니다.

식 2-14

$$\vec{a} \cdot \vec{b} = a_1b_1 + a_2b_2 + a_3b_3$$
$$(\vec{a} = (a_1, a_2, a_3), \vec{b} = (b_1, b_2, b_3))$$

그림 2-26

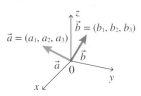

그럼 해당 내적 계산의 예를 살펴보겠습니다. $\vec{a} = (2, 3, 2)$이고 $\vec{b} = (5, 1, -1)$이라면 내적 각각은 다음과 같습니다.

$$\vec{a} \cdot \vec{b} = 2 \cdot 5 + 3 \cdot 1 + 2 \cdot (-1) = 11, \ \vec{a} \cdot \vec{a} = 2 \cdot 2 + 3 \cdot 3 + 2 \cdot 2 = 17$$

또 다른 예 두 가지도 살펴보겠습니다. 이번에는 두 벡터 $\vec{a}$, $\vec{b}$의 내적 $\vec{a} \cdot \vec{b}$을 구하겠습니다. 첫 번째는 $\vec{a} = (2\sqrt{3}, 2)$, $\vec{b} = (1, \sqrt{3})$일 때의 내적 $\vec{a} \cdot \vec{b}$ 계산입니다.

$$\vec{a} \cdot \vec{b} = 2\sqrt{3} \cdot 1 + 2 \cdot \sqrt{3} = 4\sqrt{3}$$

두 번째는 $\vec{a} = (-3, 2, 1)$, $\vec{b} = (1, -3, 2)$일 때의 내적 $\vec{a} \cdot \vec{b}$ 계산입니다.

$$\vec{a} \cdot \vec{b} = -3 \cdot 1 + 2 \cdot (-3) + 1 \cdot 2 = -7$$

벡터의 일반화

지금까지는 2차원 및 3차원 공간(평면 및 입체 공간)의 벡터를 살펴봤습니다. 벡터의 편리한 점은 평면과 입체 공간의 특징을 임의의 차원에 그대로 확장할 수 있다는 것입니다. 즉, 수만 차원의 공간을 처리하는 신경망도 2차원 및 3차원 벡터의 성질을 그대로 이용할 수 있습니다. 경사하강법(2장 10, 4장, 5장)에서 벡터를 사용하는 이유는 이러한 특징 때문입니다.

그럼 앞으로의 설명을 위해 지금까지 살펴본 2차원 및 3차원 공간 벡터의 식을 임의의 n차원으로 확장하겠습니다. 다음과 같습니다.

- 벡터 성분은 $\vec{a} = (a_1, a_2, \cdots, a_n)$로 표현할 수 있습니다.
- 두 벡터가 $\vec{a} = (a_1, a_2, \cdots, a_n)$, $\vec{b} = (b_1, b_2, \cdots, b_n)$일 때 내적의 성분 표시는 $\vec{a} \cdot \vec{b} = a_1b_1 + a_2b_2 + \cdots + a_nb_n$과 같습니다.

• 내적은 코시·슈바르츠 부등식 $-|\vec{a}||\vec{b}| \leq \vec{a} \cdot \vec{b} \leq |\vec{a}||\vec{b}|$이 성립해야 합니다.

그럼 벡터 이론을 실제 신경망에 적용하는 예를 살펴보겠습니다. [그림 2-27]처럼 복수의 입력 x_1, x_2, $\cdots$, x_n, 가중치 w_1, w_2, $\cdots$, w_n, 편향 b가 있을 때 가중 입력은 $z = w_1x_1+w_2x_2+ \cdots +w_nx_n+b$라고 설명했습니다([식 1-8] 참고).

그림 2-27

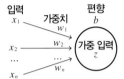

이 가중 입력을 벡터로 간주해 다룰 수 있습니다. 입력과 가중치를 각각 벡터 성분으로 표시하면 $\vec{x} = (x_1, x_2, \cdots, x_n)$, $\vec{w} = (w_1, w_2, \cdots, w_n)$입니다. 따라서 가중 입력을 내적 형태로 바꾸면 $z = \vec{w} \cdot \vec{x}+b$가 됩니다.

이 예처럼 신경망에서 벡터는 많은 도움을 줄 수 있는 개념입니다.

NOTE_ 텐서

벡터 개념을 확장한 것으로 텐서tensor가 있습니다. 벡터 계산을 단순화하려고 동일한 성질의 벡터를 행렬로 표기한 것입니다. 구글이 공개한 머신러닝 라이브러리인 텐서플로TensorFlow[17]는 이 수학 용어를 참고해서 이름 지은 것입니다.

텐서는 영어의 tension(물리학에서 '장력')을 어원으로 합니다. 고체에 장력을 가하면 고체 단면에는 단위 면적당 작용하는 힘인 변형력(응력)[18]이 작용합니다. 이는 [그림 2-28]처럼 크기와 방향이 다릅니다.

그림 2-28

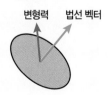

법선 벡터(normal vector)는 평면과 수직인 벡터입니다. 법선 벡터에 따라 변형력의 방향과 크기가 달라집니다.

---

17 역자주_ https://ko.wikipedia.org/wiki/텐서플로
18 역자주_ https://ko.wikipedia.org/wiki/변형력

이를 3차원 공간으로 살펴보겠습니다. [그림 2-29]처럼 x, y, z으로 구성하는 면의 법선 벡터 $F_1 \sim F_3$가 있고 변형력을 σ라고 가정하겠습니다.

그림 2-29

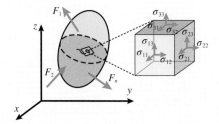

이때 변형력을 다음 행렬로 표현할 수 있습니다. 이를 변형력(응력) 텐서라고 합니다.

$$\sigma_{ij} = \begin{bmatrix} \sigma_{11} & \sigma_{12} & \sigma_{13} \\ \sigma_{21} & \sigma_{22} & \sigma_{23} \\ \sigma_{31} & \sigma_{32} & \sigma_{33} \end{bmatrix}$$

변형력 텐서를 수학적으로 추상화한 것이 텐서^{tensor}입니다. 구글이 머신러닝 라이브러리에 텐서플로라는 이름을 붙인 이유는 추가되는 변수를 많이 사용하는 신경망 계산과 텐서 계산이 비슷하기 때문으로 추측합니다.

05 신경망의 이해를 돕는 행렬

신경망 관련 자료를 살피다 보면 행렬을 이용할 때가 많습니다. 행렬을 이용하면 시그마와 마찬가지로 수식을 간결하게 표현할 수 있기 때문입니다. 여기서는 신경망 관련 자료를 읽을 때 필요한 행렬의 개념을 확인합니다.

행렬이란

행렬matrix은 수와 식을 사각 형태의 배열로 나열한 것입니다. 다음처럼 표현합니다.[19]

$$A = \begin{bmatrix} 3 & 1 & 4 \\ 1 & 5 & 9 \\ 2 & 6 & 5 \end{bmatrix}$$

가로줄을 행, 세로줄을 열이라고 합니다. 앞 예에서는 3행 3열로 구성된 행렬이라 3×3 행렬이라고도 합니다. 특히 행과 열 수가 같은 행렬을 정사각행렬square matrix이라고 합니다. 또한 다음처럼 하나의 열이나 행으로 구성된 행렬 X, Y를 차례로 열벡터, 행벡터라고 합니다. 단순히 벡터라고 할 때도 있습니다.

$$X = \begin{bmatrix} 3 \\ 1 \\ 4 \end{bmatrix}, \quad Y = \begin{bmatrix} 2 & 7 & 1 \end{bmatrix}$$

그럼 행렬의 일반적인 표현을 보겠습니다.

---

19 이 책 3장 이후는 행렬을 몰라도 됩니다.

$$a_{mn} = \begin{bmatrix} a_{11} & a_{12} & \cdots & a_{1n} \\ a_{21} & a_{22} & \cdots & a_{2n} \\ \vdots & \vdots & \ddots & \vdots \\ a_{m1} & a_{m2} & \cdots & a_{mn} \end{bmatrix}$$

m행 n열의 행렬입니다. 예를 들어 i행 j열에 위치하는 값(성분이라고 합니다)은 a_{ij} 등으로 나타냅니다.

유명한 행렬로 단위행렬이 있습니다. 성분 $a_{ij}(i = j)$가 1이고, 다른 성분이 0인 정사각행렬로 보통 E로 표시[20]합니다. 예를 들어 2×2, 3×3 단위행렬 E(2차/3차 단위행렬이라고 합니다)는 각각 다음처럼 표현합니다.

$$E = \begin{bmatrix} 1 & 0 \\ 0 & 1 \end{bmatrix}, E = \begin{bmatrix} 1 & 0 & 0 \\ 0 & 1 & 0 \\ 0 & 0 & 1 \end{bmatrix}$$

행렬의 상등

두 행렬 A, B는 대응하는 각 성분이 같을 때 상등이라고 합니다. 기호로는 $A = B$라고 표현합니다. 예를 들어 행렬 A, B가 다음과 같다고 합시다.

$$A = \begin{bmatrix} 2 & 7 \\ 1 & 8 \end{bmatrix}, \ B = \begin{bmatrix} x & y \\ u & v \end{bmatrix}$$

이때 $A = B$가 되는 x, y, u, v는 각각 2, 7, 1, 8입니다.

---

20 E는 독일어에서 1을 의미하는 ein의 머리글자입니다.

행렬의 합과 차, 상수 배

두 행렬 A, B의 합 $A+B$, 차 $A-B$는 같은 위치 성분끼리의 합과 차로 정의합니다. 또한 행렬의 상수 배는 각 성분에 해당 상수를 곱한 것으로 정의합니다.

다음은 행렬 합, 차, 상수 배를 계산하는 예입니다.

$$A = \begin{bmatrix} 2 & 7 \\ 1 & 8 \end{bmatrix}, \ B = \begin{bmatrix} 2 & 8 \\ 1 & 3 \end{bmatrix}$$

$$A + B = \begin{bmatrix} 2+2 & 7+8 \\ 1+1 & 8+3 \end{bmatrix} = \begin{bmatrix} 4 & 15 \\ 2 & 11 \end{bmatrix}$$

$$A - B = \begin{bmatrix} 2-2 & 7-8 \\ 1-1 & 8-3 \end{bmatrix} = \begin{bmatrix} 0 & -1 \\ 0 & 5 \end{bmatrix}$$

$$3A = 3 \begin{bmatrix} 2 & 7 \\ 1 & 8 \end{bmatrix} = \begin{bmatrix} 3\times2 & 3\times7 \\ 3\times1 & 3\times8 \end{bmatrix} = \begin{bmatrix} 6 & 21 \\ 3 & 24 \end{bmatrix}$$

행렬 곱셈

신경망에서 특히 중요한 것이 행렬의 곱셈입니다. 층 사이의 신호의 합 등을 계산할 때 이용하기 때문입니다. 행렬 곱셈은 다음처럼 정의합니다.

> 두 행렬 A, B의 곱 AB는 A의 i행을 행벡터로, B의 j열을 열벡터로 생각했을 때, 행백터와 열벡터의 내적을 i행 j열의 성분으로 하는 행렬입니다.

이를 표현하면 [그림 2-30]과 같습니다.

그림 2-30

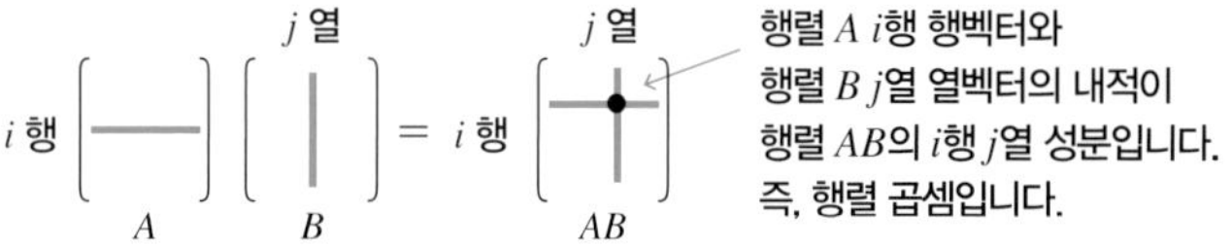

행렬 A i행 행벡터와
행렬 B j열 열벡터의 내적이
행렬 AB의 i행 j열 성분입니다.
즉, 행렬 곱셈입니다.

다음은 행렬 곱셈의 예입니다.

$$A = \begin{bmatrix} 2 & 7 \\ 1 & 8 \end{bmatrix}, \; B = \begin{bmatrix} 2 & 8 \\ 1 & 3 \end{bmatrix}$$

$$AB = \begin{bmatrix} 2 & 7 \\ 1 & 8 \end{bmatrix} = \begin{bmatrix} 2 & 8 \\ 1 & 3 \end{bmatrix} = \begin{bmatrix} 2 \cdot 2 + 7 \cdot 1 & 2 \cdot 8 + 7 \cdot 3 \\ 1 \cdot 2 + 8 \cdot 1 & 1 \cdot 8 + 8 \cdot 3 \end{bmatrix} = \begin{bmatrix} 11 & 37 \\ 10 & 32 \end{bmatrix}$$

$$BA = \begin{bmatrix} 2 & 8 \\ 1 & 3 \end{bmatrix} = \begin{bmatrix} 2 & 7 \\ 1 & 8 \end{bmatrix} = \begin{bmatrix} 2 \cdot 2 + 8 \cdot 1 & 2 \cdot 7 + 8 \cdot 8 \\ 1 \cdot 2 + 3 \cdot 1 & 1 \cdot 7 + 3 \cdot 8 \end{bmatrix} = \begin{bmatrix} 12 & 78 \\ 5 & 31 \end{bmatrix}$$

이 예처럼 행렬 곱셈에서는 교환법칙이 성립하지 않습니다. 즉, 예외를 제외하면 $AB \neq BA$라는 관계가 성립합니다. 이것이 행렬의 가장 중요한 특징입니다. 하지만 단위행렬 E에서는 E와 곱셈할 수 있는 임의의 행렬 A와 곱셈할 때 $AE = EA = A$라는 교환법칙이 성립합니다. 즉, 단위행렬은 1과 같은 행렬입니다.

아다마르 곱

신경망 관련 자료를 읽다 보면 '아다마르 곱Hadamard product'이라는 용어를 볼 수 있을 겁니다. 같은 행과 열 수를 갖는 행렬 A, B에서 같은 위치의 성분을 곱한 행렬을 '행렬 A, B의 아다마르 곱'이라고 합니다. 기호 $A \circ B$로 표현합니다. 예는 다음과 같습니다.

$$A = \begin{bmatrix} 2 & 7 \\ 1 & 8 \end{bmatrix}, \; B = \begin{bmatrix} 2 & 8 \\ 1 & 3 \end{bmatrix}$$

$$A \circ B = \begin{bmatrix} 2 \cdot 2 & 7 \cdot 8 \\ 1 \cdot 1 & 8 \cdot 3 \end{bmatrix} = \begin{bmatrix} 4 & 56 \\ 1 & 24 \end{bmatrix}$$

전치행렬

행렬 A의 i행 j열 값을 j행 i열로 바꿔 얻는 행렬을 행렬 A의 전치행렬transposed matrix이라고 합니다.

보통 A^T, ^tA, A^t 등으로 표기[21]하며 이 책에서는 A^T로 표기할 것입니다. 예는 다음과 같습니다.

$$A = \begin{bmatrix} 2 & 7 \\ 1 & 8 \end{bmatrix}, \quad A^T = \begin{bmatrix} 2 & 1 \\ 7 & 8 \end{bmatrix}$$

$$B = \begin{bmatrix} 1 \\ 2 \end{bmatrix}, \quad B^T = \begin{bmatrix} 1 & 2 \end{bmatrix}$$

그럼 지금까지 살펴본 전치행렬과 앞에서 살펴본 아다마르 곱의 특징을 이용한 연산을 살펴보겠습니다. 행렬 A와 B는 다음과 같습니다.

$$A = \begin{bmatrix} 1 & 4 & 1 \\ 4 & 2 & 1 \end{bmatrix}, \quad B = \begin{bmatrix} 2 & 7 & 1 \\ 8 & 2 & 8 \end{bmatrix}$$

행렬의 합($A+B$)입니다. 이건 어렵지 않을 겁니다.

$$A + B = \begin{bmatrix} 1+2 & 4+7 & 1+1 \\ 4+8 & 2+2 & 1+8 \end{bmatrix} = \begin{bmatrix} 3 & 11 & 2 \\ 12 & 4 & 9 \end{bmatrix}$$

이번에는 아주 약간 복잡합니다. 행렬 A의 전치행렬 A^T와 행렬 B를 곱하겠습니다.

$$A^T B = \begin{bmatrix} 1 & 4 \\ 4 & 2 \\ 1 & 1 \end{bmatrix} \begin{bmatrix} 2 & 7 & 1 \\ 8 & 2 & 8 \end{bmatrix}$$

$$= \begin{bmatrix} 1 \cdot 2 + 4 \cdot 8 & 1 \cdot 7 + 4 \cdot 2 & 1 \cdot 1 + 4 \cdot 8 \\ 4 \cdot 2 + 2 \cdot 8 & 4 \cdot 7 + 2 \cdot 2 & 4 \cdot 1 + 2 \cdot 8 \\ 1 \cdot 2 + 1 \cdot 8 & 1 \cdot 7 + 1 \cdot 2 & 1 \cdot 1 + 1 \cdot 8 \end{bmatrix} = \begin{bmatrix} 34 & 15 & 33 \\ 24 & 32 & 20 \\ 10 & 9 & 9 \end{bmatrix}$$

마지막으로는 아다마르 곱을 구해보겠습니다.

$$A \circ B = \begin{bmatrix} 1 \cdot 2 & 4 \cdot 7 & 1 \cdot 1 \\ 4 \cdot 8 & 2 \cdot 2 & 1 \cdot 8 \end{bmatrix} = \begin{bmatrix} 2 & 28 & 1 \\ 32 & 4 & 8 \end{bmatrix}$$

....

21 전치행렬의 표기는 다양하므로 신경망 관련 자료를 읽을 때 주의해야 합니다.

신경망을 위한 미분의 기본

신경망이 '스스로 학습한다'의 수학적 의미는 학습 데이터에 맞게 가중치와 편향을 '최적화'(2장 12 참고)한다는 것입니다. 최적화를 위해서는 미분이 필수입니다.

미분의 정의

미분의 정의를 쉽게 이해하려면 먼저 도함수의 개념을 알아야 합니다. 도함수는 어떤 함수 안에 포함된 값 각각이 0에 한없이 가까워지는 극한값(미분계수)을 구하는 함수를 말합니다.[22]

함수 $y = f(x)$의 도함수 $f'(x)$는 다음처럼 정의합니다.

식 2-15[23]

$$f'(x) = \lim_{\Delta x \to 0} \frac{f(x + \Delta x) - f(x)}{\Delta x}$$

참고로 '$\lim_{\Delta x \to 0} (\Delta x$의 식)'은 "$\Delta x$라는 수가 한없이 0과 가깝다"라는 의미입니다.

그럼 예를 살펴보겠습니다. 첫 번째는 $f(x) = 3x$일 때의 도함수 계산 과정입니다.

$$f'(x) = \lim_{\Delta x \to 0} \frac{3(x + \Delta x) - 3x}{\Delta x} = \lim_{\Delta x \to 0} \frac{3\Delta x}{\Delta x} = \lim_{\Delta x \to 0} 3 = 3$$

두 번째 예는 $f(x) = x^2$일 때의 도함수 계산 과정입니다.

$$f'(x) = \lim_{\Delta x \to 0} \frac{(x + \Delta x)^2 - x^2}{\Delta x} = \lim_{\Delta x \to 0} \frac{2x\Delta x + (\Delta x)^2}{\Delta x} = \lim_{\Delta x \to 0} (2x + \Delta x) = 2x$$

---

22 이 절에서 다루는 함수는 미분 가능한 함수입니다.

23 Δ는 '델타(delta)'로 읽으며 로마자 D에 대응합니다. 또한 함수나 변수에 ' '(프라임 기호, Prime symbol)를 넣으면 도함수를 나타냅니다.

함수 $f(x)$의 도함수 $f'(x)$를 구하는 것을 "함수 $f(x)$를 미분한다"라고 합니다. 또한 [식 2-15]의 값을 계산할 수 있다면 미분 가능이라고 합니다.

그럼 도함수의 의미를 [그림 2-31]로 나타내보겠습니다. 함수 $f(x)$를 그래프로 그릴 때 $f'(x)$는 해당 그래프 접선의 기울기를 표현합니다. 따라서 연속되는 형태의 그래프를 갖는 함수는 미분 가능합니다.

그림 2-31

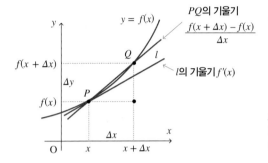

도함수의 의미. $f'(x)$는 그래프 접선의 기울기를 표현합니다. 실제로 Q를 한없이 P에 가깝게 하면 직선 PQ는 접선 l에 한없이 가까워집니다.

NOTE_ 신경망에서 사용하는 함수의 미분 공식

사실 신경망에서 도함수를 계산할 때는 [식 2-15] 대신 다음 소개하는 공식을 이용합니다(x를 변수로, c를 상수로 합니다).

식 2-16[24]

$$(c)' = 0, (x)' = 1, (x^2)' = 2x, (e^x)' = e^x, (e^{-x})' = -e^{-x}$$

미분 기호

[식 2-15]에서 함수 $y = f(x)$의 도함수 $f'(x)$를 극한 개념으로 표현했는데 분수로 표현하는 방법도 있습니다. $f'(x) = dy/dx$입니다.[24]

이 표기법은 매우 편리합니다. 복잡한 함수의 미분을 분수 형식으로 계산할 수 있기 때문입니다.

---

24 설명은 생략합니다. e는 자연상수(2장 01 참고)입니다.

예를 들어 [식 2-16]의 $(c)' = 0$은 $dc/dx = 0$으로 표현할 수 있습니다(c는 상수). 또한 $(x)' = 1$은 $dx/dx = 1$로 표현할 수 있습니다.

미분의 성질

[식 2-17]을 이용하면 미분 가능한 함수의 세계가 비약적으로 넓어집니다. 이 공식을 미분의 선형성이라고 합니다(선형성의 기본 개념은 2장 03 참고).

식 2-17[25]

$$\{f(x)+g(x)\}' = f'(x)+g'(x), \quad \{cf(x)\}' = cf'(x) \quad (c는 상수)$$

기억하기 어렵다면 다음처럼 기억하기 바랍니다.

* 함수 합의 미분은 각 함수를 미분한 합과 같습니다.
* 상수를 곱한 함수의 미분은 미분한 함수에 상수를 곱한 것과 같습니다.

'미분의 선형성'은 나중에 알아볼 오차역전파법의 기반이 되는 개념이기도 합니다.

그럼 예를 살펴보겠습니다. 첫 번째는 함수 $C = (2-y)^2$ (y는 변수)일 때 C'을 계산해보겠습니다. 다음과 같습니다.

$$C' = (4-4y+y^2)' = (4)'-4(y)'+(y^2)' = 0-4+2y = -4+2y$$

두 번째로는 함수 $f(x) = 2x^2+3x+1$을 미분해보겠습니다. 계산 결과는 다음과 같습니다.

$$f'(x) = (2x^2)'+(3x)'+(1)' = 2(x^2)'+3(x)'+(1)' = 4x+3$$

세 번째로는 $f(x) = 1+e^{-x}$를 미분해보겠습니다. 계산 결과는 다음과 같습니다.

$$f'(x) = (1+e^{-x})' = (1)'+(e^{-x})' = -e^{-x}$$

....
25 조합하면 $\{f(x)-g(x)\}' = f'(x)-g'(x)$도 쉽게 나타낼 수 있습니다.

NOTE_ $(e^{-x})' = -e^{-x}$ **증명하기**

나중에 살펴볼 연쇄법칙[26](합성함수의 미분 공식, 2장 08 참고)을 이용하면 다음처럼 간단하게 $(e^{-x})' = -e^{-x}$
를 증명할 수 있습니다. 일단 과정만 살펴보기 바랍니다.

$$y' = \frac{dy}{du}\frac{du}{dx} = e^u \cdot (-1) = -e^{-x} \quad (y = e^u, \ u = -x)$$

분수 함수와 시그모이드 함수의 미분

분수 형태의 함수를 미분할 때 도움 되는 것이 분수 함수의 미분 공식입니다. [식 2-18]과 같
습니다.

식 2-18[27]

$$\left\{ \frac{1}{f(x)} \right\}' = -\frac{f'(x)}{\{f(x)\}^2}$$

신경망에서 가장 유명한 활성화 함수 중 하나는 시그모이드 함수입니다. 시그모이드 함수 $\sigma(x)$
는 2장 01에서 $1/(1+e^{-x})$로 정의했습니다. 그런데 나중에 알아볼 경사하강법에서는 이 함수를
미분할 필요가 있습니다. 그럴 때 편리한 것이 [식 2-19]입니다.

식 2-19

$$\sigma'(x) = \sigma(x)(1-\sigma(x))$$

[식 2-19]를 이용하면 미분하지 않아도 시그모이드 함수의 도함숫값을 $\sigma(x)$의 값에서 얻을 수
있습니다. [식 2-18]의 $f(x)$에 $1+e^{-x}$을 대입한 후 [식 2-16]의 지수함수 미분 공식 $(e^{-x})' =$
$-e^{-x}$를 이용하면 다음과 같은 식을 계산할 수 있습니다.

---

26 역자주_ https://ko.wikipedia.org/wiki/연쇄_법칙
27 증명은 생략합니다. 또한 함수 $f(x)$의 범위는 이 책에서는 0이 되지 않는다고 하겠습니다.

$$\sigma'(x) = -\frac{(1+e^{-x})'}{(1+e^{-x})^2} = \frac{e^{-x}}{(1+e^{-x})^2}$$

이는 다음처럼 변형할 수 있습니다.

$$\sigma'(x) = \frac{1+e^{-x}-1}{(1+e^{-x})^2} = \frac{1}{1+e^{-x}} - \frac{1}{(1+e^{-x})^2} = \sigma(x) - \sigma(x)^2$$

이렇게 $\sigma(x)$의 값으로 [식 2–19]를 얻을 수 있습니다.

최솟값의 필요조건

앞에서 도함수 $f'(x)$는 접선의 기울기를 나타낸다고 했습니다. 여기에서 나중에 알아볼 '최적화' (2장 12 참고)에서 이용하는 원리([식 2–20])를 얻을 수 있습니다.

식 2-20
함수 $f(x)$가 $x = a$일 때 최솟값이라면 $f'(a) = 0$

그럼 왜 0이 될까요? [그림 2–32]를 보면 분명하게 알 수 있습니다.

그림 2-32

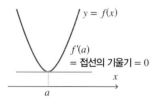

$x=a$이고 $f(x)$가 최솟값일 때, 그 점에서 접선의 기울기(즉 도함수의 값)는 0이 된다.

이 원리를 응용할 때는 다음 사항도 기억해둡시다.

> $f'(a) = 0$는 함수 $f(x)$가 $x = a$에서 최솟값이 되기 위한 '필요' 조건[28]입니다.

---

28 명제에서 'p라면 q가 성립'할 때 q는 p이기 위한 필요조건이라고 합니다.

이는 접선의 기울기가 0이더라도 꼭 최솟값이라는 보장이 없다는 의미입니다. [그림 2-33] 함수 $y = f(x)$의 그래프를 보면 분명하게 알 수 있습니다.

그림 2-33

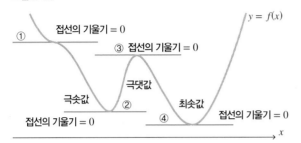

참고로 경사하강법은 접선의 기울기가 낮은 쪽으로 계속 이동시켜서 최솟값을 구합니다. 그런데 자칫 함수 전체의 최솟값과 값이 커지거나 작아질 때 발생하는 극솟값/극댓값을 혼동할 수 있습니다. 경사하강법으로 최솟값을 구할 때 주의해야 하는 부분입니다.

그럼 이러한 혼동을 막기 위해 3차 함수 $f(x) = 3x^4-4x^3-12x^2+32$의 최솟값을 구하는 과정을 살펴보겠습니다. 도함수는 다음과 같습니다.

$$f'(x) = 12x^3-12x^2-24x = 12x(x+1)(x-2)$$

그리고 함수 $f(x)$와 도함수 $f'(x)$ 값의 증감표([표 2-1])[29]를 만들어 극솟값, 극댓값, 최솟값을 정확하게 확인해보겠습니다.

표 2-1[30]

x	$\cdots$	-1	$\cdots$	0	$\cdots$	2	$\cdots$
$f'(x)$	-	0	+	0	-	0	+
$f(x)$	↘	27	↗	32	↘	0	↗
		극솟값		극댓값		최솟값	

---

29 역자주_ 함숫값이 커지거나 작아지는 상황을 정리하는 표 형식입니다. 미분한 값이 0일 때를 추가해 극솟값이나 극댓값을 확인하는 데 장점이 있습니다.

30 값의 증가와 감소는 ↗, ↘로 나타냅니다. 또한 값이 일정하게 증가하거나 감소하는 구간은 '$\cdots$'으로 생략했습니다.

앞 표를 확인하면 $x = 2$일 때 최솟값이 0이라는 사실을 정확하게 확인할 수 있습니다.

또한 증감표는 그래프를 그리는 데 도움을 받을 수 있습니다. [표 2–1]을 이용해 $f(x) = 3x^4 + 4x^3 - 12x^2 + 32$의 그래프를 그려보면 다음과 같습니다.

그림 2-34

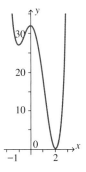

이번에는 2차 함수 $f(x) = 2x^2 - 4x + 3$의 최솟값을 구해보겠습니다. 도함수는 다음과 같습니다.

$$f'(x) = 4x - 4$$

이를 이용해 [표 2–2]와 같은 증감표를 만들 수 있습니다. 즉 $x = 1$일 때 최솟값이 1입니다. 그래프는 [그림 2–35]와 같습니다.

표 2-2

x	$\cdots$	1	$\cdots$
$f'(x)$	$-$	0	$+$
$f(x)$	$\searrow$	1	$\nearrow$

최솟값

그림 2-35

07 신경망을 위한 편미분의 기본

신경망 계산에는 수많은 변수가 나옵니다. 네트워크를 구성하는 유닛의 파라미터인 '가중치'와 '편향'을 모두 변수로 취급하기 때문입니다. 이 절에서는 신경망 계산에 필요한 다변수의 미분을 알아보겠습니다.

다변수 함수

2장 06에서 미분을 설명할 때는 독립변수[31]가 하나인 함수를 다뤘습니다. 여기서는 독립변수가 2개 이상인 다변수 함수를 다루겠습니다.[32]

다변수 함수의 특징 중 하나는 시각화하기는 어렵다는 점입니다. 예를 들면 $z = x^2 + y^2$과 같은 단순한 함수도 그래프는 다음처럼 3차원의 복잡한 모습으로 표현됩니다.

그림 2-36

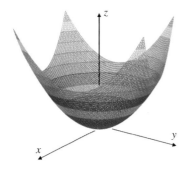

$z = x^2 + y^2$의 그래프

신경망의 함수 안에는 수만 개의 변수가 있습니다. 따라서 함수를 시각적으로 이해하기는 무리입니다. 그러나 지금까지 살펴봤던 독립변수 하나일 때의 함수 설명을 이해했다면 어려울 일은

---

31 2장 01에서 함수 $y = f(x)$가 있을 때 x를 독립변수, y를 종속변수라고 설명했습니다.
32 이 절에서 사용하는 함수는 모두 미분 가능한 함수라고 가정합니다.

없습니다. 연장 선상에서 다변수 함수를 이해할 수 있기 때문입니다.

그럼 표현 기호부터 보겠습니다. 지금까지 독립변수가 하나인 일변수 함수를 나타내는 기호로 $f(x)$ 등을 이용했습니다. 다변수 함수도 다음처럼 일변수 함수와 비슷한 형태로 표현합니다.

- $f(x, y)$: 변수 x, y를 독립변수로 하는 함수입니다.
- $f(x_1, x_2, \cdots, x_n)$: 변수 $x_1, x_2, \cdots, x_n$를 독립변수로 하는 함수입니다.

편미분

다변수 함수도 미분할 수 있습니다. 단, 변수가 여러 개 있으므로 어떤 변수를 미분할지 명시해야 합니다. 이렇게 특정 변수를 명시해 미분하는 것을 편미분partial derivative이라고 합니다.

예를 들어 두 변수 x, y가 있는 함수 $z = f(x, y)$를 생각해봅시다. 변수 x를 미분하고 y를 상수로 취급하는 것을 'x에 관한 편미분'이라고 하며 다음처럼 표현합니다.

$$\frac{\partial z}{\partial x} = \frac{\partial f(x, y)}{\partial x} = \lim_{\Delta x \to 0} \frac{f(x + \Delta x, y) - f(x, y)}{\Delta x}$$

'y에 관한 편미분'도 마찬가지입니다.

$$\frac{\partial z}{\partial y} = \frac{\partial f(x, y)}{\partial y} = \lim_{\Delta y \to 0} \frac{f(x, y + \Delta y) - f(x, y)}{\Delta y}$$

그럼 신경망에서 이용하는 편미분의 대표적인 예를 몇 가지 살펴보겠습니다. 첫 번째는 $z = wx+b$일 때 각 독립변수에 관한 편미분 결과입니다.

$$\frac{\partial z}{\partial x} = w, \quad \frac{\partial z}{\partial w} = x, \quad \frac{\partial z}{\partial b} = 1$$

다음은 $f(x, y) = 3x^2+4y^2$일 때 각 독립변수에 관한 편미분 결과인 $\partial f(x, y)/\partial x$, $\partial f(x, y)/\partial y$를 구하겠습니다.

$$\frac{\partial f(x, y)}{\partial x} = 6x, \quad \frac{\partial f(x, y)}{\partial y} = 8y$$

이번에는 $z = w_1 x_1 + w_2 x_2 + b_1$일 때, x_1, w_2, b_1에 관해 각각 편미분하겠습니다.

$$\frac{\partial z}{\partial x_1} = w_1, \quad \frac{\partial z}{\partial w_2} = x_2, \quad \frac{\partial z}{\partial b_1} = 1$$

다변수 함수 최솟값의 필요조건

미분 가능한 일변수 함수 $y = f(x)$의 어떤 x가 최솟값인 필요조건은 도함수가 0이 되는 것이었습니다(2장 06 참고). 다변수 함수도 마찬가지입니다. 예를 들어 이변수 함수는 [식 2–21] 같이 표현할 수 있습니다.

식 2-21

$$\frac{\partial f}{\partial x} = 0, \quad \frac{\partial f}{\partial y} = 0 \qquad \text{함수 } z = f(x, y)\text{가 최솟값이 되는 필요조건}$$

다변수 함수라면 [식 2–21]을 일반화해 n 변수의 경우로 확장하면 됩니다.

[식 2–21]의 개념은 [그림 2–37]을 보면 분명해집니다. 함수 $z = f(x, y)$가 최솟값이 되는 점 x 및 y의 그래프 방향을 보면 접선의 기울기가 0이기 때문입니다.

그림 2-37

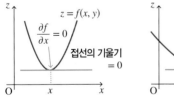 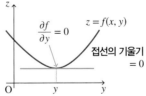

[식 2-21]의 의미

2장 06에서 확인한 것처럼 [식 2–21]은 필요조건입니다. 즉, 함수 $f(x, y)$를 미분한 값이 0이라도 최솟값이 된다고 보장할 수 없습니다.

그럼 함수 $z = x^2+y^2$가 최솟값일 때의 x, y의 값을 구해보겠습니다. 먼저 x, y에 관해 편미분하면 다음과 같습니다.

$$\frac{\partial z}{\partial x} = 2x, \ \frac{\partial z}{\partial y} = 2y$$

그럼 [식 2-21]에서 함수가 최솟값이 될 필요조건은 $x = 0$, $y = 0$입니다. 이때 $z = x^2+ y^2 \geq 0$ 이므로, $z = 0$이 최솟값인 것을 알 수 있습니다([그림 2-36] 그래프에서 이를 확인합시다).

NOTE_ 라그랑주 승수법

실제 최솟값을 구할 때는 변수에 제약 조건을 두는 일이 있습니다. 예를 들어 $x^2+y^2=1$ 같은 식입니다. 이때 라그랑주 승수법(Lagrange multiplier method)[33]을 이용할 수 있습니다. 이는 제약 조건 함수 g를 만족하는 어떤 함수 f의 최솟값이나 최댓값이 제약 조건 함수 g와 함수 f가 접하는 점에 존재할 수 있다는 개념을 이용하는 것입니다.

그럼 $x^2+y^2=1$이라는 제약 조건이 있을 때 $x+y$의 최솟값을 구한다고 생각해봅시다. 라그랑주 승수법에서는 $x+y$를 $f(x, y)$, $x^2+y^2=1$을 계산 결과 0이라는 제약을 두는 $x^2+y^2-1=0$이라는 함수로 바꾼 $g(x, y)$로 치환합니다. 그리고 상수 λ를 사용하여 다음 함수 L을 만듭니다.

$$L = f(x, y) - \lambda g(x, y) = (x+y) - \lambda(x^2+y^2-1)$$

그리고 [식 2-21]을 이용해 다음처럼 계산합니다.

$$\frac{\partial L}{\partial x} = 1 - 2\lambda x = 0, \ \frac{\partial L}{\partial y} = 1 - 2\lambda y = 0$$

즉, 조건 $x^2+y^2=1$이라면, $x = y = \lambda = \pm 1/\sqrt{2}$이라는 결과를 계산할 수 있습니다. 그리고 $x = y = -1/\sqrt{2}$ 일 때 $x+y$의 최솟값 $-\sqrt{2}$를 얻을 수 있습니다.

라그랑주 승수법은 신경망을 더 효율적으로 해석하는 '정규화' 기법에서 사용합니다.

---

33 역자주_ 대한수학회에서 제시하는 정식 이름은 '라그랑주 곱셈자방법'입니다. 하지만 해당 용어가 생소할 수 있어 라그랑주 승수법으로 표기했습니다.

연쇄법칙

이 절에서는 복잡한 함수를 미분하는 데 도움을 주는 연쇄법칙을 알아봅니다. 뒤에서 알아볼 오차
역전파법을 이해하려면 필수로 알아야 할 내용입니다.

신경망과 합성함수

함수 $y = f(u)$의 u가 $u = g(x)$라면 y는 $y = f(g(x))$라고 중첩해 표현할 수 있습니다(u와 x는
다변수를 대표한다고 하겠습니다). 이때 중첩 함수 $f(g(x))$를 함수 $f(u)$와 $g(x)$의 합성함수라고
합니다.[34]

예를 들어 함수 $z = (2-y)^2$은 함수 $u = 2-y$와 함수 $z = u^2$의 합성함수입니다.

그림 2-38

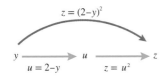

함수 $z = (2-y)^2$는 함수 $u = 2-y$와 함수
$z = u^2$의 합성함수입니다.
이 함수의 예는 뒤에서 살펴볼 비용함수
입니다.

또 다른 예로는 복수의 입력 $x_1, x_2, \cdots, x_n$을 나타내는 $a(x)$를 활성화 함수라고 할 때 유닛 출력
y를 다음처럼 구하는 것입니다(1장 03 참고).

$y = a(w_1x_1 + w_2x_2 + \cdots + w_nx_n + b)$ ($w_1, w_2, \cdots, w_n$은 가중치, b는 해당 유닛의 편향)

이때 출력 함수 y는 $x_1, x_2, \cdots, x_n$의 1차 함수 f와 활성화 함수 a의 합성함수입니다.

---

34 이 절에서 다루는 함수는 미분 가능한 함수라고 가정합니다.

$$\begin{cases} z = f(x_1, x_2, \cdots, x_n) = w_1x_1 + w_2x_2 + \cdots + w_nx_n + b \\ y = a(z) \end{cases}$$

이 함수의 입력, 가중 입력, 출력의 관계는 다음 그림과 같습니다.

그림 2-39

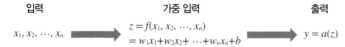

입력   가중 입력   출력

$x_1, x_2, \cdots, x_n$ → $z = f(x_1, x_2, \cdots, x_n)$ $= w_1x_1 + w_2x_2 + \cdots + w_nx_n + b$ → $y = a(z)$

일변수 함수의 연쇄법칙

일변수 함수 $y = f(u)$의 변수 u가 일변수 함수 $u = g(x)$일 때, 합성함수 $f(g(x))$의 도함수는 다음처럼 간단히 구할 수 있습니다.

식 2-22

$$\frac{dy}{dx} = \frac{dy}{du}\frac{du}{dx}$$

[식 2-22]를 일변수 함수의 '합성함수 미분 공식'이라고 합니다. 또한 연쇄법칙Chain rule이라고도 합니다. 이 책에서는 연쇄법칙이라고 하겠습니다. 개념은 다음 그림과 같습니다.

그림 2-40

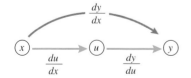

일변수 함수의 연쇄법칙.
분수 계산을 적용해 미분할 수 있습니다.

[식 2-22]의 dx, dy, du를 하나의 변수로 가정하면 좌변은 우변의 du를 약분한 것입니다. 따라서 "합성함수의 미분은 분수처럼 약분[35]할 수 있다"고 기억하기 바랍니다.

---

35 이 약분 규칙은 dx, dy를 제곱했을 때는 사용할 수 없습니다.

예를 들어 y가 u의 함수, u가 v의 함수, v가 x의 함수일 때 dy/dx를 계산하면 다음과 같은 식이 성립합니다.

$$\frac{dy}{dx} = \frac{dy}{du}\frac{du}{dv}\frac{dv}{dx}$$

합성함수 미분의 개념은 다음과 같습니다.

그림 2-41

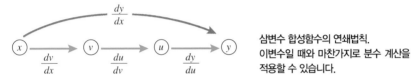

삼변수 합성함수의 연쇄법칙.
이변수일 때와 마찬가지로 분수 계산을
적용할 수 있습니다.

또 다른 예로 자연상수가 있는 함수 $y = 1/(1+e^{-(wx+b)})$ (w, b는 상수)를 미분하겠습니다. 먼저 다음처럼 함수를 치환합니다.

$$y = \frac{1}{1+e^{-u}}, \quad u = wx + b$$

앞 식은 시그모이드 함수이므로, [식 2–19]를 이용해 다음 식으로 바꿀 수 있습니다.

$$\frac{dy}{du} = y(1 - y)$$

또한 u를 x에 관해 미분하면 $du/dx = w$이므로 최종 dy/dx는 다음처럼 계산할 수 있습니다.

$$\frac{dy}{dx} = \frac{dy}{du}\frac{du}{dx} = y(1-y)w = \frac{w}{1+e^{-(wx+b)}}\left(1 - \frac{1}{1+e^{-(wx+b)}}\right)$$

다변수 함수의 연쇄법칙

다변수 함수에도 연쇄법칙을 적용할 수 있습니다. 분수를 다루듯이 미분 방정식을 변형하겠지만 관련된 모든 변수에 연쇄법칙을 적용할 필요가 있으므로 단순하지는 않습니다.

먼저 변수가 2개인 함수일 때를 생각해보겠습니다. $z = f(u, v)$라는 함수가 있고 u와 v 역시 각각 $u = g(x, y)$와 $v = h(x, y)$라는 함수라고 생각해봅시다. 그럼 $z = f(g(x, y), h(x, y))$라고 바꿀 수 있습니다. 이때 [식 2-23]과 같은 다변수 함수의 연쇄법칙이 성립합니다.

식 2-23

$$\frac{\partial z}{\partial x} = \frac{\partial z}{\partial u}\frac{\partial u}{\partial x} + \frac{\partial z}{\partial v}\frac{\partial v}{\partial x}$$

실제 u, v, x, y, z 사이의 관계는 다음 그림과 같습니다.

그림 2-42

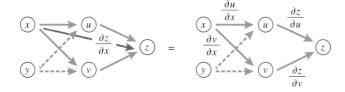

즉, 변수 z를 x로 미분할 때 관여하는 변수 모두를 대상으로 한 번씩 미분한 후 마지막에 곱합니다.

x에 관해 미분하는 것처럼 y에 관해 미분할 수도 있습니다. 다음과 같습니다.

$$\frac{\partial z}{\partial y} = \frac{\partial z}{\partial u}\frac{\partial u}{\partial y} + \frac{\partial z}{\partial v}\frac{\partial v}{\partial y}$$

이때 u, v, x, y, z 사이의 관계는 다음 그림과 같습니다.

그림 2-43

그럼 다변수 함수의 연쇄법칙 예를 살펴보겠습니다. 이변수 함수가 $C = u^2+v^2$이고 $u = ax+by$, $v = px+qy$ (a, b, p, q는 상수)라면 연쇄법칙의 계산 과정은 다음과 같습니다.

$$\frac{\partial C}{\partial x} = \frac{\partial C}{\partial u}\frac{\partial u}{\partial x} + \frac{\partial C}{\partial v}\frac{\partial v}{\partial x} = 2u \cdot a + 2v \cdot p = 2a(ax+by) + 2p(px+qy)$$

$$\frac{\partial C}{\partial y} = \frac{\partial C}{\partial u}\frac{\partial u}{\partial y} + \frac{\partial C}{\partial v}\frac{\partial v}{\partial y} = 2u \cdot b + 2v \cdot q = 2b(ax+by) + 2q(px+qy)$$

삼변수 함수 이상에서도 마찬가지입니다. 삼변수 함수가 $C = u^2+v^2+w^2$이고 $u = a_1x+b_1y+c_1z$, $v = a_2x+b_2y+c_2z$, $w = a_3x+b_3y+c_3z$ (a_i, b_i, c_i는 상수, $i = 1, 2, 3$)라면 연쇄법칙의 계산 과정은 다음과 같습니다.

$$\frac{\partial C}{\partial x} = \frac{\partial C}{\partial u}\frac{\partial u}{\partial x} + \frac{\partial C}{\partial v}\frac{\partial v}{\partial x} + \frac{\partial C}{\partial w}\frac{\partial w}{\partial x}$$

$$= 2u \cdot a_1 + 2v \cdot a_2 + 2w \cdot a_3$$

$$= 2a_1(a_1x+b_1y+c_1z) + 2a_2(a_2x+b_2y+c_2z) + 2a_3(a_3x+b_3y+c_3z)$$

C, u, v, w, x, y, z 사이의 관계는 다음 그림과 같습니다.

그림 2-44

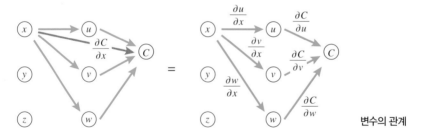

변수의 관계

09 다변수 함수의 근사식

앞에서 최솟값을 찾아 신경망의 오류를 최소화하는 대표적인 방법으로 경사하강법을 설명했습니다. 이때 효율적으로 계산하려고 사용하는 것이 다변수 함수의 근사식입니다.

일변수 함수의 근사식

일변수 함수 $y = f(x)$에서 x 값을 변경한다면 함숫값 y는 얼마나 변할까요? 답은 도함수의 정의 안에 있습니다(2장 06 [식 2-15] 참고).[36]

[식 2-15]에서 Δx는 0에 근접해 있는 '0과 거의 비슷한 값'입니다. 그렇다면 '0'으로 바꿔도 큰 차이는 생기지 않을 겁니다. 따라서 극한의 개념을 없앤 다음과 같은 근사식을 사용할 수 있습니다.

$$f'(x) \approx \frac{f(x + \Delta x) - f(x)}{\Delta x}$$

이를 변형하면 일변수 함수의 근사식(선형근사)을 얻을 수 있습니다.

식 2-24

$$f(x + \Delta x) \approx f(x) + f'(x)\Delta x \quad (\Delta x는 '상수 a와 거의 비슷한 값')$$

이때 어떤 x 값이 상수 a라는 값에 근접해 있다면 $\Delta x = x - a$라고 정의할 수 있습니다.

예를 들어 $f(x) = e^x$가 $x = 0$에 근접할 때의 근사식을 구해봅시다. 먼저 지수함수의 미분 공식 $f'(x) = e^x$(2장 06 참고)을 [식 2-24]에 적용하면 $e^{x + \Delta x} \approx e^x + e^x \Delta x$를 도출할 수 있습니다. 여기

---

36 이 절에서 다루는 함수 역시 미분 가능한 함수라고 가정합니다.

에 기존 x에는 0을 대입하고, Δx를 x로 대체[37]하면 $e^x \approx 1+x$라는 근사식을 구할 수 있습니다.

다음 그림은 $y = e^x$와 $y = 1+x$의 그래프를 그린 것입니다. $x = 0$ 근처에서 두 함수의 그래프는 겹쳐 있습니다. 이는 $y = 1+x$가 $y = e^x$를 대체하는 근사식으로 유용하다는 뜻입니다.

그림 2-45

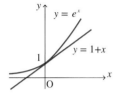

$x = 0$에 근접할 때 $y = e^x$ 및 $y = 1+x$의 그래프는 겹쳐 있습니다.

다변수 함수의 근사식

일변수 함수의 근사식([식 2-24])을 이변수 함수로 확장해보겠습니다. 그럼 질문은 "x, y 값을 변경했을 때 함수 $z = f(x, y)$의 값은 얼마나 변할까요?"가 됩니다. 답은 다음의 근사식입니다.

식 2-25

$$f(x + \Delta x, y + \Delta y) \approx f(x, y) + \frac{\partial f(x, y)}{\partial x} \Delta x + \frac{\partial f(x, y)}{\partial y} \Delta y$$

이때 Δx, Δy는 '상수 a, b와 거의 비슷한 값'입니다.

그럼 $z = e^{x+y}$가 $x = y = 0$에 근접할 때의 근사식을 구해보겠습니다. 지수함수의 미분 공식 $\partial z/\partial x = \partial z/\partial y = e^{x+y}$를 [식 2-25]에 적용하면 $e^{x+\Delta x+y+\Delta y} \approx e^{x+y}+e^{x+y}\Delta x+e^{x+y}\Delta y$를 도출할 수 있습니다. 여기에 기존 x, y에는 0을 대입하고 Δx를 x, Δy를 y로 대체하면 $e^{x+y} \approx 1+x+y$라는 근사식을 구할 수 있습니다.

한편 [식 2-25]를 간결하게 표현해봅시다. 먼저 다음 Δz를 정의합니다.

....
37 역자주_ 이 예에서는 a를 0으로 설정했으므로 $\Delta x = x$라고 대체할 수 있습니다.

식 2-26

$$\Delta z = f(x+\Delta x, y+\Delta y) - f(x, y)$$

앞 식은 x, y를 차례로 Δx, Δy만큼 변화시켰을 때의 함수 $z = f(x, y)$의 변화입니다. 이를 [식 2-25]에 대입하면 다음처럼 간결하게 표현할 수 있습니다.

식 2-27

$$\Delta z \approx \frac{\partial z}{\partial x} \Delta x + \frac{\partial z}{\partial y} \Delta y$$

이렇게 표현하면 [식 2-25]를 확장하기 쉽습니다. 예를 들어 변수 z가 세 변수 w, x, y의 함수일 때 근사식은 다음과 같습니다.

식 2-28

$$\Delta z \approx \frac{\partial z}{\partial w} \Delta w + \frac{\partial z}{\partial x} \Delta x + \frac{\partial z}{\partial y} \Delta y$$

근사식의 벡터 표현

삼변수 함수의 근사식은 방금 앞에서 소개한 [식 2-28]과 같습니다. 이는 다음 두 벡터로 표현할 수 있습니다.

식 2-29

$$\nabla z = \left(\frac{\partial z}{\partial w}, \frac{\partial z}{\partial x}, \frac{\partial z}{\partial y} \right), \quad \Delta \boldsymbol{x} = (\Delta w, \Delta x, \Delta y)$$

참고로 ∇z, $\Delta \boldsymbol{x}$는 내적 $\nabla z \cdot \Delta \boldsymbol{x}$의 성분 표시이기도 합니다.[38]

----

38 ∇는 보통 '나블라'(Del 또는 nabla)라고 읽습니다(2장 10 참고).

일반적으로 n변수의 함수에서도 근사식은 이처럼 내적의 성분을 표시하는 벡터로 나타낼 수 있습니다. 이는 다음 절에서 알아볼 경사하강법의 원리와 연관이 있습니다.

NOTE_ 테일러 급수

지금까지 소개한 근사식을 일반화한 식을 테일러 급수^{Taylor series}[39]라고 합니다. 예를 들어 이변수 함수의 테일러 급수는 다음처럼 나타낼 수 있습니다.

$$f(x+\Delta x, y+\Delta y) = f(x, y) + \frac{\partial f}{\partial x}\Delta x + \frac{\partial f}{\partial y}\Delta y$$

$$+ \frac{1}{2!}\left\{\frac{\partial^2 f}{\partial x^2}(\Delta x)^2 + 2\frac{\partial^2 f}{\partial x \partial y}\Delta x \Delta y + \frac{\partial^2 f}{\partial y^2}(\Delta y)^2\right\}$$

$$+ \frac{1}{3!}\left\{\frac{\partial^3 f}{\partial x^3}(\Delta x)^3 + 3\frac{\partial^3 f}{\partial x^2 \partial y}(\Delta x)^2(\Delta y) + 3\frac{\partial^3 f}{\partial x \partial y^2}\Delta x(\Delta y)^2 + \frac{\partial^3 f}{\partial y^3}(\Delta y)^3\right\}$$

$$+\cdots$$

이 테일러 급수의 맨 앞 3항이 [식 2-25]입니다.

덧붙여서 다음 식이 성립합니다.

$$\frac{\partial^2 f}{\partial x^2} = \frac{\partial}{\partial x}\frac{\partial f}{\partial x}, \ \frac{\partial^2 f}{\partial x \partial y} = \frac{\partial}{\partial x}\frac{\partial f}{\partial y}, \ \cdots$$

---

39 역자주_ https://ko.wikipedia.org/wiki/테일러_급수

10 경사하강법의 의미와 식

함수의 최솟값이 되는 점을 찾는 것은 응용수학의 가장 중요한 역할 중 하나입니다. 여기서는 그 점을 찾아내는 방법으로 유명한 경사하강법을 알아봅니다.

경사하강법의 원리

함수 $z = f(x, y)$가 있을 때 함수 z를 최소화하는 x, y를 어떻게 구하면 좋을까요? 가장 유명한 방법은 함수 $z = f(x, y)$를 최소화하는 x, y가 다음의 관계를 만족시킨다는 사실을 이용하는 것입니다(2장 07 참고).[40]

식 2-30

$$\frac{\partial f(x, y)}{\partial x} = 0, \quad \frac{\partial f(x, y)}{\partial y} = 0$$

이는 [그림 2-46]처럼 함수의 최솟값인 점에서 와인 잔의 바닥처럼 접하는 평면이 수평이 될 것으로 기대하기 때문입니다.

그림 2-46

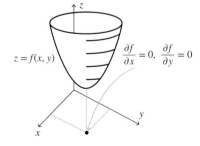

$z = f(x, y)$

$$\frac{\partial f}{\partial x} = 0, \quad \frac{\partial f}{\partial y} = 0$$

[식 2-30]의 의미.
함수의 최솟값인 점은 와인 잔의 바닥과 같은 형태이며, 해당 점 근처에서 함숫값의 증가는 0입니다. 또한 이 식은 어디까지나 필요조건에 불과합니다.

---

40 이 절에서는 미분 가능한 이변수 함수를 주 대상으로 이야기합니다. 신경망에서는 수만 개의 변수를 다룰 때도 있지만 수학 원리는 지금 소개하는 이변수 함수의 경우와 같습니다.

그런데 [식 2-30]은 쉽게 풀리지 않는다는 것이 진짜 문제입니다. 그럴 때는 어떻게 하면 좋을까요? [식 2-30]의 방정식을 푸는 것이 아니라 그래프 상의 점을 조금씩 움직여 함수의 최솟값인 점을 찾아야 합니다. 이것이 경사하강법입니다.

경사하강법의 개념은 다음과 같습니다.

1 그래프를 경사면으로 가정합니다.

2 경사면의 어떤 점 P에 탁구공을 두고 살며시 손을 놓아봅니다. 탁구공은 가장 가파른 비탈을 선택해 구르기 시작합니다.

3 조금 진행되면 공을 멈춘 후 멈춘 위치에서 다시 놓아 봅니다. 탁구공은 다시 해당 지점에서 가장 가파른 비탈을 선택해 구르기 시작합니다.

4 이 작업을 여러 번 반복한다면 탁구공은 최단 경로를 따라 경사면의 끝, 즉 함수의 최솟값인 점에 도착할 것입니다.

이를 설명하는 것이 [그림 2-47]입니다.

그림 2-47

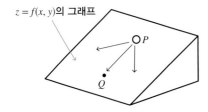

함수의 그래프 일부를 확대해 경사면으로 나타낸 그림. 탁구공은 가장 급한 비탈(PQ 방향)을 찾아 구르기 시작합니다.

이 탁구공의 움직임을 흉내 낸 것이 경사하강법입니다.

그림 2-48

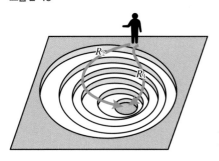

탁구공의 움직임을 사람이 따라간다고 가정하면 사람은 최단 경로 R_1으로 경사면의 끝(최솟값인 점)에 도착합니다.

수치 해석에서는 경사하강법을 최급강하법^{Method of steepest descent}[41] 이라고도 합니다.

근사식과 내적의 관계

방금 설명한 원리에 따라 경사하강법의 식을 살펴보겠습니다.

함수 $z = f(x, y)$에서 x를 Δx만큼, y를 Δy만큼 바꿨을 때 함수 $f(x, y)$ 값의 변화에 관한 근사식은 $\Delta z = f(x+\Delta x, y+\Delta y)-f(x, y)$입니다. 이 근사식(2장 09 참고)에서 다음 관계식이 성립합니다.

식 2-31

$$\Delta z = \frac{\partial f(x, y)}{\partial x} \Delta x + \frac{\partial f(x, y)}{\partial y} \Delta y$$

이 관계식을 그림으로 나타내면 다음과 같습니다.

그림 2-49

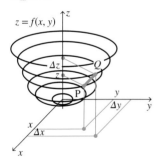

[식 2–25]에서 $\Delta z = f(x+\Delta x, y+\Delta y)-f(x, y)$
이면 Δx, Δy의 사이에 [식 2–31]의 관계가 성립합니다.

2장 09에서도 설명한 것처럼 [식 2–31]의 우변은 다음 두 벡터의 내적(2장 04 참고) 형태입니다.

----

41 역자주_ https://en.wikipedia.org/wiki/Method_of_steepest_descent

식 2-32

$$\left(\frac{\partial f(x, y)}{\partial x}, \frac{\partial f(x, y)}{\partial y} \right), \ (\Delta x, \Delta y)$$

이 내적 관계를 알아보는 것이 경사하강법의 출발점입니다. 다음 그림과 같습니다.

그림 2-50

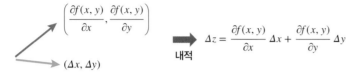

$$\Delta z = \frac{\partial f(x, y)}{\partial x} \Delta x + \frac{\partial f(x, y)}{\partial y} \Delta y$$

[식 2-31]의 좌변 Δz는 [식 2-32] 두 벡터의 내적으로 나타냅니다.

내적의 최솟값

0이 아닌 두 벡터 $\vec{a}$, $\vec{b}$에서 $\vec{a}$, $\vec{b}$의 크기를 고정했다고 생각합시다. 이때 내적 $\vec{a} \cdot \vec{b}$가 최솟값이 되려면 $\vec{b}$의 방향이 $\vec{a}$와 반대여야 합니다(2장 04 참고).

그림 2-51

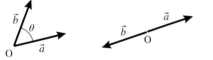

벡터 $\vec{a}$, $\vec{b}$의 내적 $\vec{a} \cdot \vec{b}$는 $|\vec{a}||\vec{b}|\cos\theta$($\theta$은 두 벡터가 이루는 각도, 왼쪽).
최솟값이 되려면 θ가 180°(즉 $\vec{a}$, $\vec{b}$가 반대 방향)일 때(오른쪽).

즉 내적 $\vec{a} \cdot \vec{b}$가 최솟값이 되는 벡터 $\vec{b}$의 방향은 $\vec{b}$가 다음의 식을 만족할 때입니다.

식 2-33

$$\vec{b} = -k\vec{a} \quad (k는 \ 양의 \ 정수)$$

[식 2-33]이 경사하강법의 수학적 기반이 됩니다.

이변수 함수의 경사하강법 기본 식

x를 Δx만큼, y를 Δy만큼 바꿨을 때 함수 $z = f(x, y)$의 변화 Δz는 [식 2-31], 즉 [식 2-32] 두 벡터의 내적으로 나타낼 수 있습니다. 그런데 이 내적의 최솟값은 [식 2-33]에서 두 벡터의 반대여야 합니다. 즉, [식 2-31] Δz의 최솟값(즉 가장 값이 감소한 상황)은 [식 2-32]의 두 벡터가 반대 방향일 때 구할 수 있습니다.

그림 2-52

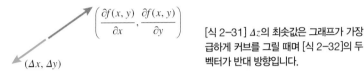

[식 2-31] Δz의 최솟값은 그래프가 가장 급하게 커브를 그릴 때며 [식 2-32]의 두 벡터가 반대 방향입니다.

따라서 점 (x, y)에서 점 $(x+\Delta x, y+\Delta y)$으로 이동할 때 함수 $z = f(x, y)$이 최솟값이려면 다음 식의 관계가 성립해야 합니다. 이것이 이변수 함수의 경사하강법 기본 식입니다.

식 2-34[42]

$$(\Delta x, \Delta y) = -\eta \left(\frac{\partial f(x, y)}{\partial x}, \frac{\partial f(x, y)}{\partial y} \right) \quad (\eta\text{는 작은 값을 갖는 양의 정수})$$

[식 2-34]를 이용하면 [식 2-35]의 관계가 성립합니다.

식 2-35

[식 2-34]를 만족하는 $(\Delta x, \Delta y)$가 있다면 점 (x, y)에서 점 $(x+\Delta x, y+\Delta y)$로 이동했을 때 최솟값이 됩니다.

즉, [식 2-35]처럼 이동하면 다음 그림의 경사면을 가장 빨리 내려갈 수 있습니다

---

42 η는 에타($\eta\tau\alpha$)라는 그리스 문자입니다. 로마자 i에 대응합니다. [식 2-33]처럼 k를 사용해도 됩니다.

그림 2-53

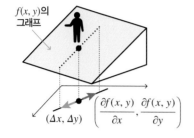

$f(x, y)$의 그래프

$(\Delta x, \Delta y)$ $\left(\dfrac{\partial f(x, y)}{\partial x}, \dfrac{\partial f(x, y)}{\partial y} \right)$

함수 그래프의 최솟값이 되려면
[식 2-33]의 관계가 성립해야 합니다.

[식 2-34]의 우변에 있는 벡터 $(\partial f(x, y)/\partial x, \partial f(x, y)/\partial y)$를 함수 $f(x, y)$ 안 점 (x, y)의 기울기 gradient라고 합니다.

그럼 예를 살펴보겠습니다. 함수 $z = x^2 + y^2$에서 x가 1에서 $1 + \Delta x$, y가 2에서 $2 + \Delta y$로 바뀔 때 이 함수의 최솟값에 해당하는 벡터 $(\Delta x, \Delta y)$를 구하겠습니다(Δx, Δy는 작은 값입니다).

먼저 [식 2-34]를 근거로 Δx, Δy는 다음의 관계가 성립합니다.

$$(\Delta x, \Delta y) = -\eta \left(\frac{\partial z}{\partial x}, \frac{\partial z}{\partial y} \right) \quad (\eta\text{는 작은 값을 갖는 양의 정수})$$

이때 함수 z를 x, y 각각에 관해 편미분하면 $2x$, $2y$입니다. 여기에 $x = 1$, $y = 2$였으므로 편미분한 함수에 해당 값을 대입하면 됩니다. 따라서 $(\Delta x, \Delta y) = -\eta(2, 4)$가 됩니다.

경사하강법 사용하기

앞에서 경사하강법을 이해하는 비유로 탁구공의 움직임을 들었습니다. 이는 가장 짧은 거리로 산에서 내려가는 것과도 같습니다.

산의 가장 가파른 경사는 장소마다 다릅니다. 거기에서 가장 짧은 거리로 산에서 내려가려면 조금씩 이동하면서, 각 위치에 따라 가장 가파른 경사를 찾아야 합니다(실제로 이렇게 내려가기는 어렵겠지만 원리는 그렇습니다).

함수도 똑같습니다. 함수의 최솟값인 점을 찾으려면 [식 2-34]를 이용하여 가장 값이 감소하는 방향을 찾은 후 [식 2-35]에 따라서 그 방향으로 약간 이동해야 합니다. 그렇게 찾은 점(위치)에서 다시 [식 2-34]와 [식 2-35]의 계산 결과에 따라 약간 이동합니다. 즉 [식 2-34]와 [식 2-35]를 반복 계산하여 최솟값인 점을 찾을 수 있습니다. 정리하면 다음과 같습니다.

1 가장 가파른 기울기에 해당하는 방향으로 조금씩 이동하면서 점(위치)을 찾습니다.
2 1번 절차를 반복해 그래프의 바닥, 즉 함수의 최솟값인 점에 도달하는 것을 확인합니다.

이렇게 함수 $f(x, y)$의 최솟값인 점을 찾는 방법을 이변수 함수의 경사하강법이라고 합니다.

그림 2-54

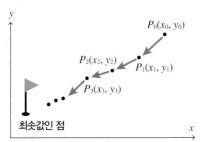

첫 위치 P_0로부터 [식 2-34]와 [식 2-35]를 이용하여 가장 기울기가 가파른 점 P_1의 위치를 구합니다. 그리고 위치 P_1에서 [식 2-34]와 [식 2-35]를 이용하여 다시 가장 가파른 점 P_2의 위치를 구합니다. 즉 [식 2-34]와 [식 2-35]를 반복 계산하면 가장 먼저 최솟값인 점에 도착할 수 있습니다. 이를 경사하강법이라고 합니다.

참고로 2장 11에서는 엑셀을 이용하여 경사하강법을 다뤄볼 것입니다. 경사하강법을 좀 더 구체적으로 이해하는 데 도움이 될 것입니다.

삼변수 이상인 함수에 경사하강법 확장하기

이번에는 이변수 함수의 경사하강법 기본인 [식 2-34]를 삼변수 이상의 함수로 일반화하겠습니다. 함수 f에 변수 $x_1, x_2, \cdots, x_n$이 있을 때 [식 2-34]는 다음처럼 일반화할 수 있습니다.

η가 작은 값을 갖는 양의 상수고 변수 $x_1, x_2, \cdots, x_n$이 $x_1+\Delta x_1, x_2+\Delta x_2, \cdots, x_n+\Delta x_n$으로 변할 때 함수 f가 최솟값인 점은 다음의 관계를 만족할 때 성립합니다.

식 2-36

$$(\Delta x_1, \Delta x_2, \cdots, \Delta x_n) = -\eta \left(\frac{\partial f}{\partial x_1}, \frac{\partial f}{\partial x_2}, \cdots, \frac{\partial f}{\partial x_n} \right)$$

벡터 함수 f의 점 $(x_1, x_2, \cdots, x_n)$의 기울기를 다음과 같다고 합시다.

$$\left(\frac{\partial f}{\partial x_1}, \frac{\partial f}{\partial x_2}, \cdots, \frac{\partial f}{\partial x_n} \right)$$

이때 이변수 함수와 마찬가지로 [식 2-36]을 이용해 다음과 같이 표현할 수 있습니다.

식 2-37

[식 2-36]을 만족하는 $(\Delta x_1, \Delta x_2, \cdots, \Delta x_n)$가 있다면 점 $(x_1, x_2, \cdots, x_n)$에서 점 $(x_1+\Delta x_1, x_2+\Delta x_2, \cdots, x_n+\Delta x_n)$로 이동했을 때 최솟값이 됩니다.

[식 2-37]처럼 이동하면 가장 가파른 감소 방향으로 함숫값이 이동할 수 있습니다. 그리고 [식 2-37]의 계산을 반복하면 n차원 공간의 가장 가파른 감소 방향을 계산하면서 함수의 최솟값인 점을 찾을 수 있습니다. 이것이 n변수인 경우의 경사하강법입니다.

참고로 [식 2-36]과 [식 2-37]은 n차원이라서 이미지를 종이 위에 그리기 어렵습니다.

델 연산자

신경망을 실제 구축하면 몇만 개 변수로 구성한 함수의 최솟값을 찾아야 합니다. 따라서 [식 2-36]으로 표현하기는 어렵습니다. 따라서 식을 간결하게 표현하는 방법을 알아보겠습니다.

수학에는 일변수 함수의 미적분 개념을 기반으로 다변수 함수의 미적분 개념을 일반화하는 '벡터 해석' 분야가 있습니다. 여기서 자주 사용하는 기호로 ∇[43]가 있습니다. ∇는 델 연산자[44]라고 하며 다음처럼 정의합니다.

$$\nabla f = \left(\frac{\partial f}{\partial x_1}, \frac{\partial f}{\partial x_2}, \cdots, \frac{\partial f}{\partial x_n} \right)$$

....

43 2장 09에서 언급한 것처럼 ∇는 보통 '나블라'라고 읽습니다. 그리스 하프(나블라)의 형태여서 그렇게 부릅니다.
44 역자주_ https://ko.wikipedia.org/wiki/델_(연산자)

델 연산자를 사용하면 [식 2-36]은 다음처럼 표현할 수 있습니다.

$$(\Delta x_1, \Delta x_2, \cdots, \Delta x_n) = -\eta \nabla f \quad (\eta \text{은 작은 값을 갖는 양의 상수})$$

따라서 이변수 함수 $f(x, y)$의 경사하강법 기본 식인 [식 2-34]는 다음처럼 표현합니다.

$$(\Delta x, \Delta y) = -\eta \nabla f(x, y)$$

삼변수 함수 $f(x, y, z)$의 경사하강법의 기본 식인 [식 2-36]은 다음처럼 표현합니다.

$$(\Delta x, \Delta y, \Delta z) = -\eta \nabla f(x, y, z)$$

덧붙여서 우변의 벡터 $(\Delta x_1, \Delta x_2, \cdots, \Delta x_n)$는 변위 벡터displacement vector[45]입니다. 이를 Δx라고 하면 다음처럼 표현할 수 있습니다.

$$\Delta x = (\Delta x_1, \Delta x_2, \cdots, \Delta x_n)$$

이 변위 벡터를 이용하면 [식 2-36]을 더욱 간결하게 정리할 수 있습니다.

식 2-38

$$\Delta x = -\eta \nabla f \quad (\eta \text{은 작은 값을 갖는 양의 상수})$$

η의 의미와 경사하강법의 주의점

지금까지 η는 단순히 '작은 값을 갖는 양의 상수'라고 설명했습니다. 그런데 실제 컴퓨터로 계산할 때 이 η을 어떻게 정할 것인가는 중요한 문제입니다.

[식 2-34]의 η은 사람이 이동하는 '보폭'으로 묘사할 수 있습니다. η 값에 따라 다음에 이동할 점을 결정하기 때문입니다. 단, 보폭(η 값)이 너무 크면 최솟값인 점을 뛰어넘을 수 있고

---

45 역자주_ 실제 경로와 상관없이 시작점과 끝점을 가장 짧게 연결하는 벡터를 말합니다. 주로 어떤 방향에 이르는 최단 거리를 강조합니다.

([그림 2–55] 왼쪽), 보폭이 너무 작으면 최솟값을 찾는 데 오랜 시간이 걸릴 수 있으니([그림 2–55] 오른쪽) 적절한 값을 설정해야 합니다.

그림 2-55

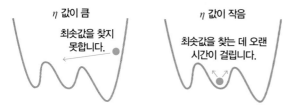

신경망에서 상수 η는 학습률이라고 합니다. 그런데 학습률을 결정하는 방법에 확실한 기준이 없습니다. 신경망 계산의 시행착오를 통해 더 나은 값을 찾는 길밖에 없습니다.

NOTE_ 편미분 기호를 읽는 방법

편미분은 기호 ∂(partial derivative symbol)을 사용합니다. 프랑스 혁명기의 유명한 수학자이자 정치가인 니콜라 드 콩도르세가 처음 사용[46]했다고 알려져 있습니다. 그런데 읽는 방법에 일관성이 없습니다. 예를 들어 ∂x를 '라운드 x' 혹은 '델 x' 등으로 읽습니다.

∂ 기호는 보통 '델del'이라고 읽습니다. 덧붙여서 Δ, ∇ 기호는 차례로 '델타', '나블라'로 읽습니다.

---

46 역자주_ https://ko.wikipedia.org/wiki/편미분

엑셀로 경사하강법 살펴보기

이 절에서는 경사하강법의 의미를 엑셀에서 확인해보겠습니다. 엑셀은 논리의 과정을 워크시트에서 시각적으로 확인할 수 있으므로 개념을 처음 이해하는 데 좋은 도구입니다.

개요

함수 $z = x^2 + y^2$이 최솟값일 때의 x, y 값을 경사하강법으로 구하는 문제를 엑셀에서 풀어 보겠습니다(예제 파일은 '2_11_경사하강법.xlsx'입니다).[47] 먼저 기울기를 알아야 합니다. 다음 식과 같습니다.

식 2-39

$$\left(\frac{\partial z}{\partial x}, \frac{\partial z}{\partial y} \right) = (2x, 2y)$$

이제 계산 과정을 단계별로 소개하겠습니다.

① 초기 위치 설정

초기 위치 (x_i, y_i) $(i = 0)$와 학습률 η를 적당히 설정합니다. 이 책에서는 학습률을 0.1로 설정했습니다.

---

47 2장 07에서 예제의 답이 $(x, y) = (0, 0)$이라고 밝혔습니다. 함수의 그래프는 [그림 2-35]를 참고하기 바랍니다.

그림 2-56

A	B	C	D	E	F	G	H	I
1	경사하강법	(예) $z=x^2+y^2$						
2								
3	η	0.1						
4								
5	No	위치		기울기		변위 벡터		함숫값
6	i	x_i	y_i	$\partial z/\partial x$	$\partial z/\partial y$	Δx	Δy	z
7	0	3.00	2.00					

→ η 값
→ 초기 위치를 지정

② 변위 벡터 산출하기

현재 위치 (x_i, y_i)의 기울기 ①을 계산합니다. $\partial z/\partial x$와 $\partial z/\partial y$가 $2x$, $2y$이므로 엑셀에서는 $2 \times 3\,(2*C7)$, $2 \times 2\,(2*D7)$로 계산하면 됩니다. 다음은 경사하강법의 기본 식인 [식 2-34]에서 변위 벡터 $\Delta x = (\Delta x_i, \Delta y_i)$를 구합니다. [식 2-39]를 [식 2-34]에 대입하면 [식 2-40]을 도출할 수 있습니다.

식 2-40

$$(\Delta x_i, \Delta y_i) = -\eta(2x_i, 2y_i) = (-\eta \cdot 2x_i, -\eta \cdot 2y_i)$$

따라서 학습률 η와 기울기를 곱해 변위 벡터를 구합니다. 엑셀에서는 '$-\$C\$3*E7$', '$-\$C\$3* F7$'입니다.

그림 2-57

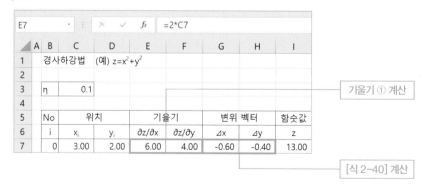

E7	▾	:	×	✓	f_x	=2*C7		

A	B	C	D	E	F	G	H	I
1	경사하강법	(예) $z=x^2+y^2$						
2								
3	η	0.1						
4								
5	No	위치		기울기		변위 벡터		함숫값
6	i	x_i	y_i	$\partial z/\partial x$	$\partial z/\partial y$	Δx	Δy	z
7	0	3.00	2.00	6.00	4.00	-0.60	-0.40	13.00

→ 기울기 ① 계산
→ [식 2-40] 계산

③ 위치 업데이트하기

경사하강법에 따라 현재 위치 $(x_i,\ y_i)$에서 이동할 점 $(x_{i+1},\ y_{i+1})$을 다음 식에서 구할 수 있습니다.

식 2-41

$$(x_{i+1},\ y_{i+1}) = (x_i,\ y_i)+(\Delta x_i,\ \Delta y_i)$$

엑셀에서는 이전 위칫값과 변위 벡터값을 더한 것이 됩니다. 따라서 'C7+G7', 'D7+H7'로 계산합니다.

그림 2-58

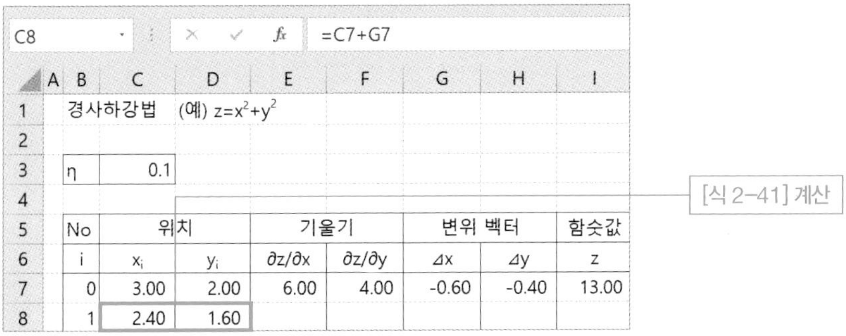

C8			f_x	=C7+G7				
	A B	C	D	E	F	G	H	I
1	경사하강법		(예) z=x²+y²					
2								
3	η	0.1						
4								
5	No	위치		기울기		변위 벡터		함숫값
6	i	x_i	y_i	$\partial z/\partial x$	$\partial z/\partial y$	Δx	Δy	z
7	0	3.00	2.00	6.00	4.00	-0.60	-0.40	13.00
8	1	2.40	1.60					

[식 2-41] 계산

> **NOTE_ 일변수 함수의 경사하강법**
>
> 일변수 함수 $y = f(x)$도 경사하강법을 사용할 수 있습니다. [식 2-36]의 n을 1로 설정해 계산하는 것입니다. 즉, 편미분을 미분으로 바꾼 것이 경사하강법의 기본 식입니다.
>
> $$\Delta x = -\eta f'(x)\ (\eta\text{은 작은 값을 갖는 양의 상수})$$

④ ②~③ 반복하기

이제 $x_i,\ y_i$가 0이 될 때까지 ②~③의 동작을 반복해야 합니다. 다음 그림은 $(x_{30},\ y_{30})$까지 30회 반복했을 때의 $(x_i,\ y_i)$의 값입니다.

그림 2-59

	A B	C	D	E	F	G	H	I
1	경사하강법	(예) $z=x^2+y^2$						
2								
3	η	0.1						
4								
5	No	위치		기울기		변위 벡터		함숫값
6	i	x_i	y_i	$\partial z/\partial x$	$\partial z/\partial y$	Δx	Δy	z
7	0	3.00	2.00	6.00	4.00	-0.60	-0.40	13.00
8	1	2.40	1.60	4.80	3.20	-0.48	-0.32	8.32
9	2	1.92	1.28	3.84	2.56	-0.38	-0.26	5.32
10	3	1.54	1.02	3.07	2.05	-0.31	-0.20	3.41
11	4	1.23	0.82	2.46	1.64	-0.25	-0.16	2.18
12	5	0.98	0.66	1.97	1.31	-0.20	-0.13	1.40
35	28	0.01	0.00	0.01	0.01	0.00	0.00	0.00
36	29	0.01	0.00	0.01	0.01	0.00	0.00	0.00
37	30	0.00	0.00	0.01	0.00	0.00	0.00	0.00

└── (x, y)의 최솟값을 구합니다   └── 함수의 최솟값

(x_{29}, y_{29})에서 정답 $(x, y) = (0, 0)$과 일치합니다.

실제 소수점 자리를 더 늘리면 정확한 0이라고 할 수는 없지만 0과 거의 근접한 값이므로 0이라고 간주해도 됩니다. 이 계산을 반복할수록 정확한 값을 얻을 수 있습니다.

NOTE_ η과 이동 거리

2장 10에서 η는 '보폭'이라고 표현했습니다. 그런데 정확하게는 [식 2–34](일반적으로는 [식 2–36])의 우변 크기가 보폭입니다. 그런데 사람의 보폭은 거의 일정하지만 경사하강법의 '보폭'에는 기울기 크기가 장소에 따라 다르므로 차이가 있습니다. 그래서 응용수학의 수치 계산에서는 [식 2–34]를 다음처럼 변형할 때가 있습니다.

$$(\Delta x, \Delta y) = -\eta \left(\frac{\partial f(x, y)}{\partial x}, \frac{\partial f(x, y)}{\partial y} \right) \Big/ \sqrt{\left(\frac{\partial f(x, y)}{\partial x} \right)^2 + \left(\frac{\partial f(x, y)}{\partial y} \right)^2}$$

앞 식은 기울기를 단위 벡터로 수정해서 다루므로 η을 보폭으로 생각할 수 있습니다.

12 최적화 문제 및 회귀분석

최적화 문제를 이해하는 데 가장 알기 쉬운 예제가 회귀분석입니다. 이 절에서는 간단한 회귀분석을
살펴보면서 최적화 문제의 구조를 파악해봅시다.

데이터를 분석하려고 수학 모델을 만들 때, 모델은 보통 파라미터로 규정합니다. 그럼 파라미
터는 어떻게 결정할까요? 이것이 수학에서 최적화 문제[48]라고 하는 주제입니다. 신경망 계산은
수학적으로 최적화 문제의 하나입니다. 신경망을 규정하는 파라미터(가중치 및 편향)를 실제
데이터에 부합하게 맞추는 문제이기 때문입니다.

회귀분석

여러 변수로 구성된 자료에서 특정 변수 하나와 나머지 변수의 관계를 설명하는 방법을 회귀분
석regression analysis이라고 합니다. 회귀분석에는 여러 종류가 있지만 이번에는 가장 간단한 '단순회
귀분석'을 알아봅니다.

'단순회귀분석'에서는 변수 2개로 구성한 자료를 분석합니다. 다음처럼 두 변수 x, y와 관계있
는 자료([표 2-3])가 있고 그에 맞는 상관도([그림 2-60])가 주어졌다고 합시다.

---

48 역자주_ https://ko.wikipedia.org/wiki/최적화_문제

표 2-3

개체명	x	y
1	x_1	y_1
2	x_2	y_2
3	x_3	y_3
...	...	...
n	x_n	y_n

그림 2-60

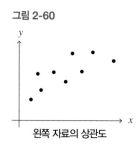

왼쪽 자료의 상관도

'단순회귀분석'은 [그림 2-60] 상관도의 점들 사이에 직선을 긋고, 이 직선의 방정식에서 두 변수의 관계를 알아보는 분석 방법입니다. 점들 사이를 나누는 직선을 회귀직선regression line이라고 합니다.

그림 2-61

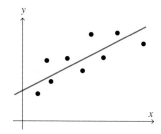

상관도의 점 사이에 직선(회귀직선)을 긋고, 이 직선의 방정식에서 두 변수의 관계를 알아보는 분석 방법이 단순회귀분석입니다.

회귀직선은 다음처럼 1차 식으로 표현합니다. 이를 회귀방정식이라고 합니다.

식 2-42

$y = px+q$ (p, q는 상수)

x, y는 데이터를 구성하는 각각의 값을 넣는 변수입니다. 우변의 x를 입력값이나 원인을 나타내는 독립변수, 좌변의 y를 출력값이나 결과를 나타내는 종속변수라고 합니다. 상수 p, q[49]는 이 회귀분석 모델을 정하는 파라미터로 주어진 데이터에서 결정됩니다.

---

49 p를 회귀계수, q를 절편이라고 합니다.

예제로 회귀분석 이해하기

이번에는 구체적인 예로 [식 2-42]의 회귀방정식을 구하는 방법을 살펴보겠습니다. [표 2-4]는 고등학교 3학년 여학생 7명의 키와 체중을 모은 자료입니다. 여기에서 체중 y를 종속변수, 키 x를 독립변수로 하는 회귀방정식 $y = px+q$ (p, q는 상수)를 구하겠습니다.

표 2-4

번호	키 x	체중 y
1	153.3	45.5
2	164.9	56.0
3	168.1	55.0
4	151.5	52.8
5	157.8	55.6
6	156.7	50.8
7	161.1	56.4

학생 번호를 k라고 하면 k번 학생의 키를 x_k, 체중을 y_k로 표기할 수 있습니다. 그러면 k번 학생의 회귀분석이 예측하는 값(예측값이라고 합니다)은 $y_k = px_k+q$라고 할 수 있습니다. 이 예의 예측값은 [표 2-5]의 맨 오른쪽과 같습니다.

표 2-5

번호	키 x	체중 y	예측값 $px+q$
1	153.3	45.5	$153.3p+q$
2	164.9	56.0	$164.9p+q$
3	168.1	55.0	$168.1p+q$
4	151.5	52.8	$151.5p+q$
5	157.8	55.6	$157.8p+q$
6	156.7	50.8	$156.7p+q$
7	161.1	56.4	$161.1p+q$

실제 체중 y_k와 예측값의 오차 e_k는 $e_k = y_k-(px_k+q)$로 계산합니다. 이를 모두 정리해서 그림으로 나타내면 다음과 같습니다.

그림 2-62

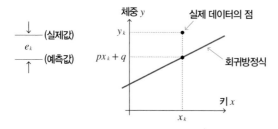

$y_k = px_k+q$와 $e_k = y_k-(px_k+q)$의 관계를 도식화한 것으로 k번 학생의 x_k, y_k, e_k에 관한 관계도라고 할 수 있습니다.

오차 e_k의 값으로는 양수나 음수 모두 사용할 수 있습니다. 그런데 음수가 있으면 데이터 전체에 있는 e_k 값을 합했을 때 0이 될 수도 있습니다. 따라서 오차를 측정하려면 예측값과 실제값 사이의 차이를 제곱해서 더해야 합니다. 이를 제곱오차라고 합니다. 이 책에서는 C_k로 표현하겠습니다.

식 2-45[50]

$$C_k = \frac{1}{2}(e_k)^2 = \frac{1}{2}\{y_k - (px_k + q)\}^2$$

이 예에서 제곱오차를 구해 데이터 전체에 합한 값 C_T는 $C_T = C_1 + C_2 + \cdots + C_7$입니다. 그림 [표 2-5]와 [식 2-45]를 이용하는 제곱오차의 합 C_T는 p, q를 이용하는 [식 2-46]처럼 나타낼 수 있습니다.

식 2-46

$$C_T = \frac{1}{2}\{45.5 - (153.3p + q)\}^2 + \frac{1}{2}\{56.0 - (164.9p + q)\}^2$$

$$+ \cdots + \frac{1}{2}\{50.8 - (156.7p + q)\}^2 + \frac{1}{2}\{56.4 - (161.1p + q)\}^2$$

이 예에서 구하려는 것은 상수 p, q의 값입니다. 회귀분석에서는 "제곱오차의 합 [식 2-46]이 최솟값이 되는 p, q가 해"라고 생각합니다. 여기까지 확인했다면 나머지는 간단합니다. 2장 07 [식 2-21]에서 살펴봤던 최솟값의 필요조건을 이용하면 됩니다.

---

50 학습률을 1/2로 설정한 이유는 계산을 쉽게 하기 위한 것입니다. 학습률 값이 결과에 영향을 주지 않습니다.

식 2-47

$$\frac{\partial C_T}{\partial p} = 0, \quad \frac{\partial C_T}{\partial q} = 0$$

이를 그림으로 나타내면 다음과 같습니다.

그림 2-63

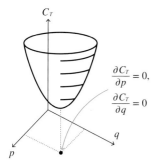

[식 2-47]의 의미

실제로 [식 2-47]을 계산해봅시다. 2장 08에서 소개했던 다변수 함수의 연쇄법칙을 이용합니다.

$$\frac{\partial C_T}{\partial p} = -153.3\{45.5 - (153.3p + q)\} - 164.9\{56.0 - (164.9p + q)\} -$$

$$\cdots - 156.7\{50.8 - (156.7p + q)\} - 161.1\{56.4 - (161.1p + q)\} = 0$$

$$\frac{\partial C_T}{\partial q} = -\{45.5 - (153.3p + q)\} - \{56.0 - (164.9p + q)\} -$$

$$\cdots - \{50.8 - (156.7p + q)\} - \{56.4 - (161.1p + q)\} = 0$$

앞 계산 결과를 정리하면 다음 식을 얻을 수 있습니다.

$1113.4p + 7q = 372.1$, $177312p + 1113.4q = 59274$

앞 연립 방정식을 풀면 $p = 0.41$, $q = -12.06$을 구할 수 있습니다. 따라서 회귀방정식은 $y = 0.41x - 12.06$입니다. 또한 $C_T = 27.86$이 됩니다.

참고로 이 절의 예제를 그래프로 나타내면 다음과 같습니다.

그림 2-64

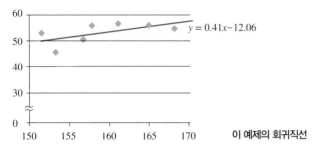

이 예제의 회귀직선

이렇게 단순회귀분석에서 사용하는 회귀방정식의 도출 과정을 살펴봤습니다. 이 과정은 '최적화 문제'를 해결하는 그 자체이므로 중요합니다. 이후 신경망 계산에 그대로 사용할 수 있습니다.

> **NOTE_ 비용함수**
>
> 최적화 문제에서는 제곱오차의 합 C_T를 '오차함수', '손실함수', '비용함수' 등으로 말합니다. 이 책에서는 비용함수cost function[51]라고 하겠습니다.
>
> 최적화 문제의 비용함수는 제곱오차의 합 C_T뿐만 아니라 다양한 형태가 있습니다. 여기서 다룬 제곱오차의 합 C_T를 이용하는 최적화 방법을 최소제곱법[52]이라고 합니다. 참고로 이 책에서는 소개하는 비용함수는 제곱오차의 합 C_T만 다루겠습니다.

모델의 파라미터 개수

앞 예제에서 모델을 규정하는 파라미터 개수는 p와 q 2개입니다. 그리고 조건(데이터 수, 학생 번호)은 7개였습니다. 모델의 파라미터 개수가 조건 개수(지금은 데이터의 크기 7개)보다 적습니다.

---

51 이 책에서 오차함수(error function)나 손실함수(lost function)라는 용어를 사용하지 않는 이유는 신경망에서 사용되는 엔트로피(entropy), 레이어(layer)의 머리글자와 헷갈릴 수 있기 때문입니다.

52 역자주_ https://ko.wikipedia.org/wiki/최소제곱법

파라미터를 설정하는 목적은 이상적으로 0이 될 [식 2-46]의 비용함수 값을 구하기 위함입니다. 즉, 회귀방정식의 파라미터는 많은 조건을 시험한 후 설정하는 '결과'인 것이죠. 실제 정확하게 0이 되는 상황은 쉽게 나올 수 없으므로 제곱오차의 합 C_T가 0이 되지 않아도 걱정할 필요가 없습니다. 단, 0에 가까울수록 분석 정확도가 높은, 좋은 데이터 분석 모델이라고 할 수 있습니다.

참고로 모델의 파라미터 개수가 조건 개수보다 많을 때는 파라미터 개수를 정할 수 없습니다. 따라서 모델을 설정할 때는 파라미터의 개수보다 큰 데이터를 준비해야 합니다.

NOTE_ 상수와 변수

[식 2-42]에서는 x, y를 순서대로 독립변수, 종속변수라고 하고 p, q는 상수(파라미터)라고 했습니다. 그런데 [식 2-46]의 비용함수에서는 p, q를 변수로 처리해 미분했습니다. 즉, 데이터 입장의 회귀방정식에서는 x, y가 변수고, 비용함수에서는 p, q가 변수입니다.

이처럼 어떤 입장에서 보는지에 따라 상수와 변수를 자유롭게 변환할 수 있어야 합니다.

신경망 최적화

1장에서는 신경망이 무엇인지 살펴봤고 2장에서는 신경망 설계에 필요한 수학 기초를 살펴봤습니다. 이 장에서는 수학 기초를 이용해 신경망을 설계하고 최적화하는 방법을 알아봅니다.

01 신경망의 파라미터와 변수

1장에서 알아본 신경망의 개념과 작동 원리 중 '가중치'와 '편향'은 구체적인 수식으로 표현해야 합니다. 이 절에서는 먼저 '가중치'와 '편향'의 변수명을 붙이는 방법을 확인하겠습니다.

파라미터와 변수

신경망은 데이터 분석을 위한 모델 중 하나로 핵심은 '가중치'와 '편향'입니다(1장 04 참고). 그리고 가중치와 편향처럼 수학적 모델을 정하는 데 필요한 상수를 모델의 파라미터라고 합니다.

데이터 분석 모델에는 파라미터와 함께 데이터에 따라 값이 바뀌는 '변수'가 필요합니다. 파라미터와 변수 모두는 로마자나 그리스 문자를 이용하며, 상황에 따라 취급하는 방법이 다르므로 수식만 보고 구분하기 어려울 수 있습니다. 하지만 데이터를 저장할 '변수'와 모델을 정하는 '파라미터'를 제대로 구분하는 것은 이론을 이해하기 위해 반드시 필요합니다. 다음의 예에서 확인합시다.

단순회귀분석을 이용하는 모델은 절편과 회귀계수가 모델의 파라미터고 독립변수와 종속변수가 데이터를 넣는 변수입니다(2장 12 참고).

그림 3-1

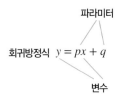

파라미터

회귀방정식 $y = px + q$

변수

회귀방정식의 상수 p, q는 파라미터.
데이터 값을 넣는 x, y는 변수입니다.

신경망에서 입력 x_1, x_2, x_3이 있을 때 유닛은 그것들을 '가중 입력' z로 묶어 활성화 함수 $a(z)$로 처리합니다(1장 03 참고).

그림 3-2

$z_1 = w_1x_1 + w_2x_2 + w_3x_3 + b$ (w_1, w_2, w_3는 가중치, b는 편향)

$a_1 = a(z_1)$

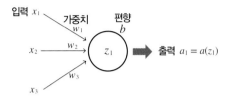

입력층 유닛의 구조. 가중치와
편향은 파라미터입니다

이때 가중치 w_1, w_2, w_3과 편향 b는 파라미터이며, 입력 x_1, x_2, x_3, 가중 입력 z_1, 유닛의 출력 a_1은 데이터의 학습 결과에 따라 값을 바꾸는 변수입니다.

파라미터와 변수의 개수와 이름

신경망을 계산할 때는 파라미터와 변수가 많아 당황하게 됩니다. 신경망을 구성하는 유닛의 수는 막대하며, 이에 따라 편향, 가중치, 입력, 출력을 나타내는 변수는 엄청나게 많습니다. 그래서 파라미터나 변수의 표현은 통일된 규칙이 필요합니다. 신경망은 최근 관심이 높아진 분야이므로 표준 표기법이 확립되지는 않았습니다. 따라서 많은 자료에서 사용하는 표기법을 설명[1]하고 이를 이용하겠습니다.

먼저 신경망의 변수 및 파라미터 표기법을 알아봅시다. 첫 번째로 층^{layer}에 번호를 붙입니다. 다음 그림처럼 왼쪽 끝의 입력층을 층 1, 은닉층(중간층)을 층 2, 층 3, …으로 합니다. 오른쪽 끝의 출력층은 층 L로 번호를 매깁니다(L^{last}은 층의 총 개수).

---

[1] 이 책은 층으로 구분된 유닛으로 신호를 처리하고 출력층에서 결과를 얻는 계층형 신경망을 다룹니다(1장 04 참고). 여기에 맞게 표기법을 설명할 것입니다.

그림 3-3

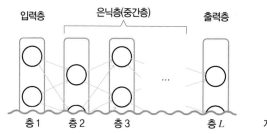

계층형 신경망 층의 이름

변수와 파라미터는 다음 표처럼 표기합니다.

표 3-1

기호명	의미
x_i	입력층(층 1) i번째 유닛의 입력을 나타내는 변수입니다. 입력층에서 출력과 입력은 같은 값이므로 출력 변수도 됩니다. 해당 유닛의 이름으로도 사용합니다.
w_{ji}^l	층 $l-1$ i번째 유닛에서 층 l j번째 유닛을 향하는 화살표선의 가중치입니다. i와 j의 순서에 주의해야 합니다. 신경망 계산에 필요한 파라미터이기도 합니다.
z_j^l	층 l j번째의 유닛이 처리하는 가중 입력을 나타내는 변수입니다.
b_j^l	층 l j번째에 있는 유닛의 편향입니다. 신경망 계산에 필요한 파라미터이기도 합니다.
a_j^l	층 l j번째에 있는 유닛의 출력 변수입니다. 또한 해당 유닛의 이름으로도 사용합니다.

기호들의 관계를 그림으로 나타내면 다음과 같습니다.

그림 3-4

가중 입력 z_j^l의 유닛 출력은 $a_j^l = a(z_j^l)$ ($a(z)$는 활성화 함수).

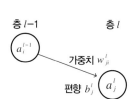

유닛 이름은 출력 변수명과 공유

이 절에서는 1장에서 다룬 '필기체 숫자 식별 신경망' 예제(4×3 픽셀로 이루어진 흑백 이미지에서 읽은 필기체 숫자 0, 1을 식별하는 신경망)를 이용하여 [표 3-1]의 의미를 확인하겠습니다. 이 책을 처음부터 읽는 분이라면 아마 기억이 잘 나지 않을 수 있으니 다음 그림을 참고하기 바랍니다.

그림 3-5

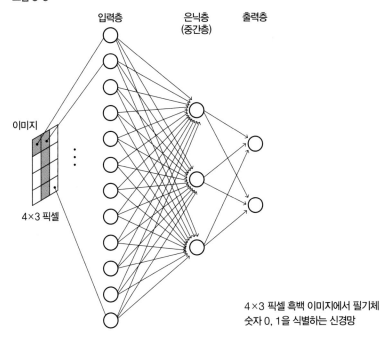

4×3 픽셀 흑백 이미지에서 필기체
숫자 0, 1을 식별하는 신경망

입력층에 관한 변수명

입력층은 신경망에 제공하는 데이터의 입구입니다. 또한 입력층의 입력값과 출력값이 같다는 특징이 있습니다. 따라서 입력 변수명을 x_1, x_2, …로 하면 출력 변수명도 됩니다. 이 책에서는 유닛의 이름에도 입력 변수명 x_1, x_2, …을 이용합니다.

그림 3-6

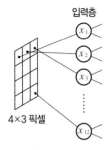

입력층 유닛의 입력 변수명을 x_1, x_2, ..., x_{12}로 하면 출력 변수명도 됩니다. 여기에서는 픽셀 값이 들어가는 변수를 나타냅니다.

은닉층/출력층의 파라미터명과 변수명

이번에는 신경망 일부를 꺼내 [표 3-1]에서 설명한 변수명을 소개합니다. 신경망 일부는 다음 그림과 같습니다.

그림 3-7

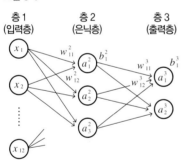

입력층, 은닉층, 출력층 일부를 나타내는 모식도. [표 3-1]에 따라 기호를 적었습니다. 또한 원 안 유닛 이름은 출력 변수명을 이용합니다.

[그림 3-7] 안에는 [표 3-1]에서 설명한 변수명을 구체화했습니다. 이를 자세히 설명하면 다음 표와 같습니다.

표 3-2

기호의 예	의미
b_1^2	층 2(은닉층) 첫 번째 유닛의 편향입니다.
b_1^3	층 3(출력층) 첫 번째 유닛의 편향입니다.
w_{12}^2	층 1 두 번째 유닛에서 층 2 첫 번째 유닛을 향한 화살표선의 가중치입니다. 즉, 층 2(은닉층) 첫 번째 유닛이 층 1(입력층) 두 번째 유닛 출력 x_2에 미치는 가중치입니다.
w_{12}^3	층 2 두 번째 유닛에서 층 3 첫 번째 유닛을 향한 화살표선의 가중치입니다. 즉, 층 3(출력층) 첫 번째 유닛이 층 2(은닉층) 두 번째 유닛 출력 a_2^2에 미치는 가중치입니다.

그림 [그림 3-7]의 층 1과 층 2 부분을 확대한 [그림 3-8]을 살펴보겠습니다. x_3은 입력층(층 1) 세 번째 유닛의 입력과 출력입니다. 해당 유닛에서 은닉층(층 2)의 두 번째 유닛을 향한 화살표선의 가중치가 w_{23}^2입니다. 은닉층 두 번째 유닛의 출력은 a_2^2, 편향은 b_2^2입니다.

그림 3-8

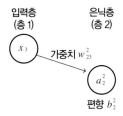

이번에는 [그림 3-7]의 층 2와 층 3 부분을 확대한 [그림 3-9]를 살펴보겠습니다. a_3^2는 은닉층 (층 2) 세 번째 유닛의 출력, w_{23}^3은 출력층(층 3) 두 번째 유닛을 향한 화살표선의 가중치입니다. a_2^3은 출력층 두 번째 유닛의 출력이고 b_2^3은 편향입니다.

그림 3-9

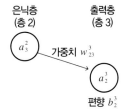

변숫값의 표시 방법

[표 3-1]에서 소개한 x_j, z_j^l, a_j^l은 데이터의 학습 결과로 값을 바꾸는 변수입니다. '필기체 숫자 식별 신경망' 예제에서 이 변수들은 학습 데이터의 필기체 숫자 이미지 하나에서 값을 얻으며, 이후의 x_j, z_j^l, a_j^l은 변수가 아닌 값으로 다룹니다.

그림 학습 데이터로 주어진 다음 필기체 숫자 이미지를 신경망에 입력했을 때 은닉층(층 2) 첫 번째 유닛의 가중 입력 z_1^2 값을 구해보겠습니다. 먼저 x_j 값은 다음 그림과 같습니다.

그림 3-10

어두운 부분을 1, 흰 부분을 0으로 정합니다.
그럼 왼쪽 그림에서
$x_1=1, x_2=1, x_3=0, x_4=0, x_5=1, x_6=0,$
$x_7=0, x_8=1, x_9=0, x_{10}=0, x_{11}=1, x_{12}=0$

따라서 가중 입력 z_1^2는 다음처럼 표현합니다.

식 3-1

$$z_1^2 = w_{11}^2 x_1 + w_{12}^2 x_2 + w_{13}^2 x_3 + \cdots + w_{112}^2 x_{12} + b_1^2$$

[그림 3-10]에서 입력층 x_1, x_2, $\cdots$, x_{12}의 값을 확정했으므로 가중 입력 z_1^2의 값은 다음처럼 바꿀 수 있습니다.

식 3-2

$$z_1^2 = w_{11}^2 \times 1 + w_{12}^2 \times 1 + w_{13}^2 \times 0 + \cdots + w_{112}^2 \times 0 + b_1^2$$
$$= w_{11}^2 + w_{12}^2 + w_{15}^2 + w_{18}^2 + w_{111}^2 + b_1^2$$

이렇게 해서 가중 입력 z_1^2의 값을 [식 3-2]로 정리할 수 있습니다. [2]

그런데 [그림 3-10] 예의 결과를 토대로 한 가지 기억해야 할 사실이 있습니다. 변수 x_j, z_j^l, a_j^l과

---

2 가중치(w_{11}^2, ...)와 편향 b_1^2는 파라미터이자 상수입니다. 참고로 변수와 상수의 관계를 알기 힘들 때는 2장 12의 회귀분석과 140쪽 'NOTE 신경망의 변숫값을 $x_i[k]$ 등으로 표기하는 이유'를 참고하세요.

여기에 실제 대입한 값의 기호를 구별할 필요가 있다는 점입니다. 이는 나중에 비용함수를 도출할 때 중요합니다.

학습 데이터의 k번째 학습 예제가 주어졌을 때, 각 변숫값을 다음처럼 표현[3]할 수 있습니다.

식 3-3

$x_i[k]$: 입력층 i번째 유닛의 입력값(=출력값)

$z_j^l[k]$: 층 l j번째 유닛의 가중 입력값

$a_j^l[k]$: 층 l j번째 유닛의 출력값

예를 들어 [그림 3-10]의 입력 이미지를 학습 데이터의 7번째 이미지라고 가정하고 입력층의 변숫값 및 가중 입력 z_1^2의 값을 [식 3-3]에 따라 나타내면 다음과 같습니다.

$x_1[7] = 1,\ x_2[7] = 1,\ x_3[7] = 0,\ x_4[7] = 0,\ x_5[7] = 1,\ x_6[7] = 0,$
$x_7[7] = 0,\ x_8[7] = 1,\ x_9[7] = 0,\ x_{10}[7] = 0,\ x_{11}[7] = 1,\ x_{12}[7] = 0$

$z_1^2[7] = w_{11}^2 + w_{12}^2 + w_{15}^2 + w_{18}^2 + w_{111}^2 + b_1^2$

다음 그림은 이들의 관계를 나타냅니다.

그림 3-11

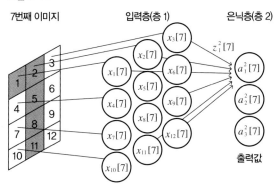

7번째 이미지를 신경망에 입력했을 때 변숫값 표기입니다.

---

3 이 표현은 C와 같은 다양한 프로그래밍 언어의 배열 변수 표기와 같습니다.

또한 학습 데이터의 첫 번째 이미지를 입력하면 출력층(층 3) j번째 유닛의 가중 입력값은 $z_j^3[1]$, 유닛의 출력값은 $a_j^3[1]$로 나타낼 수 있습니다. 다음 그림과 같습니다.

그림 3-12

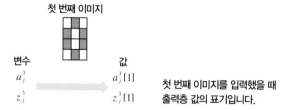

첫 번째 이미지

변수 　　　　　　　값
a_j^3 　　　　　　$a_j^3[1]$　　　첫 번째 이미지를 입력했을 때
z_j^3 　　　　　　$z_j^3[1]$　　　출력층 값의 표기입니다.

NOTE_ 신경망의 변숫값을 $x_i[k]$ 등으로 표기하는 이유

신경망에서는 k번째의 변숫값을 2장 12의 회귀분석처럼 첨자 형태로 표현하지 않습니다. 이미 첨자가 너무 많기 때문입니다. 입력 변수 x_i, 가중 입력 변수 z_i, 출력 변수 a_i에 'k번째 이미지'라는 정보를 첨자 형태로 추가하면 매우 복잡해져 알아볼 수 없을 정도가 됩니다.

유닛 기호와 변수명

파라미터와 변수를 유닛 하나의 주변에 표기하면 뉴런 그림이 복잡해져 의미를 파악하기 어려울 수 있습니다. 그래서 상황에 따라 파라미터와 변수를 묶어 [그림 3-13]처럼 유닛을 표기할 때도 있습니다.

그림 3-13

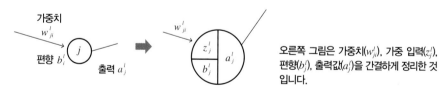

가중치
w_{ji}^l
편향 b_i^l　　　j　　　출력 a_j^l

w_{ji}^l

z_j^l　　a_j^l
b_j^l

오른쪽 그림은 가중치(w_{ji}^l), 가중 입력(z_j^l), 편향(b_j^l), 출력값(a_j^l)을 간결하게 정리한 것입니다.

[그림 3-14]를 이용하면 두 유닛의 관계를 좀 더 간결하게 표시할 수 있습니다.

그림 3-14

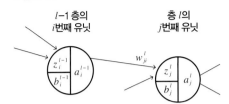

$l-1$ 층의
i번째 유닛

층 l의
j번째 유닛

변수와 파라미터를 간결하게 정리한 그림으로
두 유닛의 관계를 나타냈습니다.

신경망 변수의 관계식

이 절에서는 앞 절에서 살펴본 내용을 기반에 두고 실제 유닛 변수의 관계를 식으로 표현해보겠습니다.

입력층의 관계식

역시 1장에서 다룬 '필기체 숫자 식별 신경망' 예제에서 신경망 변수의 관계식을 살펴보겠습니다. 먼저 다음 신경망 모식도를 기억하고 시작합시다.[4]

그림 3-15

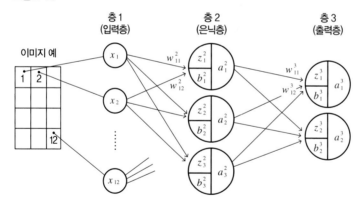

'필기체 숫자 식별 신경망'의 모식도. 여기서 유닛 이름은 출력 변수명을 사용합니다.

입력층의 관계식은 출력 변수 a_j^l을 입력층에 대입해서 표현하는 개념입니다. a_j^l은 "층 l j번째에 있는 유닛의 출력 변수"라고 정의하며 입력층은 층 1 (즉 $l=1$)입니다. 따라서 입력 변수 x_i는 $x_i = a_j^1$로 나타낼 수 있습니다. 이 관계식은 나중에 오차역전파법에서 이용합니다.

---

4 변수 및 파라미터명은 3장 01의 명명 방식을 따릅니다.

은닉층의 관계식

은닉층의 관계식은 층 2의 변수 및 파라미터 사이의 관계에서 도출하는 가중 입력 z_j^2과 출력 변수 a_j^2로 나타냅니다.

$a(z)$를 활성화 함수로 하면 1장 04 [식 1-10]과 [식 1-11]로부터 다음과 같은 식을 얻을 수 있습니다. 이것이 은닉층의 관계식입니다.

식 3-4

$$z_1^2 = w_{11}^2 x_1 + w_{12}^2 x_2 + w_{13}^2 x_3 + \cdots + w_{112}^2 x_{12} + b_1^2$$

$$z_2^2 = w_{21}^2 x_1 + w_{22}^2 x_2 + w_{23}^2 x_3 + \cdots + w_{212}^2 x_{12} + b_2^2$$

$$z_3^2 = w_{31}^2 x_1 + w_{32}^2 x_2 + w_{33}^2 x_3 + \cdots + w_{312}^2 x_{12} + b_3^2$$

$$a_1^2 = a(z_1^2), \ a_2^2 = a(z_2^2), \ a_3^2 = a(z_3^2)$$

다음은 [그림 3-15]의 신경망 모식도 중 입력층과 은닉층 부분입니다. 해당 관계식이 어떤 관계를 기반으로 구성되는지 확인할 수 있습니다.

그림 3-16

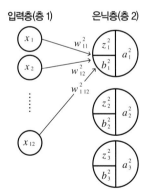

은닉층(층 2) 첫 번째 유닛의 가중 입력 z_1^2와 출력 a_1^2를 나타냅니다.

출력층의 관계식

출력층의 관계식 역시 층 3의 변수 및 파라미터 사이의 관계에서 도출하는 가중 입력 z_j^l과 출력 변수 a_j^l로 나타냅니다. $a(z)$를 활성화 함수로 하면 [식 3-4]와 비슷한 출력층의 관계식을 얻을 수 있습니다.

식 3-5

$$z_1^3 = w_{11}^3 a_1^2 + w_{12}^3 a_2^2 + w_{13}^3 a_3^2 + b_1^3$$

$$z_2^3 = w_{21}^3 a_1^2 + w_{22}^3 a_2^2 + w_{23}^2 a_3^2 + b_2^3$$

$$a_1^3 = a(z_1^3), \ \ a_2^3 = a(z_2^3)$$

다음은 [그림 3-15]의 신경망 모식도 중 은닉층과 출력층 부분입니다. [그림 3-16]처럼 해당 관계식이 어떤 관계를 기반으로 구성되는지 확인할 수 있습니다.

그림 3-17

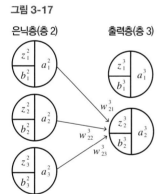

출력층(층 3) 두 번째 유닛의 가중 입력
z_2^3과 출력 a_2^3을 나타냅니다.

[식 3-4]와 [그림 3-16], [식 3-5]와 [그림 3-17]처럼 관계식을 해석할 때는 식을 도출한 후 항상 신경망의 구조를 함께 연상해보는 것이 중요합니다. 그렇지 않으면 관계식의 의도를 이해하는 데 어려움을 겪을 수 있습니다.

NOTE_ 신경망 변수의 행렬 표현

[식 3-4]와 [식 3-5]는 행렬(2장 05 참고)로 표현하면 전체를 보기 쉽습니다. [식 3-4]와 [식 3-5]를 행렬로 표현하면 다음과 같습니다.

$$\begin{bmatrix} z_1^2 \\ z_2^2 \\ z_3^2 \end{bmatrix} = \begin{bmatrix} w_{11}^2 & w_{12}^2 & w_{13}^2 & \cdots & w_{112}^2 \\ w_{21}^2 & w_{22}^2 & w_{23}^2 & \cdots & w_{212}^2 \\ w_{31}^2 & w_{32}^2 & w_{33}^2 & \cdots & w_{312}^2 \end{bmatrix} \begin{bmatrix} x_1 \\ x_2 \\ x_3 \\ \vdots \\ x_{12} \end{bmatrix} + \begin{bmatrix} b_1^2 \\ b_2^2 \\ b_3^2 \end{bmatrix}$$

$$\begin{bmatrix} z_1^3 \\ z_2^3 \end{bmatrix} = \begin{bmatrix} w_{11}^3 & w_{12}^3 & w_{13}^3 \\ w_{21}^3 & w_{22}^3 & w_{23}^3 \end{bmatrix} \begin{bmatrix} a_1^2 \\ a_2^2 \\ a_3^2 \end{bmatrix} + \begin{bmatrix} b_1^3 \\ b_2^3 \end{bmatrix}$$

이렇게 식을 행렬로 표현하면 "일반화하기 쉽다"는 장점이 있습니다. 식의 관계 전체를 분명하게 알 수 있기 때문입니다. 참고로 프로그래밍 언어 대부분에는 행렬을 계산하는 문법이 준비되어 있습니다. 행렬의 형태로 변형하면 빠른 계산에 도움이 되기 때문입니다.

03 학습 데이터와 정답 데이터

신경망이 '학습'한 후 네트워크에서 계산한 예측값이 의미 있는지 확인하려면 우리가 원하는 정답과 비교해봐야 합니다. 이 절에서는 이때 필요한 정답 데이터를 살펴봅니다.

회귀분석의 학습 데이터와 정답 데이터

사전에 주어진 데이터(학습 데이터)를 이용하여 가중치와 편향을 결정하는 것을 신경망에서는 학습이라고 합니다(1장 07 참고). 학습의 목적은 네트워크가 계산한 '예측값'과 '정답 데이터' 사이의 오차가 최소가 되도록 결정하는 데 있습니다. 그런데 예측값과 정답 데이터의 관계는 쉽게 감을 잡을 수 없을 것입니다. 이를 이해하는 데는 2장 12에서 설명한 회귀분석의 도움을 받을 수 있습니다.

그럼 회귀분석의 회귀방정식 예에서 예측값과 정답 데이터의 관계를 살펴보겠습니다. 학생 3명의 수학과 과학 성적이 [표 3-3]처럼 주어졌을 때 수학 성적을 독립변수 x, 과학 성적을 종속변수 y로 삼아 데이터를 분석하는 회귀방정식을 살펴보겠습니다.

표 3-3

기호	수학 x	과학 y
1	7	8
2	5	4
3	9	8

회귀분석의 '학습 데이터'는 [표 3-3] 전체입니다. 그리고 수학과 과학 성적을 차례로 x, y라고 정하면 회귀방정식은 $y = px+q$ (p, q는 정수)라고 할 수 있습니다. 예를 들어 이 식을 이용하면 1번 학생의 수학 성적이 7점이므로 과학 성적을 $7p+q$라고 예측할 수 있습니다. 이것이 1번

학생의 예측값입니다. 그리고 1번 학생의 실제 과학 성적인 8점이 예측값에 대한 '정답 데이터'입니다.

이를 일반화해 k번 학생의 수학과 과학 성적을 차례로 x_k, $y_k(k = 1, 2, 3)$로 정하면 px_k+q는 예측값, y_k는 정답 데이터가 됩니다. 다음 그림을 참고하면 좀 더 이해하기 수월할 것입니다.

그림 3-18

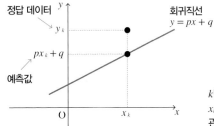

k번째 학생의 수학, 과학 성적을 차례로 x_k, y_k라고 하면 예측값과 정답 데이터의 관계를 나타낼 수 있습니다.

신경망의 학습 데이터와 정답 데이터

회귀분석은 데이터를 표 형태로 정리할 수 있으므로 예측값과 정답 데이터의 관계를 쉽게 알 수 있었습니다. 하지만 신경망은 보통 예측값과 정답 데이터를 표로 정리하기 어렵습니다.

이번에는 지금까지 살펴본 '필기체 숫자 식별 신경망' 예제에서 다음 세 가지 이미지가 학습 예로 주어졌다고 생각해봅시다.

그림 3-19

이미지 패턴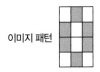

신경망이 막 계산을 시작했을 때는 이미지 안 숫자를 판단할 수 없습니다.

우리는 차례로 0, 1, 0으로 판단할 수 있지만 신경망이 막 계산을 시작했을 때는 이미지가 어떤 숫자인지 판단할 수 없습니다. 그래서 주어진 이미지의 숫자가 무엇인지 신경망에 가르칠 필요가 있습니다. 그것이 '정답 데이터'입니다.

그림 3-20

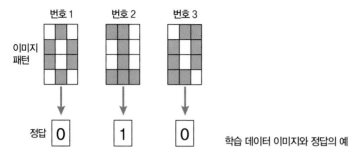

학습 데이터 이미지와 정답의 예

이제 알아봐야 할 것은 "정답 데이터를 신경망에 어떻게 가르칠 것인가?"입니다. 이는 앞 회귀 분석의 예처럼 간단하지 않습니다. 연구가 필요합니다.

정답 데이터 표현하기

신경망의 예측값은 출력층에 있는 유닛의 출력 변수로 나타냅니다. '필기체 숫자 식별 신경망' 예제에서 출력층 유닛 구성은 다음과 같습니다(3장 01, 02 참고).

그림 3-21

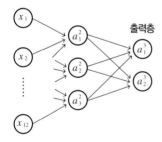

'필기체 숫자 식별 신경망'을 간략하게 표현한 그림. 출력층 첫 번째 유닛은 0을, 두 번째 유닛은 1을 식별하는 것을 목적으로 둡니다. 유닛 이름은 출력 변수명을 이용합니다.

출력층 첫 번째 유닛 a_1^3은 필기체 숫자 '0'에, 두 번째 유닛 a_2^3은 필기체 숫자 '1'에 강하게 반응합니다(1장 04 참고). 또한 두 유닛은 활성화 함수로 시그모이드 함수를 사용할 때 [표 3-4]의 값을 가질 것으로 예측하는 변수입니다.

표 3-4

	예측값	
	이미지가 '0'일 때	이미지가 '1'일 때
a_1^3	1에 가까운 값	0에 가까운 값
a_2^3	0에 가까운 값	1에 가까운 값

그런데 출력 변수는 a_1^3, a_2^3의 두 가지고 '필기체 숫자 식별 신경망'의 정답 데이터 역시 '0' 또는 '1'입니다. 그럼 두 정답 데이터를 두 변수에 어떻게 맞출까요? "출력층의 두 유닛에 정답이 되는 두 변수 t_1, t_2를 제공한다"라는 방법으로 해결합니다.

그림 3-22

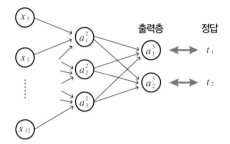

t는 teacher의 머리글자. 학습 데이터는 지도(指導) 데이터라고도 하므로 t라는 변수명을 자주 사용합니다.

변수 t_1, t_2는 먼저 출력층 유닛의 출력 변수 a_1^3, a_2^3에 맞춰 [표 3-5]처럼 정의합니다.

표 3-5

	의미	이미지가 '0'	이미지가 '1'
t_1	'0'의 정답 데이터 변수	1	0
t_2	'1'의 정답 데이터 변수	0	1

다음 그림은 두 이미지 예에 관한 각 변숫값을 나타냅니다. 이것이 신경망에 정답 데이터를 이용하는 방법입니다.

그림 3-23

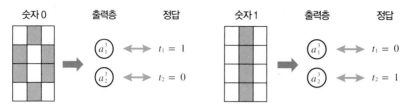

이처럼 정답 데이터 변수를 정의하면 신경망에서 계산한 예측값과 정답 데이터와의 제곱오차 (2장 12 참고)를 다음처럼 표현할 수 있습니다.

식 3-6[5]

$$\frac{1}{2}\{(t_1 - a_1^3)^2 + (t_2 - a_2^3)^2\}$$

NOTE_ 교차 엔트로피

이 책에서는 실제 데이터와 이론상 데이터의 오차 지표로 [식 3-6]의 제곱오차를 이용했습니다. 알기 쉬운 지표이지만 문제도 있습니다. 실제 계산 시간이 오래 걸릴 때가 있다는 점입니다. 이러한 단점을 극복하는 다양한 오차 지표가 제안되고 있는데, 그중 특히 유명한 것이 교차 엔트로피(cross entropy)[6]입니다. 크로스 엔트로피라고도 합니다.

교차 엔트로피는 [식 3-6]을 다음 식으로 바꿉니다. 여기서 n은 데이터 개수입니다.

$$-\frac{1}{n}[\{t_1 \log a_1 + (1 - t_1) \log(1 - a_1)\} + \{t_2 \log a_2 + (1 - t_2) \log(1 - a_2)\}]$$

이 식과 시그모이드 함수를 이용해 경사하강법 계산을 빠르게 만들 수 있습니다. 참고로 앞 교차 엔트로피 식은 정보 이론(Information Theory)[7]에서 언급한 엔트로피의 개념에서 나온 것입니다.

---

5 학습률을 1/2로 정한 이유는 계산 편의를 위해서입니다.
6 역자주_ https://en.wikipedia.org/wiki/Cross_entropy
7 역자주_ https://ko.wikipedia.org/wiki/정보_이론

04 신경망의 비용함수

신경망에 학습 데이터를 주고 가중치와 편향을 알맞게 결정하는 것을 '학습'이라고 했습니다. 수학에서는 이를 '최적화'라고 합니다. 이 절에서는 최적화의 핵심인 '비용함수'를 구해보겠습니다.

모델의 정밀도를 표현하는 비용함수

데이터 분석을 위한 수학 모델은 파라미터가 중요한 역할을 합니다. 신경망에서는 가중치와 편향이 파라미터 역할을 담당합니다. 이 파라미터에 현실의 데이터(신경망에서는 학습 데이터)를 적용하면 모델을 확정할 수 있습니다. 이를 수학에서는 최적화(2장 12 참고), 신경망에서는 학습(1장 07 참고)이라고 설명했습니다.

그럼 파라미터는 어떻게 결정할까요? 원리는 매우 간단하고 상식적입니다. 수학 모델에서 얻은 이론값(이 책에서는 예측값이라고 합니다)과 실제값(이 책에서는 정답 데이터라고 합니다)의 오차가 모든 데이터를 대상으로 최소가 되도록 결정하면 됩니다.

그림 3-24

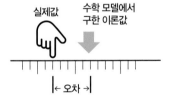

정답 데이터와 예측값(이론값)의 오차가
모든 데이터를 대상으로 최소가 되도록
수학 모델의 파라미터를 결정합니다.

수학에서는 모델의 파라미터를 이용하여 표현한 오차 전체의 함수를 비용함수라고 합니다. 또 손실함수Loss function[8], 목적함수Objective Function, 오차함수Error Function 등으로도 부릅니다.

---

8 역자주_ https://ko.wikipedia.org/wiki/손실_함수

회귀분석으로 비용함수 살펴보기

최적화의 의미와 비용함수를 이해하려면 2장 12에서 살펴본 회귀분석을 이용하는 것이 좋습니다. 이번에는 3장 03에서 다룬 예제를 좀 더 구체적으로 파고들어 비용함수를 도출해보겠습니다. 원활한 설명을 위해 예제를 다시 한번 설명하겠습니다.

학생 3명의 수학과 과학 성적이 [표 3-6]처럼 주어져 있을 때 과학 y를 종속변수, 수학 x를 독립변수로 하는 회귀방정식을 구하겠습니다.

표 3-6

번호	수학 x	과학 y
1	7	8
2	5	4
3	9	8

3장 03에서 설명했듯이 수학과 과학 성적을 각각 x, y라고 하면 회귀 방정식은 $y = px+q$ (p, q는 정수)입니다.

k번째 학생의 수학과 과학 성적을 각각 x_k, y_k라고 하면 k번째 학생의 실제 과학 성적 y_k, 회귀분석에서 얻을 수 있는 과학 성적 예측값 px_k+q, 오차 e_k는 다음과 같이 나타납니다($k = 1, 2, 3$).

식 3-7
$$e_k = y_k-(px_k+q) \quad (p, q는 정수)$$

이 관계는 [표 3-7]에서 구체적으로 확인할 수 있습니다.

표 3-7

번호	수학 x	과학 y	예측값	오차 e
1	7	8	$7p+q$	$8-(7p+q)$
2	5	4	$5p+q$	$4-(5p+q)$
3	9	8	$9p+q$	$8-(9p+q)$

[식 3-7]에서 k번째 학생의 실제 성적과 예측값 사이의 제곱오차 C_k는 [식 3-8]과 같습니다.[9]

---

9 학습률 1/2은 미분 계산을 간단하게 하려고 사용합니다. 학습률 때문에 결과가 바뀌지는 않습니다.

식 3-8

$$C_k = \frac{1}{2}(e_k)^2 = \frac{1}{2}\{y_k - (px_k + q)\}^2 \quad (k = 1, 2, 3)$$

그런데 자료 전체의 오차를 정의하는 방법은 다양합니다. 그중 가장 간단하면서 표준으로 여기는 것으로 제곱오차의 총합이 있습니다. 이는 [식 3-8]을 이용하여 다음처럼 표현할 수 있습니다. 이 책에서 다루는 비용함수 C_T입니다(2장 11 참고).

식 3-9

$$C_T = C_1 + C_2 + C_3$$
$$= \frac{1}{2}\{8 - (7p + q)\}^2 + \frac{1}{2}\{4 - (5p + q)\}^2 + \frac{1}{2}\{8 - (9p + q)\}^2$$

이 C_T를 최소화하는 p, q는 [식 3-10]을 만족합니다(2장 12 참고).

식 3-10

$$\frac{\partial C_T}{\partial p} = -7\{8 - (7p + q)\} - 5\{4 - (5p + q)\} - 9\{8 - (9p + q)\} = 0$$

$$\frac{\partial C_T}{\partial q} = -\{8 - (7p + q)\} - \{4 - (5p + q)\} - \{8 - (9p + q)\} = 0$$

이를 정리하면 $155p + 21q = 148$, $21p + 3q = 20$이 됩니다. 그리고 두 식의 연립 방정식을 풀면 $p = 1$, $q = -1/3$을 얻을 수 있습니다. 따라서 회귀방정식은 $y = x - (1/3)$이 됩니다.

회귀방정식을 이용한 회귀직선은 다음 그림과 같습니다.

그림 3-25

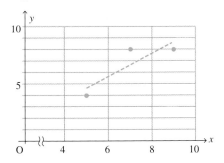

회귀방정식으로 나타내는 회귀직선

최적화의 기본 – 비용함수의 최소화

앞에서 설명한 학생 3명의 성적을 다루는 회귀분석 예제에서 수학 모델을 정하는 파라미터는 회귀계수 p와 절편 q입니다. 이들의 값은 [식 3–9]가 최솟값이 되는 방향으로 결정됩니다. 즉, '최적화'라는 작업입니다.

이제 신경망을 생각해볼까요? 신경망의 수학 모델을 정하는 파라미터는 '가중치'와 '편향'입니다. 이 파라미터 역시 회귀분석과 수학적으로 동일하게 결정됩니다. 즉, 신경망에서 얻을 수 있는 비용함수 C_T가 최솟값이 되도록 가중치와 편향이 결정되는 것입니다.

그림 3-26

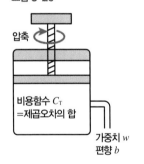

최적화의 개념: 가중치 및 편향의 결정 원리는 회귀분석과 같습니다. 제곱오차의 합을 나타내는 비용함수 C_T의 최솟값을 구하는 것이 최적의 파라미터를 결정하는 '최적화'를 하는 것입니다.

다음은 이 절 앞에서 소개한 회귀방정식 $y = px+q$와 3장 02의 [그림 3–15]에서 소개한 신경망(약도)을 비교해 그림으로 나타낸 것입니다.

그림 3-27

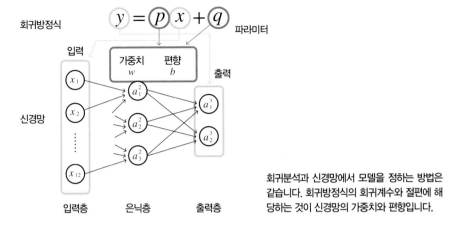

회귀방정식 $y = p x + q$ 파라미터

입력

가중치   편향
w b

출력

신경망

입력층   은닉층   출력층

회귀분석과 신경망에서 모델을 정하는 방법은 같습니다. 회귀방정식의 회귀계수와 절편에 해당하는 것이 신경망의 가중치와 편향입니다.

신경망의 비용함수

이번에는 신경망의 비용함수를 구체적인 식으로 표현하겠습니다. 이를 위해 지금까지 다루어 온 '필기체 숫자 식별 신경망'의 비용함수 C_T를 구해보겠습니다(학습 데이터의 예는 부록 A를 참고하세요). 먼저 다음 그림을 참고하기 바랍니다.

그림 3-28

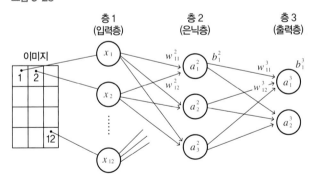

층 1
(입력층)

층 2
(은닉층)

층 3
(출력층)

이미지

4×3 픽셀로 구성한 이미지에서 읽은 필기체 숫자 0, 1을 식별하는 신경망을 간략하게 표현한 그림(1장 02 참고)입니다. 학습 데이터는 64개의 흑백 이미지고 유닛 이름으로 출력 변수명을 사용합니다.

신경망에서 계산하는 예측값은 출력층에 있는 유닛의 출력 변수 a_1^3, a_2^3으로 나타냅니다. 이 출력 변수의 정답 데이터를 t_1, t_2로 하면 예측값과 정답 데이터의 제곱오차 C는 다음과 같습니다 (3장 03 참고).

식 3-11

$$C = \frac{1}{2}\{(t_1 - a_1^3)^2 + (t_2 - a_2^3)^2\}$$

k번째 이미지가 학습 데이터로 입력되었고 제곱오차값 C를 C_k로 두면 [식 3-11]을 다음처럼 바꿀 수 있습니다.

식 3-12

$$C_k = \frac{1}{2}\{(t_1[k] - a_1^3[k])^2 + (t_2[k] - a_2^3[k])^2\} \quad (k = 1, 2, \cdots, 64)$$

k의 범위가 '64'인 이유는 흑백 이미지가 64개이기 때문입니다. 또한 $t_1[k]$, $t_2[k]$, $a_1^3[k]$, $a_2^3[k]$의 표기법은 3장 01을 참고하세요.[10]

[식 3-12]는 회귀분석에서 알아본 [식 3-8]에 해당합니다. 출력 유닛 2개 각각의 제곱오차 합입니다.

그림 3-29

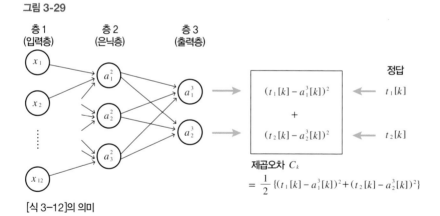

[식 3-12]의 의미

학습 데이터 전체에 [식 3-12]를 추가한 것이 비용함수입니다. 따라서 비용함수 C_T는 다음과 같습니다

---

10 [식 3-11]과 [식 3-12]의 학습률 1/2 역시 계산을 간단하게 하려고 사용합니다. 학습률 때문에 결과가 바뀌지는 않습니다.

식 3-13

$$C_T = C_1 + C_2 + \cdots + C_{64}$$

참고로 [식 3-13]을 가중치와 편향의 구체적인 식으로 표현하면 복잡합니다. 다음 그림을 참고하기 바랍니다.

그림 3-30

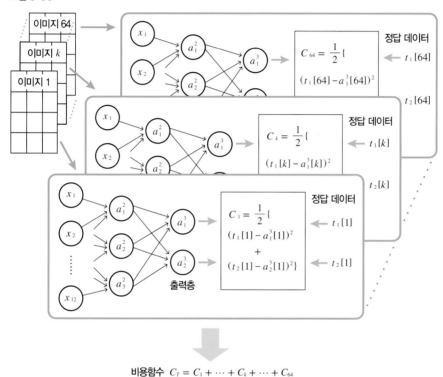

비용함수 $C_T = C_1 + \cdots + C_k + \cdots + C_{64}$

[식 3-13]의 의미: 비용함수를 구하는 방법. 각 데이터의 제곱오차 총합이 비용함수입니다.

이상이 비용함수를 구하는 방법입니다. 남은 일은 비용함수 C_T가 최솟값이 되도록 파라미터(가중치와 편향)를 정하는 것입니다. 이 부분은 이야기가 길어지므로 4장에서 더 자세하게 설명하겠습니다.[11]

----

11 [식 3-13]은 앞에서 살펴본 회귀분석 예제 [식 3-9]와 같은 의미입니다.

파라미터 개수와 데이터 크기

[표 3-8]은 '필기체 숫자 식별 신경망'의 모델을 결정하는 파라미터 개수를 정리한 것입니다.

표 3-8

층	의미	개수	주
은닉층	가중치	12×3	은닉층의 유닛 수는 3개로 유닛마다 입력층 12개의 유닛이 값을 보냅니다 (화살표선을 받습니다).
	편향	3	은닉층의 유닛 수 3개를 말합니다.
출력층	가중치	3×2	출력층의 유닛 수는 2개로 유닛마다 은닉층 3개의 유닛이 값을 보냅니다 (화살표선을 받습니다).
	편향	2	출력층의 유닛 수 2개를 말합니다.

앞 표에서 파라미터 개수를 다음처럼 얻을 수 있습니다.

파라미터 총 개수 $= (12×3+3)+(3×2+2) = 47$

2장 12에서 살펴본 것처럼 데이터 크기(데이터를 구성하는 요소 개수)가 수학 모델을 정하는 파라미터 개수보다 많아야 모델을 정할 수 있습니다. '필기체 숫자 식별 신경망'이라면 학습 데이터에 해당하는 이미지가 최소 47개 필요합니다

신경망과 회귀분석의 차이

신경망과 회귀분석은 모델 결정 원리가 같더라도 다음과 같은 차이가 있습니다.

1 회귀분석에서 이용하는 모델의 파라미터와 비교하면 신경망에서 사용하는 파라미터 개수는 방대합니다.

2 회귀분석에서 사용하는 함수는 1차 식이지만 신경망에서 사용하는 함수(활성화 함수)는 1차 식이 아닙니다. 따라서 신경망의 비용함수는 회귀분석보다 복잡합니다.

1은 [식 3-9]와 [식 3-13]에서 살펴볼 수 있습니다. 회귀분석은 [식 3-9]를 이용해 비용함수를 파라미터의 함수로 바꿀 수 있었습니다. 하지만 신경망은 [식 3-13]과 [그림 3-30]에서 알 수 있듯이 파라미터(가중치와 편향) 식으로 비용함수를 나타내려면 복잡합니다.

2도 [식 3-9]와 [식 3-13]에서 살펴볼 수 있습니다. [식 3-9]에서는 간단한 2차 식이라 미분해서 [식 3-10]을 쉽게 얻을 수 있었습니다. 그러나 [식 3-13]에 미분을 적용하면 계산이 대단히 복잡해집니다. 또한 활성화 함수의 미분 계산도 포함되므로 결과 역시 쉽게 이해하기 어렵습니다.

이러한 차이 때문에 신경망은 회귀분석과는 다른 수학 이론이 필요합니다. 대표적인 것이 오차 역전파법입니다. 다음 장에서 살펴보겠습니다.

NOTE_ 활성화 함수로 단위 계단 함수를 사용하면?

1장에서 설명한 것처럼 신경망의 출발점인 활성화 함수는 단위 계단 함수입니다. 그러나 단위 계단 함수는 미분 가능 함수가 아니므로 이 절에서 살펴본 비용함수의 최소화 방법을 적용할 수 없습니다.

지금까지 '필기체 숫자 식별 신경망' 예제를 이용하여 구체적으로 신경망을 살펴봤습니다. 그럼 이 신경망의 가중치와 편향을 엑셀에서 확인하겠습니다. 3장 01~04에서 설명한 내용을 확인해보세요.

개요

복잡한 신경망의 가중치와 편향을 결정하는 것은 엑셀에서 하기 어렵습니다. 하지만 단순한 신경망이라서 파라미터 개수가 적다면 엑셀의 표준 추가 기능인 '해 찾기'를 이용해서 간단히 최적화를 실행할 수 있습니다. 그동안 살펴본 개념을 확인하기 위해 이 절에서는 '필기체 숫자 식별 신경망'의 가중치와 편향을 찾아보겠습니다.

예제 파일은 '3_5_신경망_가중치_편향_찾기.xlsx'이고, 학습용 이미지 데이터 64개는 부록 A에서 살펴볼 수 있습니다.

① 학습용 이미지 데이터 읽기

신경망을 학습시키려면 학습 데이터가 필요합니다. 그래서 다음 그림처럼 워크시트에 학습 데이터를 가져옵니다. 흑백 이미지이므로 이미지의 어두운 부분을 1, 밝은 부분을 0으로 변환했습니다. 정답 데이터는 변수 t_1, t_2에 할당하며, 입력 이미지의 필기체 숫자가 '0'이면 $(t_1, t_2) = (1, 0)$, '1'이면 $(t_1, t_2) = (0, 1)$로 설정합니다(3장 03 참고).

그림 3-31

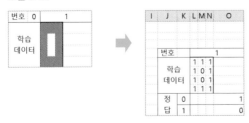

이미지 데이터는 다음 그림처럼 전체를 계산을 위한 [Data] 워크시트에 넣습니다.

그림 3-32

0과 1 식별

학습용 데이터

번호	1			2			3			63			64		
이미지 패턴	1	1	1	0	1	1	1	1	0	0	1	0	0	1	0
	1	0	1	1	0	1	1	0	1	0	0	1	1	0	0
	1	0	1	1	0	1	1	0	1	0	0	1	1	0	0
	1	1	1	1	1	1	1	1	1	0	1	0	0	1	0
정답		0			0			0			1			1	

② 가중치와 편향의 초깃값 설정하기

[학습] 워크시트에서 가중치와 편향의 초깃값을 설정합니다. 초깃값 설정에 따라 엑셀의 '해 찾기'를 사용하지 못할 수 있습니다. 이 경우에는 초깃값을 다시 설정해야 합니다.

그림 3-33

	A	B	C	D	E	F	G
1				**0과 1의 식별**			
2							
3				은닉층의 가중치와 편향			
4			U		w		b
5				3.214	-4.562	-0.541	-1.076
6			1	-2.359	-1.071	-2.808	
7				-1.382	3.991	-2.218	
8				5.730	5.310	-2.286	
9				-4.044	-3.275	1.017	0.687
10		은닉층	2	-1.716	5.457	-1.821	
11				5.361	0.303	0.940	
12				-0.289	3.505	1.463	
13				-1.712	3.601	-0.774	-1.189
14			3	-1.456	-0.836	-2.440	
15				1.496	-0.193	3.128	
16				0.423	-3.249	2.292	
17		출력층	1	-3.575	4.446	5.666	-5.578
18			2	-0.9406	2.93089	-3.4101	-2.2691

> 초깃값 설정은 표준 정규분포에서 얻은 정규분포 난수(2장 01 참고)를 이용

③ 첫 번째 이미지에 관한 각 유닛의 가중 입력, 출력, 제곱오차 계산하기

첫 번째 이미지에 관한 각 유닛의 가중 입력 z, 출력값 a, 제곱오차 C를 계산합니다.

그림 3-34

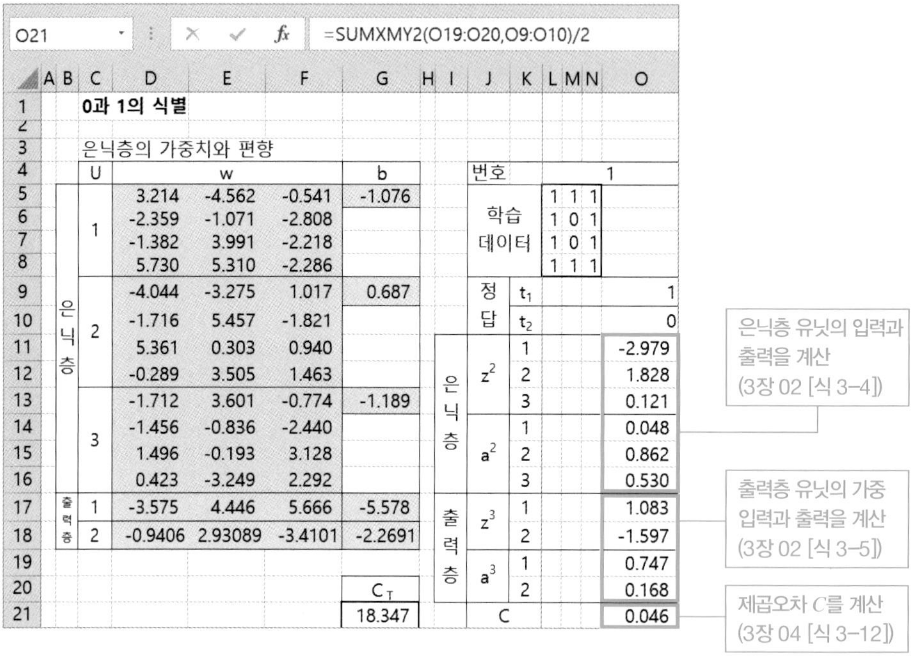

O21	`=SUMXMY2(O19:O20,O9:O10)/2`

		D	E	F	G	H I	J	K L M N	O
1	**0과 1의 식별**								
3	은닉층의 가중치와 편향					번호			1
4	U		w		b				
5			3.214	-4.562	-0.541	-1.076	학습		1 1 1	
6	1	-2.359	-1.071	-2.808		데이터		1 0 1	
7		-1.382	3.991	-2.218				1 0 1	
8		5.730	5.310	-2.286				1 1 1	
9		-4.044	-3.275	1.017	0.687	정	t_1		1
10	2	-1.716	5.457	-1.821		답	t_2		0
11	은닉층	5.361	0.303	0.940		은닉층	z^2	1	-2.979
12		-0.289	3.505	1.463				2	1.828
13		-1.712	3.601	-0.774	-1.189			3	0.121
14	3	-1.456	-0.836	-2.440			a^2	1	0.048
15		1.496	-0.193	3.128				2	0.862
16		0.423	-3.249	2.292				3	0.530
17	출력층 1	-3.575	4.446	5.666	-5.578	출력층	z^3	1	1.083
18	2	-0.9406	2.93089	-3.4101	-2.2691			2	-1.597
19							a^3	1	0.747
20					C_T			2	0.168
21					18.347		C		0.046

은닉층 유닛의 입력과 출력을 계산 (3장 02 [식 3-4])

출력층 유닛의 가중 입력과 출력을 계산 (3장 02 [식 3-5])

제곱오차 C를 계산 (3장 04 [식 3-12])

④ 모든 데이터에 ③에서 만든 함수를 복사하기

첫 번째 이미지를 처리하는 데 넣었던 함수들을 마지막(64번째) 이미지까지 복사합니다. 비용
함수 C_T 값(3장 04 [식 3-13])도 구합니다.

그림 3-35

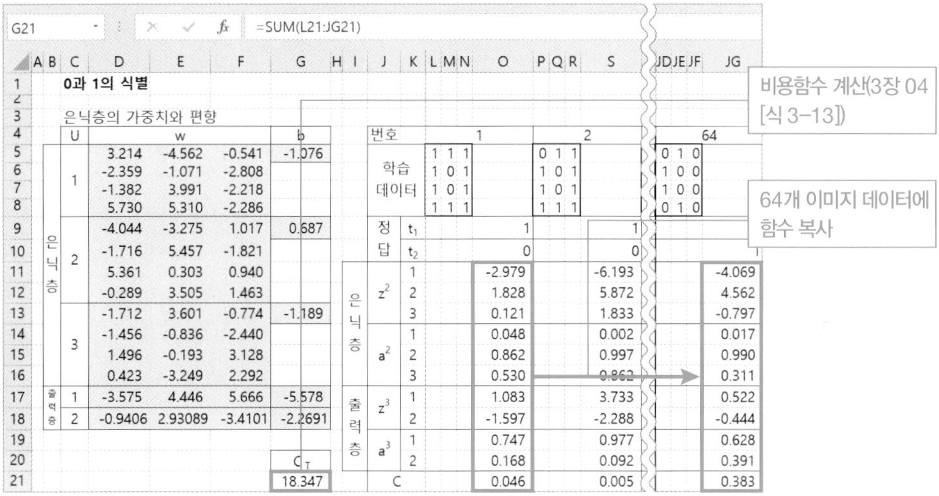

⑤ 해 찾기를 이용해 최적화 실행하기

엑셀의 표준 추가 기능인 '해 찾기'를 이용해 비용함수 C_T의 최솟값을 계산하겠습니다.

NOTE_ '해 찾기' 기능 추가하고 실행하기

엑셀 기본 설정으로는 '해 찾기' 기능을 실행할 수 없습니다. 해 찾기 기능을 실행하려면 엑셀의 [파일] → [옵
션] → [추가 기능]을 실행한 후 오른쪽 목록에 있는 [해 찾기 추가 기능]을 선택합니다. 그리고 아래에 있는
[관리] 항목의 [이동] 버튼을 클릭하면 등장하는 '추가 기능' 창의 [사용 가능한 추가 기능]에서 [해 찾기 추가
기능]의 체크를 켠 후 〈확인〉을 누릅니다. 이후 리본 메뉴의 [데이터] → [해 찾기]를 선택해 실행하면 됩니다.

그림 3-36

다음 그림처럼 셀 주소를 설정하고 해 찾기를 실행합니다. [목표 설정]에는 '$G$21', [변수 셀 변경]에는 '$D$5:$F$16,$G$5,$G$9,$G$13,$D$17:$G$18'을 설정합니다.

그림 3-37

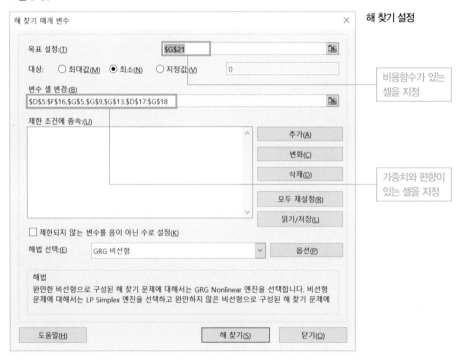

해 찾기 설정

설정을 확인했다면 〈해 찾기〉를 눌러 실행합니다. 결과는 다음 그림과 같습니다.

그림 3-38

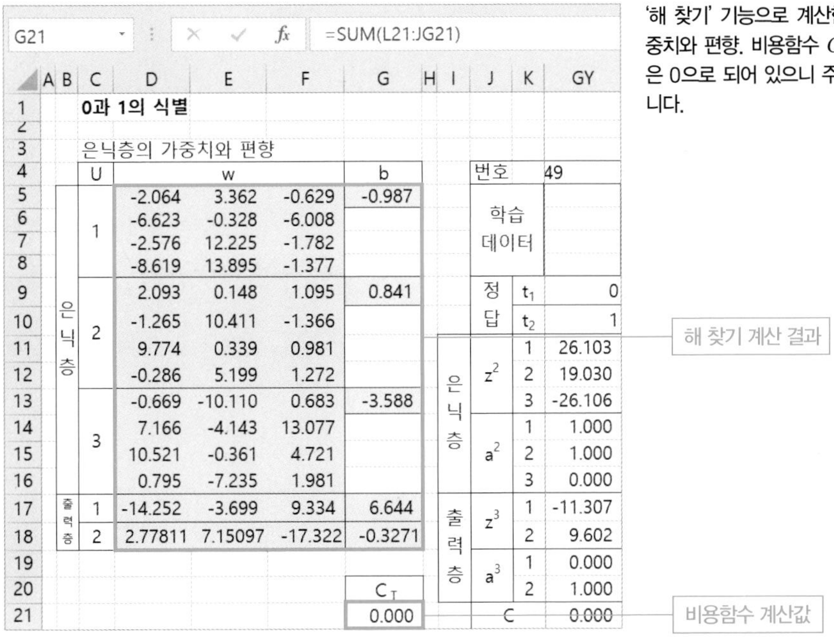

'해 찾기' 기능으로 계산한 가중치와 편향. 비용함수 C_T 값은 0으로 되어 있으니 주의합니다.

해 찾기 계산 결과

비용함수 계산값

0과 1의 식별

은닉층의 가중치와 편향

U		w		b		번호	49	
1	-2.064	3.362	-0.629	-0.987		학습 데이터		
	-6.623	-0.328	-6.008					
	-2.576	12.225	-1.782					
	-8.619	13.895	-1.377					
2	2.093	0.148	1.095	0.841		정답	t_1	0
	-1.265	10.411	-1.366				t_2	1
	9.774	0.339	0.981			은닉층	z^2 1	26.103
	-0.286	5.199	1.272				2	19.030
3	-0.669	-10.110	0.683	-3.588			3	-26.106
	7.166	-4.143	13.077				a^2 1	1.000
	10.521	-0.361	4.721				2	1.000
	0.795	-7.235	1.981				3	0.000
출력층 1	-14.252	-3.699	9.334	6.644		출력층	z^3 1	-11.307
출력층 2	2.77811	7.15097	-17.322	-0.3271			2	9.602
							a^3 1	0.000
							2	1.000
				C_T			C	0.000
				0.000				

[그림 3-38]에서 '해 찾기 계산 결과'에 지정한 영역의 계산값이 최적화된 신경망의 가중치와 편향입니다. 또한 비용함수 C_T의 값이 0에 가까우면 이 신경망은 학습 데이터와 정답 데이터 사이의 오차가 거의 없다는 의미입니다.

⑥ 테스트하기

⑤에서 얻은 가중치와 편향이 신경망 모델의 특징을 결정합니다. 그것이 정확한지 손으로 숫자 '0', '1'중 하나를 입력하고 예상한 답을 내는지 살펴봅시다. 먼저 [테스트] 데이터 시트의 아래쪽에 있는 학습 데이터의 이미지 패턴이 [그림 3-39]의 왼쪽과 같다고 가정하겠습니다. 이를 위쪽에 있는 학습 데이터 부분에 입력하면 [그림 3-39]의 오른쪽과 같습니다.

그림 3-39

0	1	0
1	0	1
1	0	1
1	1	0

[그림 3-39]의 이미지 데이터를 신경망은 '0'으로 판정합니다. 사람의 직관과 일치합니다.

그림 3-40

[테스트] 워크시트

O21 f_x =IF(O19>=O20,0,1)

0과 1의 식별

은닉층의 가중치와 편향

	U	w			b	번호			1		
		-2.064	3.362	-0.629	-0.987			0	1	0	
	1	-6.624	-0.328	-6.008		학습		1	0	1	
		-2.576	12.225	-1.782		데이터		1	0	1	
		-8.619	13.895	-1.377				1	1	0	
은닉층		2.093	0.148	1.095	0.841	정답	0				1
	2	-1.265	10.411	-1.366			1				0
		9.774	0.339	0.981			1				-9.339
		-0.286	5.199	1.272		z^2	2				14.024
		-0.669	-10.110	0.683	-3.588	은닉층	3				15.347
	3	7.166	-4.143	13.077			1				0.000
		10.521	-0.361	4.721		a^2	2				1.000
		0.795	-7.235	1.981			3				1.000
출력층	1	-14.252	-3.699	9.334	6.644	출력층	z^3	1			12.278
	2	2.77813	7.15097	-17.322	-0.3271			2			-10.497
							a^3	1			1.000
								2			0.000
						판정					0

출력층 유닛 1이 2보다 크면 입력 데이터의 이미지는 숫자 '0'으로 판정

숫자의 판정 결과

NOTE_ 엑셀 '해 찾기' 기능의 한계점

엑셀의 '해 찾기' 기능은 매우 편리하지만 복잡한 신경망을 계산하기는 어렵습니다. 결정할 수 있는 파라미터 개수가 제한적이기 때문입니다. 신경망에 등장하는 수만 가지의 가중치와 편향에 전부 대응할 수 없습니다.

신경망과 오차역전파법

가장 가파른 경사 방향을 찾으면서 산에서 내려가면 최소한의 걸음으로 산기슭에 도착할 수 있습니다. 경사하강법은 이 원리를 그대로 수학에 적용한 수치 해석 방법입니다. 그런데 신경망에서는 실제 경사의 방향을 구하는 미분 계산이 방대하므로 이를 해결할 방법이 필요합니다. 이 장에서는 방대한 미분 계산을 쉽게 만들어주는 오차역전파법을 자세히 살펴보겠습니다.

01 경사하강법 다시 살펴보기

신경망의 파라미터(가중치와 편향)는 비용함숫값을 최소화했을 때 결정할 수 있습니다(3장 04 참고). 최소화 방법으로 가장 유명한 것이 경사하강법입니다. 이 절에서는 2장에서 배운 경사하강법을 복습하면서 그 필요성을 확인하겠습니다.

비용함수 미분의 어려움

3장 04에서 신경망의 비용함수를 설명하면서 비용함수 C_T가 최솟값이 되도록 파라미터(가중치와 편향)를 정하는 것은 4장에서 설명하겠다고 이야기했습니다. 여기서는 '필기체 숫자 식별 신경망' 예제를 이용해 이를 설명하겠습니다. 기억을 되살리기 위해 다음 그림을 참고합시다.

그림 4-1

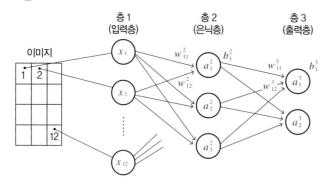

'필기체 숫자 식별 신경망'의 모식도

3장 02에서 신경망 변수의 관계식인 [식 3-4]와 [식 3-5]를 살펴봤고 3장 04에서는 신경망의 비용함수를 설명하면서 [식 3-4]와 [식 3-5]를 참고해서 [식 3-11]을 도출했습니다. 이때 k번째 이미지가 학습 결과로 입력되었고 제곱오차값 C를 C_k로 두면 [식 3-11]을 [식 3-12]처럼 바꿀 수 있다고 설명했습니다.

$$C_k = \frac{1}{2}\{(t_1[k] - a_1^3[k])^2 + (t_2[k] - a_2^3[k])^2\}$$

그리고 학습 데이터 전체에 [식 3-12]를 추가하면 $C_T = C_1 + C_2 + \cdots + C_{64}$라는 비용함수 C_T를 얻을 수 있다고 설명했습니다. 이를 그림으로 정리하면 다음과 같습니다.

그림 4-2

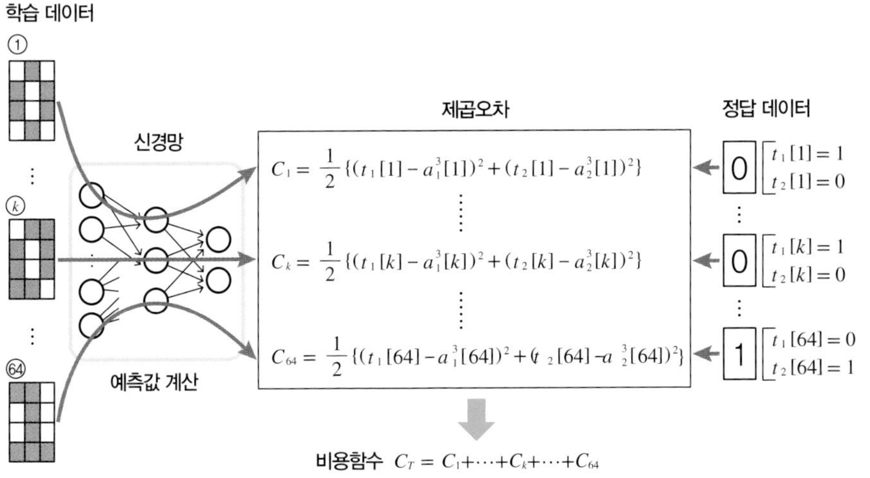

신경망과 비용함수의 관계

그런데 비용함수 C_T는 매우 복잡한 함수입니다. 결정해야 할 파라미터(가중치와 편향)는 [식 3-4]와 [식 3-5]를 기준으로 47개[1]가 있습니다. 즉, 각 파라미터를 모두 미분해서 결정하려고 하면 미분 방정식은 다음처럼 47개라는 뜻입니다.

식 4-1

$$\frac{\partial C_T}{\partial w_{11}^2} = 0, \ \frac{\partial C_T}{\partial w_{12}^2} = 0, \ \cdots, \ \frac{\partial C_T}{\partial b_1^2} = 0, \ \cdots$$

$$\frac{\partial C_T}{\partial w_{11}^3} = 0, \ \frac{\partial C_T}{\partial w_{12}^3} = 0, \ \cdots, \ \frac{\partial C_T}{\partial b_1^3} = 0, \ \cdots$$

이를 해결하는 것은 매우 어렵습니다. 그래서 '경사하강법'이 등장합니다.

---

1 역자주_ 은닉층의 관계식에서 39개, 출력층의 관계식에서 8개의 파라미터가 있습니다.

경사하강법을 신경망에 적용하기

경사하강법을 신경망에 적용하기 전에 다시 한번 경사하강법을 정리해보겠습니다(2장 10 참고).

미분 가능한 함수 $f(x_1, x_2, \cdots, x_n)$에서 변수에 차례로 $x_1+\Delta x_1$, $x_2+\Delta x_2$, $\cdots$, $x_n+\Delta x_n$이라고 작은 값을 더해 변화시켰을 때 함수 f가 최솟값이려면 다음 함수가 성립합니다.

식 4-2

$$(\Delta x_1, \Delta x_2, \cdots, \Delta x_n) = -\eta \left(\frac{\partial f}{\partial x_1}, \frac{\partial f}{\partial x_2}, \cdots, \frac{\partial f}{\partial x_n} \right) \quad (\eta\text{는 작은 값을 갖는 양의 상수})$$

이때 $(\partial f/x_1, \partial f/\partial x_2, \cdots, \partial f/\partial x_n)$을 함수 f의 '기울기'라고 합니다.

이 경사하강법의 기본 식 [식 4-2]를 '필기체 숫자 식별 신경망'에 적용해봅시다. 비용함수 $C_T = C_1+C_2+\cdots+C_{64}$를 [식 4-2]에 대입하면 다음처럼 표현할 수 있습니다.

식 4-3

$$(\Delta w_{11}^2, \cdots, \Delta w_{11}^3, \cdots, \Delta b_1^2, \cdots, \Delta b_1^3, \cdots)$$

$$= -\eta \left(\frac{\partial C_T}{\partial w_{11}^2}, \cdots, \frac{\partial C_T}{\partial w_{11}^3}, \cdots, \frac{\partial C_T}{\partial b_1^2}, \cdots, \frac{\partial C_T}{\partial b_1^3}, \cdots \right)$$

w_{11}^2, b_1^2 등은 [식 3-4]와 [식 3-5]에서 살펴본 가중치 및 편향을 나타냅니다. 또한 양의 상수 η 는 학습률입니다.

[식 4-3]을 이용하면 컴퓨터에서 C_T가 최솟값이 되는 가중치 및 편향을 계산할 수 있습니다. 현재 변수의 위치 $(w_{11}^2, \cdots, w_{11}^3, \cdots, b_1^2, \cdots, b_1^3, \cdots)$에 [식 4-3]의 좌변에서 구한 변위 벡터를 더해 새로운 위치를 구하면 $(w_{11}^2+\Delta w_{11}^2, \cdots, w_{11}^3+\Delta w_{11}^3, \cdots, b_1^2+\Delta b_1^2, \cdots, b_1^3+\Delta b_1^3, \cdots)$입니다. 이 위치에서 다시 [식 4-3]의 계산을 반복해서 최솟값이 되는 가중치 및 편향을 계산합니다. [식 4-1]을 계산하는 것과 비교했을 때 컴퓨터가 계산하기 쉽습니다.

미분 지옥 살펴보기

앞에서 정해야 할 파라미터(가중치와 편향)가 47개 있다고 밝혔습니다. 즉, [식 4-3]에서 제시한 기울기의 성분이 47개가 된다는 뜻입니다.

다수의 기울기 성분을 계산하는 것은 어려운 일입니다. 왜 어려운지 [식 4-3] 우변의 기울기 성분 중 하나인 $\partial C_T / \partial w_{11}^2$를 계산해보겠습니다. k번째 이미지에서 얻은 출력과 정답 데이터의 제곱오차 C_k([식 3-12] 참고)를 편미분의 연쇄법칙(2장 08 참고)에 대입해 변형해서 계산합니다.

식 4-4

$$\frac{\partial C_k}{\partial w_{11}^2} = \frac{\partial C_k}{\partial a_1^3[k]} \frac{\partial a_1^3[k]}{\partial z_1^3[k]} \frac{\partial z_1^3[k]}{\partial a_1^2[k]} \frac{\partial a_1^2[k]}{\partial z_1^2[k]} \frac{\partial z_1^2[k]}{\partial w_{11}^2}$$

$$+ \frac{\partial C_k}{\partial a_2^3[k]} \frac{\partial a_2^3[k]}{\partial z_2^3[k]} \frac{\partial z_2^3[k]}{\partial a_1^2[k]} \frac{\partial a_1^2[k]}{\partial z_1^2[k]} \frac{\partial z_1^2[k]}{\partial w_{11}^2}$$

이 과정을 그림으로 나타내면 다음과 같습니다.

그림 4-3

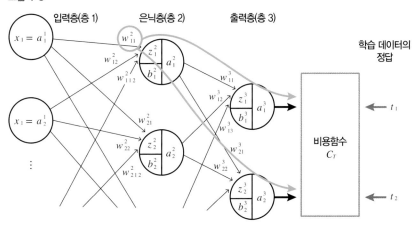

[식 4-4]에서 미분 연쇄법칙을 사용할 때 변수의 관계. 유닛은 3장 01의 표기법을 이용했습니다.

이제 [식 4-4]를 $C_T = C_1 + C_2 + \cdots + C_{64}$에 대입하면 다음과 같습니다.

식 4-5

$$\frac{\partial C_T}{\partial w_{11}^2} = \frac{\partial C_1}{\partial w_{11}^2} + \frac{\partial C_2}{\partial w_{11}^2} + \cdots + \frac{\partial C_{64}}{\partial w_{11}^2}$$

$$= \left\{ \frac{\partial C_1}{\partial a_1^3[1]} \frac{\partial a_1^3[1]}{\partial z_1^3[1]} \frac{\partial z_1^3[1]}{\partial a_1^2[1]} \frac{\partial a_1^2[1]}{\partial z_1^2[1]} \frac{\partial z_1^2[1]}{\partial w_{11}^2} \right.$$

$$\left. + \frac{\partial C_1}{\partial a_2^3[1]} \frac{\partial a_2^3[1]}{\partial z_2^3[1]} \frac{\partial z_2^3[1]}{\partial a_1^2[1]} \frac{\partial a_1^2[1]}{\partial z_1^2[1]} \frac{\partial z_1^2[1]}{\partial w_{11}^2} \right\} + \cdots$$

$$+ \left\{ \frac{\partial C_{64}}{\partial a_1^3[64]} \frac{\partial a_1^3[64]}{\partial z_1^3[64]} \frac{\partial z_1^3[64]}{\partial a_1^2[64]} \frac{\partial a_1^2[64]}{\partial z_1^2[64]} \frac{\partial z_1^2[64]}{\partial w_{11}^2} \right.$$

$$\left. + \frac{\partial C_{64}}{\partial a_2^3[64]} \frac{\partial a_2^3[64]}{\partial z_2^3[64]} \frac{\partial z_2^3[64]}{\partial a_1^2[64]} \frac{\partial a_1^2[64]}{\partial z_1^2[64]} \frac{\partial z_1^2[64]}{\partial w_{11}^2} \right\}$$

각 미분의 항에 '=0'을 붙여 미분방정식으로 만들어 계산하면 (귀찮습니다만) 편미분 결과를 가중치와 편향의 식으로 표현할 수 있습니다.

지금까지 과정을 살펴보면 기울기 성분을 구체적인 형태로 표현하는 것은 어려운 작업입니다. 항 하나하나의 계산은 단순하지만 여러 항을 한꺼번에 계산하려면 '미분 지옥'이라고 하는 미분의 복잡성과 방대함에 압도당하기 때문입니다. 그래서 고안된 것이 '오차역전파법Backpropagation[2]'입니다. 4장 03에서 자세히 살펴볼 것입니다.

그림 4-4

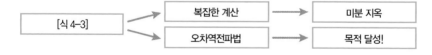

2 역자주_ https://ko.wikipedia.org/wiki/역전파

기울기 계산 단순화하기

[식 4-4]와 [식 4-5]의 계산 과정에서 다음 사항을 확인할 수 있었습니다.

기울기 성분은 학습 결과 하나하나의 단순한 합입니다.

즉, 비용함수 C_T의 편미분은 학습 결과 각각에서 얻은 미분의 합으로 구성되어 있습니다. 이는 매우 유용한 특성입니다. [식 4-3]의 기울기 성분을 구하려면 먼저 [식 3-12] 제곱오차 C의 편미분을 구한 결과에 이미지 데이터(학습 데이터)를 대입한 후 학습 결과 전체를 더하면 좋기 때문입니다. 실제로 64번의 편미분 계산이 한 번의 편미분 계산으로 끝납니다.

그림 4-5

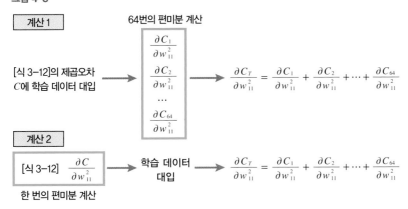

계산 2를 권합니다. '학습 데이터의 합'이라는 특성을 이용하여 미분 횟수가 크게 줄기 때문입니다.

앞으로의 미분 계산에서는 이미지 번호 $k(k = 1, 2, 3, \cdots, 64)$를 붙이지 않겠습니다. 그리고 실제 기울기 성분값을 계산할 때만 필요에 따라 명시하겠습니다.

NOTE_ 오차역전파법의 역사

오차역전파법Backpropagation은 1986년 미국 스탠퍼드Stanford 대학의 데이비드 럼멜하트(David E.Rumelhart)와 제임스 맥클레랜드(James McClelland)가 명명한 신경망 학습법입니다. 어려울 것 같지만 내용은 아주 간단합니다.

02 유닛의 오차

이 절에서는 오차역전파법을 이용하는 데 필요한 '유닛의 오차'를 살펴보겠습니다.

유닛의 오차 δ_j^l

'필기체 숫자 식별 신경망' 예제처럼 간단한 다변수 함수의 최솟값을 찾는 문제를 해결할 때는 경사하강법이 효율적입니다. 그런데 변수, 파라미터가 함수와 복잡하게 얽혀 있는 신경망이라면 경사하강법조차 계산하기 어려워져 그대로 사용할 수 없습니다. 이를 해결하려고 등장한 것이 '오차역전파법'입니다.

오차역전파법은 복잡한 미분 계산을 '수열의 점화식'으로 대체합니다. 이 점화식을 제공하는 것이 유닛의 오차errors라고 불리는 변수 δ_j^l[3]입니다. 이것은 제곱오차 C를 이용하며 다음처럼 정의합니다.

식 4-6

$$\delta_j^l = \frac{\partial C}{\partial z_j^l} \quad (l = 2, 3, \cdots)$$

그럼 '필기체 숫자 식별 신경망'을 이용해 유닛의 오차 δ_j^l과 가중치 및 편향의 제곱오차 C를 편미분한 결과의 관계를 살펴봅시다.[4] 제곱오차 C가 [식 3-11]과 같다면 [식 4-6]을 이용해 유닛의 오차 δ_1^2와 δ_2^3은 다음처럼 구할 수 있습니다.

$$\delta_1^2 = \frac{\partial C}{\partial z_1^2}, \ \delta_2^3 = \frac{\partial C}{\partial z_2^3}$$

---

3 δ는 그리스 문자 '델타'로 로마자의 d에 해당합니다. 참고로 '유닛의 오차'는 [식 3-11]의 제곱오차와 의미가 전혀 다릅니다.

4 이 절에서 사용하는 변수나 수식 등의 의미는 4장 01과 같습니다.

δ_1^2와 δ_2^3을 구할 때 변수의 관계를 그림으로 나타내면 다음과 같습니다.

그림 4-6

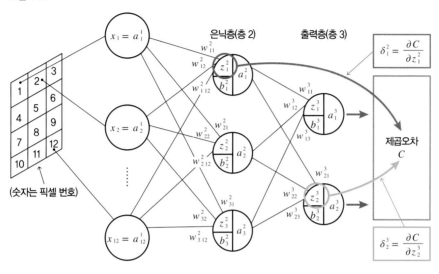

가중치와 편향의 제곱오차를 미분해서 δ_j^l로 표현하기

[식 3-11] 가중치 및 편향의 편미분은 [식 4-6]에서 정의한 δ_j^l과 밀접한 관계가 있습니다. 예를 들어 편미분의 연쇄법칙을 이용하면 $\partial C / \partial w_{11}^2$를 δ_j^l 형태로 나타낼 수 있습니다. 다음 두 예를 살펴보면서 익숙해져봅시다.

$\partial C / \partial w_{11}^2$를 δ_j^l로 표현하기

편미분의 연쇄법칙을 이용하면 $\partial C / \partial w_{11}^2$를 다음처럼 표현할 수 있습니다.

식 4-7

$$\frac{\partial C}{\partial w_{11}^2} = \frac{\partial C}{\partial z_1^2} \frac{\partial z_1^2}{\partial w_{11}^2}$$

여기서 3장 02 은닉층의 관계식에서 살펴본 [식 3-4]의 일부인 $z_1^2 = w_{11}^2 x_1 + w_{12}^2 x_2 + \cdots +$ $w_{112}^2 x_{12} + b_1^2$를 이용하면 다음 식을 도출할 수 있습니다.

식 4-8

$$\frac{\partial z_1^2}{\partial w_{11}^2} = x_1$$

그럼 δ_j^l의 정의인 [식 4-6]과 [식 4-7], [식 4-8]을 이용해 다음처럼 $\partial C / \partial w_{11}^2$를 구할 수 있습니다.

식 4-9

$$\frac{\partial C}{\partial w_{11}^2} = \delta_1^2 x_1$$

이때 변수의 관계는 다음 그림과 같습니다.

그림 4-7

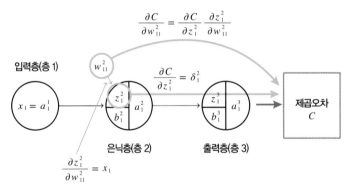

참고로 입력층(층 1)에서 출력과 입력은 같으므로 변수 a_j^l(3장 01 참고)에 대입해 $x_1 = a_1^1$로 바꿀 수 있습니다. [식 4-8]을 이용하면 [식 4-9]는 다음처럼 나타낼 수 있습니다.

식 4-10

$$\frac{\partial C}{\partial w_{11}^2} = \delta_1^2 a_1^1$$

$\partial C/\partial w_{11}^3$을 δ_j^l로 표현하기

역시 편미분 연쇄법칙에서 다음 식을 얻을 수 있습니다([그림 4-6] 참고).

식 4-11

$$\frac{\partial C}{\partial w_{11}^3} = \frac{\partial C}{\partial z_1^3} \frac{\partial z_1^3}{\partial w_{11}^3}$$

여기서 3장 02 출력층의 관계식에서 살펴본 [식 3-5]의 일부인 $z_1^3 = w_{11}^3 a_1^2 + w_{12}^3 a_2^2 + \cdots +$ $w_{13}^3 a_3^2 + b_1^3$을 이용하면 다음 식을 도출할 수 있습니다.

식 4-12

$$\frac{\partial z_1^3}{\partial w_{11}^3} = a_1^2$$

그럼 δ_j^l의 정의인 [식 4-6]과 [식 4-11], [식 4-12]를 이용해 다음처럼 $\partial C/\partial w_{11}^3$을 구할 수 있습니다.

식 4-13

$$\frac{\partial C}{\partial w_{11}^3} = \delta_1^3 a_1^2$$

이때 변수의 관계는 다음 그림과 같습니다.

그림 4-8

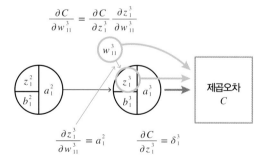

$\partial C/\partial b_1^2$와 $\partial C/\partial b_1^3$을 δ_j^l로 표현하기

계산 과정은 앞서 설명한 $\partial C/\partial w_{11}^2$나 $\partial C/\partial w_{11}^3$와 같습니다. 그 결과 b_1^2, b_1^3에 관한 [식 4-6]의 편미분은 다음과 같습니다.

식 4-14

$$\frac{\partial C}{\partial b_1^2} = \frac{\partial C}{\partial z_1^2}\frac{\partial z_1^2}{\partial b_1^2} = \delta_1^2, \quad \frac{\partial C}{\partial b_1^3} = \frac{\partial C}{\partial z_1^3}\frac{\partial z_1^3}{\partial b_1^3} = \delta_1^3$$

이때 변수의 관계는 다음 그림과 같습니다.

그림 4-9

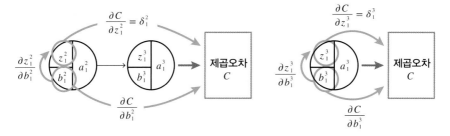

δ_j^l 식 일반화하기

[식 4-10], [식 4-13], [식 4-14]에서 일반화한 공식을 얻을 수 있습니다.

식 4-15

$$\frac{\partial C}{\partial w_{ji}^l} = \delta_j^l a_i^{l-1}, \quad \frac{\partial C}{\partial b_j^l} = \delta_j^l \quad (l = 2, 3, \cdots)$$

δ_j^l을 제곱오차 C의 가중치와 편향에 관한 편미분으로 표현했습니다. 그럼 일반화한 공식을 확인하기 위해 $\partial C/\partial w_{12}^2$를 δ_j^l 식으로 바꾸겠습니다. 다음과 같습니다.

$$\frac{\partial C}{\partial w_{12}^2} = \frac{\partial C}{\partial z_1^2}\frac{\partial z_1^2}{\partial w_{12}^2} = \delta_1^2 a_2^1 = \delta_1^2 x_2$$

다음으로는 $\partial C/\partial w_{23}^3$과 $\partial C/\partial b_2^3$을 δ_2^3으로 바꾸겠습니다. 다음과 같습니다.[5]

$$\frac{\partial C}{\partial w_{23}^3} = \frac{\partial C}{\partial z_2^3}\frac{\partial z_2^3}{\partial w_{23}^3} = \delta_2^3 a_3^2, \quad \frac{\partial C}{\partial b_2^3} = \frac{\partial C}{\partial z_2^3}\frac{\partial z_2^3}{\partial b_2^3} = \delta_2^3$$

δ_j^l와 δ_j^{l+1} 관계의 중요성

이 절에서는 δ_j^l 등의 기호를 도입하여 여러 가지 계산(갑작스러울 수도 있겠습니다)을 했고 [식 4-15]를 얻었습니다. [식 4-15]의 의미는 유닛의 오차 δ_j^l을 구하면 경사하강법 계산에 필요한 [식 3-11]의 편미분도 구할 수 있다는 것입니다. 여기에서 다음 그림과 같은 과정에 따라 비용함수 미분의 어려움을 해결할 수 있습니다.

그림 4-10

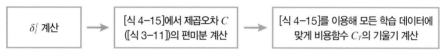

다음 절에서는 δ_j^l을 계산해보겠습니다. δ_j^l과 δ_j^{l+1}과의 관계에서 δ_j^l을 구하는 '오차역전파법'을 실제로 다루는 것입니다.

NOTE_ δ_j^l의 의미와 유닛의 오차

$\delta_j^l = \partial C/\partial z_j^l$을 '유닛의 오차'라고 하는 이유는 유닛의 가중 입력 z_j^l이 제곱오차에 미치는 변화율을 나타내기 때문입니다. 만약 신경망과 학습 데이터 사이의 관계가 좋다면 최솟값이 되는 조건에서 변화율은 0이 될 것입니다. 즉, 유닛의 오차 δ_j^l도 0이 되는 것입니다.

δ_j^l은 이상적인 상태와의 차이를 나타낸다고 볼 수 있습니다. 그 차이를 '오차'로 표현하는 것입니다.

---

5 앞으로 유닛의 오차 δ_j^l을 구할 때는 [식 4-15]를 이용하길 권합니다.

03 신경망과 오차역전파법

경사하강법은 다변수 함수의 최솟값을 찾는 현실적인 방법을 제공합니다. 그러나 4장 01에서 살펴본 것처럼 신경망에서 경사하강법을 그대로 이용할 수 없습니다. 그래서 등장한 것이 오차역전파법입니다.

오차역전파법

오차역전파법Backpropagation은 앞 절에서 도입한 유닛의 오차 δ_j^l의 점화식을 만들고 해당 점화식에서 복잡한 미분 계산을 해결하는 방법입니다. 기본은 경사하강법에서 출발합니다. 어떤 원리인지 그림으로 살펴봅니다.

그림 4-11

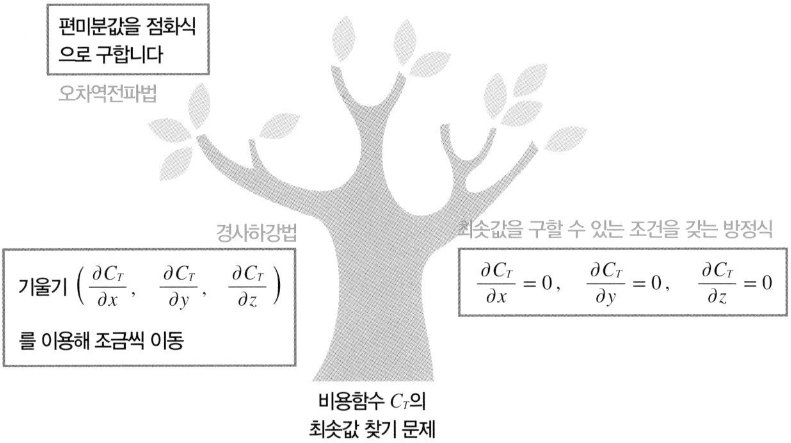

오차역전파법의 원리. 경사하강법을 해결하는 방법의 하나입니다

오차역전파법은 복잡한 미분 계산을 '수열의 점화식'으로 바꾼다는 특징이 있습니다. 2장에서 점화식을 설명했지만 수열의 개념이 낯설다면 어렵게 느낄지도 모릅니다. 하지만 구체적으로

살펴보면 어렵지 않습니다. 역시 이 책에서 계속 다뤄온 '필기체 숫자 식별 신경망'에 오차역전파법을 적용하면서 구조를 살펴보기로 합시다.

출력층의 δ_j^l 계산하기

앞 절에서 살펴본 것처럼 오차역전파법은 [식 4-6]의 변수 δ_j^l을 정의합니다(이제 이를 l층 j번째 유닛의 오차라고 하겠습니다). 그리고 이를 이용해 [식 4-15]로 유닛의 오차를 일반화한 제곱오차의 미분 공식까지 도출했습니다.

유닛의 오차 δ_j^l을 구하면 [식 4-15]에서 기울기 성분을 구할 수 있습니다. 이때 '수열의 점화식' (2장 02 참고) 개념을 이용합니다. 흥미롭게도 [식 4-6]의 δ_j^l을 수열에 비유하면 '말항(마지막 항)'을 쉽게 구할 수 있습니다.

'필기체 숫자 식별 신경망'에서 층 개수는 3입니다. 그럼 수열 $\{\delta_j^l\}$의 말항에 해당하는 오차 $\delta_j^3(j=1, 2)$을 계산해보겠습니다. 이는 출력층 유닛의 오차입니다.

활성화 함수를 $a(z)$로 하면 연쇄법칙에서 다음 식을 구할 수 있습니다([식 3-5]를 이용했습니다).

식 4-16

$$\delta_j^3 = \frac{\partial C}{\partial z_j^3} = \frac{\partial C}{\partial a_j^3}\frac{\partial a_j^3}{\partial z_j^3} = \frac{\partial C}{\partial a_j^3}a'(z_j^3)$$

[식 4-16]에서 제곱오차 C 및 활성화 함수가 주어진 것입니다. 이를 이용하면 '말항'에 해당하는 출력층 유닛의 오차 δ_j^3을 구할 수 있습니다.

출력층의 층 번호를 L로 하면 [식 4-16]을 일반화하여 공식으로 표현할 수 있습니다.

식 4-17

$$\delta_j^L = \frac{\partial C}{\partial a_j^L}a'(z_j^L)$$

이 원리를 나타내는 그림은 다음과 같습니다.

그림 4-12

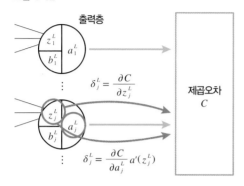

출력층 j번째 유닛이 z_j^L을 지나 제곱오차 C
와 관련이 있으면 그림 위 공식을, a_j^L을 지나
제곱오차 C와 관련이 있으면 그림 아래 공식
을 얻습니다.

이번에는 '필기체 숫자 식별 신경망'에서 유닛의 오차 δ_1^3을 구해보겠습니다(활성화 함수는 시
그모이드 함수 $\sigma(z)$로 합니다). 먼저 [식 3–11] 제곱오차 C를 a_1^3으로 편미분해야 합니다. 결과
는 다음과 같습니다.

식 4-18

$$\frac{\partial C}{\partial a_1^3} = a_1^3 - t_1$$

이 [식 4–18]을 [식 4–16]에 대입하면 유닛의 오차 δ_1^3을 얻을 수 있습니다.

식 4-19

$$\delta_1^3 = (a_1^3 - t_1)a'(z_1^3)$$

δ_2^3 역시 같은 방식으로 계산하면 다음과 같습니다.

식 4-20

$$\delta_2^3 = (a_2^3 - t_2)a'(z_2^3)$$

또한 활성화 함수인 시그모이드 함수 $\sigma(z)$의 공식(2장 06 참고)을 적용하면 $a'(z_2^3)$를 좀 더 구
체적으로 표현할 수 있습니다.

식 4-21

$$a'(z_2^3) = \sigma'(z_2^3) = \sigma(z_2^3)\{1 - \sigma(z_2^3)\}$$

이 [식 4-21]을 [식 4-20]에 적용하면 다음과 같은 식을 얻을 수 있습니다.

$$\delta_2^3 = (a_2^3 - t_2)\sigma'(z_2^3) = (a_2^3 - t_2)\sigma(z_2^3)\{1 - \sigma(z_2^3)\}$$

은닉층 δ_j^l의 '역' 점화식

유닛의 오차 δ_j^l은 층 유닛의 오차 δ_j^{l+1}과 간단한 관계식으로 연결되어 있습니다. 따라서 δ_j^{l+1}을 이용해 δ_j^l을 구하는 '역' 점화식도 성립할 수 있습니다. 그럼 '필기체 숫자 식별 신경망'의 δ_1^2를 예로 들어 역 점화식을 살펴보겠습니다.

먼저 편미분의 연쇄법칙(2장 08 참고)을 이용하면 δ_1^2에 관한 다음 식을 구할 수 있습니다.

식 4-22

$$\delta_1^2 = \frac{\partial C}{\partial z_1^2} = \frac{\partial C}{\partial z_1^3}\frac{\partial z_1^3}{\partial a_1^2}\frac{\partial a_1^2}{\partial z_1^2} + \frac{\partial C}{\partial z_2^3}\frac{\partial z_2^3}{\partial a_1^2}\frac{\partial a_1^2}{\partial z_1^2}$$

이 원리를 그림으로 나타내면 다음과 같습니다.

그림 4-13

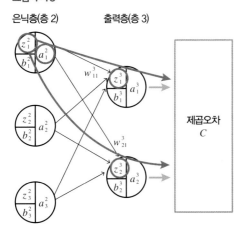

은닉층(층 2)   출력층(층 3)

제곱오차 C

[식 4-22]에 관한 변수 위치 지정입니다. [식 4-22]에 연쇄법칙을 적용하면 두 경로를 지나 제곱오차 C에 도착합니다. 원(○)으로 표시한 부분은 관여하는 변수를 나타냅니다.

[식 4-22]를 부분별로 살펴보면 다음처럼 나눠서 계산할 수 있습니다. $\partial C/\partial z_1^3$과 $\partial C/\partial z_2^3$은 [식 4-6]을 이용해 다음처럼 구할 수 있습니다.

식 4-23

$$\frac{\partial C}{\partial z_1^3} = \delta_1^3, \quad \frac{\partial C}{\partial z_2^3} = \delta_2^3$$

$\partial z_1^3/\partial a_1^2$와 $\partial z_2^3/\partial a_1^2$는 [식 3-4]와 [식 3-5]를 이용해 다음처럼 구할 수 있습니다.

식 4-24

$$\frac{\partial z_1^3}{\partial a_1^2} = w_{11}^3, \quad \frac{\partial z_2^3}{\partial a_1^2} = w_{21}^3$$

$\partial a_1^2/\partial z_1^2$는 활성화 함수 $a(z)$를 이용해 다음처럼 구할 수 있습니다.

식 4-25

$$\frac{\partial a_1^2}{\partial z_1^2} = a'(z_1^2)$$

이제 [식 4-22]에 [식 4-23]~[식 4-25]를 대입하면 $\delta_1^2 = \delta_1^3 w_{11}^3 a'(z_1^2) + \delta_2^3 w_{21}^3 a'(z_1^2)$라는 식을 구할 수 있습니다. 이를 정리하면 다음의 관계식을 얻을 수 있습니다.

식 4-26

$$\delta_1^2 = (\delta_1^3 w_{11}^3 + \delta_2^3 w_{21}^3) a'(z_1^2)$$

이를 그림으로 나타내면 다음과 같습니다.

그림 4-14

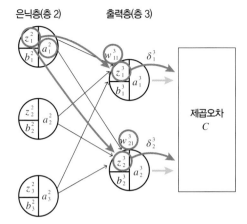

은닉층(층 2)   출력층(층 3)

제곱오차
C

[식 4-26]과 관련 있는 변수 위치 지정입니다. 원(○)으로 표시한 부분은 관여하는 변수나 파라미터를 나타냅니다.

δ_2^2, δ_3^2의 계산 과정도 같습니다. 따라서 다음처럼 관계식을 정리해 일반화할 수 있습니다.

식 4-27

$$\delta_i^2 = (\delta_1^3 w_{1i}^3 + \delta_2^3 w_{2i}^3) a'(z_i^2) \quad (i = 1, 2, 3)$$

이렇게 층 2 δ_i^2와 층 3 δ_j^3의 관계를 확인할 수 있었습니다. 이는 다시 층 l과 다음 층 $l+1$의 관계식으로 일반화할 수 있습니다.

식 4-28[6]

$$\delta_i^l = \{\delta_1^{l+1} w_{1i}^{l+1} + \delta_2^{l+1} w_{2i}^{l+1} + \cdots + \delta_m^{l+1} w_{mi}^{l+1}\} a'(z_i^l) \quad (l은 2 이상의 정수)$$

은닉층의 δ_j^l 값을 미분하지 않고 얻기

[식 4-27]을 살펴보면 층 3의 δ_1^3, δ_2^3 값은 [식 4-19]와 [식 4-20]에서 얻을 수 있다는 것을 확인할 수 있습니다. 이는 [식 4-27]을 이용하면 층 2 δ_i^2의 값을 미분하지 않고 구할 수 있다는

---

6 m은 층 $l+1$ 유닛의 개수입니다.

뜻입니다. 이것이 오차역전파법입니다. 출력층에 있는 유닛의 오차만 구하면 다른 유닛의 오차는 편미분할 필요가 없습니다.

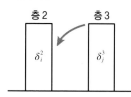

오차역전파법 구조.
층 3의 δ를 구하면, 층 2의 δ도 쉽게
구할 수 있습니다.

[식 4-28]은 보통 층의 번호가 낮은 방향으로 값을 정해 갑니다. 이는 2장에서 살펴본 수열의 점화식과는 반대 발상입니다. 그것이 역전파에서 '역'이라는 단어를 사용하는 이유입니다.

그림 4-16

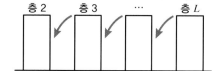

[식 4-28]은 '역' 점화식의
관계입니다.

그럼 실제 계산 예를 살펴보겠습니다. 활성화 함수로 시그모이드 함수 $\sigma(z)$를 사용한다고 가정할 때 '필기체 숫자 식별 신경망'의 δ_2^2를 δ_1^3, δ_2^3으로 표현해보겠습니다. [식 4-27]을 이용하면 다음 식을 구할 수 있습니다.

식 4-29

$$\delta_2^2 = (\delta_1^3 w_{12}^3 + \delta_2^3 w_{22}^3) a'(z_2^2)$$

그리고 활성화 함수에 시그모이드 함수 $\sigma(z)$를 사용한다면 $a'(z_2^2) = \sigma'(z_2^2) = \sigma(z_2^2)\{1 - \sigma(z_2^2)\}$입니다(2장 06 참고). 이를 [식 4-29]에 대입하면 최종 δ_2^2는 다음과 같이 구할 수 있습니다.

$$\delta_2^2 = (\delta_1^3 w_{12}^3 + \delta_2^3 w_{22}^3) a(z_2^2)\{1 - \sigma(z_2^2)\}$$

과정에서 확인할 수 있듯이 미분 계산 없이 δ_2^2를 구했습니다.

04 엑셀로 신경망의 오차역전파법 체험하기

4장 03에서 살펴본 오차역전파법을 사용하여 실제 비용함수의 최솟값을 엑셀에서 계산해보겠습니다.

개요

먼저 지금까지 살펴본 오차역전파법의 알고리즘을 정리하겠습니다. 다음과 같은 순서입니다.

① 학습 데이터를 준비합니다.

② 각 유닛의 가중치와 편향의 초깃값을 설정합니다.

　초깃값은 일반적으로 정규분포 난수를 이용합니다. 또한 학습률 η를 적절한 작은 값을 갖는 양의 상수로 설정합니다.

③ 유닛의 출력값과 제곱오차 C를 계산합니다.

　가중 입력값 z, 활성화 함숫값 a를 계산합니다([식 3–4], [식3–5] 참고). 또한 제곱오차 C를 계산합니다([식 3–11] 참고).

④ 오차역전파법으로 각 층 유닛의 오차 δ를 계산합니다.

　[식 4–17]을 이용하여 출력층 유닛의 오차 δ를 계산합니다. 그리고 [식 4–28]을 이용하여 은닉층 유닛의 오차 δ를 계산합니다.

⑤ 유닛의 오차에서 제곱오차 C의 편미분을 계산합니다.

　④에서 계산한 유닛의 오차 δ와 [식 4–15]를 이용해 제곱오차 C의 가중치와 편향의 편미분을 계산합니다.

⑥ 비용함수 C_T와 그 기울기 ∇C_T를 계산합니다.[7]

　③~⑤의 결과를 모든 데이터에 각각 추가한 후 전체를 더해서 비용함수 C_T와 그 기울기 ∇C_T를 구합니다.

---

[7] 비용함수는 제곱오차의 총합을. 활성화 함수는 시그모이드 함수를 사용합니다. 층마다 활성화 함수가 공통으로 존재한다면 여기에서 살펴보는 개념을 일반적인 신경망의 계산에 그대로 적용할 수 있습니다.

⑦ ⑥에서 구한 기울기로 가중치 및 편향값을 갱신합니다.

경사하강법을 이용하여 가중치와 편향값을 갱신합니다($w_{11}^2 + \Delta w_{11}^2$, …, $w_{11}^3 + \Delta w_{11}^3$, …, $b_1^2 + \Delta b_1^2$, …, $b_1^3 + \Delta b_1^3$, … 참고).

⑧ ③ ~ ⑦을 반복합니다.

비용함수 C_T가 충분히 작다고 판단될 때까지 ③~⑦의 계산을 반복합니다.

이상이 오차역전파법을 이용한 신경망의 가중치 및 편향 결정 알고리즘입니다. 이를 그림으로 나타내면 다음과 같습니다.

그림 4-17

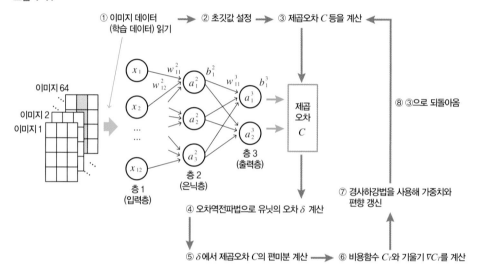

③의 처리를 순전파(Forward propagation), ④~⑤의 처리를 역전파(Backward propagation)라고 합니다. 오차역전파법은 이 두 가지를 조합한 계산 방법입니다.

이제 엑셀을 사용해 앞 알고리즘을 확인해봅시다. 이 책 대표 예제인 '필기체 숫자 식별 신경망'에 오차역전파법을 사용하여 가중치와 편향을 결정할 것입니다(예제 파일은 '4_4_신경망_오차역전파법.xlsx', 학습 데이터의 이미지 예 64개는 부록 A를 참고하세요). 신경망 변수의 구체적인 관계는 4장 01~03에서 알아보았으므로 엑셀에서는 이를 수식과 함수로 표현할 것입니다.

① 이미지 데이터 읽기

신경망으로 계산하려면 학습 데이터에서 가중치와 편향을 정해야 합니다(이를 '학습'이라고 한다는 것은 그동안 여러 번 언급했습니다). 이를 위해 [학습] 워크시트에 64개의 필기체 숫자 이미지와 정답 이미지를 읽습니다.

그림 4-18

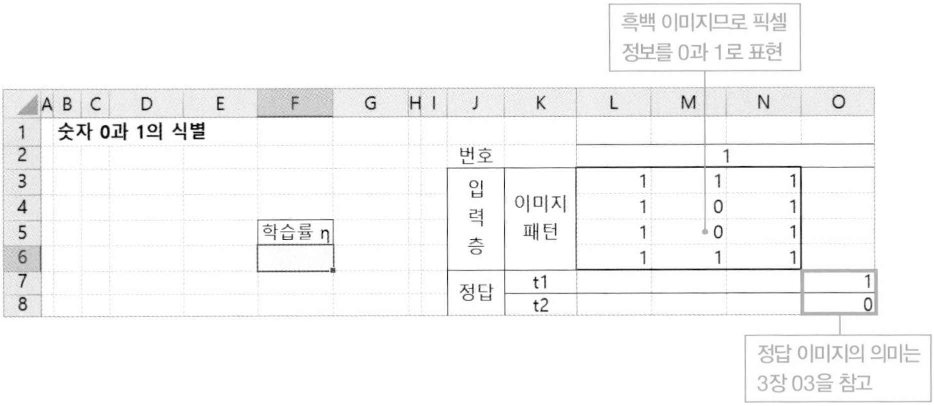

흑백 이미지므로 픽셀 정보를 0과 1로 표현

	A B C	D	E	F	G	H I	J	K	L	M	N	O
1	숫자 0과 1의 식별											
2							번호			1		
3							입력층	이미지 패턴	1	1	1	
4									1	0	1	
5				학습률 η					1	0	1	
6									1	1	1	
7							정답	t1				1
8								t2				0

정답 이미지의 의미는 3장 03을 참고

셀 번호 L3부터 4×6 셀 영역을 확보해 64개의 이미지 데이터와 정답 데이터를 순서대로 읽습니다. 각 4×6 블록의 3×4 영역에는 이미지 패턴값을, 오른쪽 아래 1×2 영역에는 정답 데이터 변수 t_1과 t_2 값을 설정합니다.

② 가중치와 편향의 초깃값 설정하기

가중치와 편향은 이제부터 정할 것이므로 처음에는 알 수 없습니다. 그러나 '초깃값'이 없으면 계산이 진행되지 않습니다. 그래서 정규분포 난수(2장 01 참고)를 이용하여 초깃값을 설정합니다. 또한 학습률 η를 설정합니다. 학습률 η는 작은 값을 갖는 양의 상수를 설정합니다.[8]

이 절의 예제에서는 [학습] 워크시트에 학습률 η를 0.2로 설정했고 미리 준비한 정규분포 난수를 가중치와 편향의 초깃값으로 넣었습니다.

....

8 2장 10 내용 중 'η의 의미와 경사하강법의 주의점'에서 학습률 η는 보폭에 빗대어 함수의 주요 구간을 효율적으로 지나갈 수 있도록 설정해야 한다고 설명했습니다. 마찬가지로 가중치 및 편향의 초깃값 설정도 효율적인 학습 결과를 얻으려면 여러 번 설정을 변경해야 할 수 있습니다.

그림 4-19

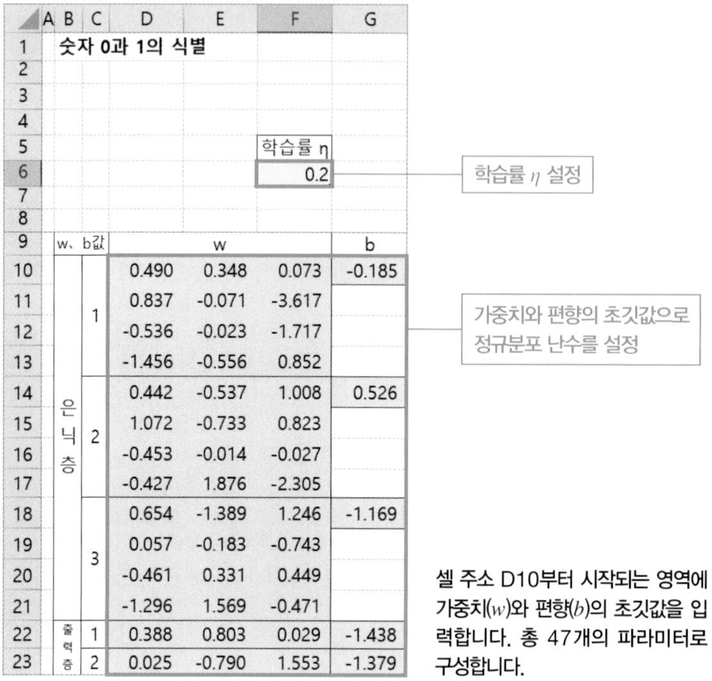

	A B C	D	E	F	G
1	숫자 0과 1의 식별				
2					
3					
4					
5				학습률 η	
6				0.2	
7					
8					
9	w、b값		w		b
10		0.490	0.348	0.073	-0.185
11	1	0.837	-0.071	-3.617	
12		-0.536	-0.023	-1.717	
13		-1.456	-0.556	0.852	
14		0.442	-0.537	1.008	0.526
15	은닉층 2	1.072	-0.733	0.823	
16		-0.453	-0.014	-0.027	
17		-0.427	1.876	-2.305	
18		0.654	-1.389	1.246	-1.169
19	3	0.057	-0.183	-0.743	
20		-0.461	0.331	0.449	
21		-1.296	1.569	-0.471	
22	출력층 1	0.388	0.803	0.029	-1.438
23	2	0.025	-0.790	1.553	-1.379

학습률 η 설정

가중치와 편향의 초깃값으로 정규분포 난수를 설정

셀 주소 D10부터 시작되는 영역에 가중치(w)와 편향(b)의 초깃값을 입력합니다. 총 47개의 파라미터로 구성합니다.

③ 유닛의 출력값 및 제곱오차 C 계산하기

첫 번째 이미지에 관한 가중치 및 편향에서 각 유닛의 가중 입력 z_i^2, 활성화 함수를 미분한 값인 $a'(z_i^2)$, 제곱오차 C를 구합니다.

그림 4-20

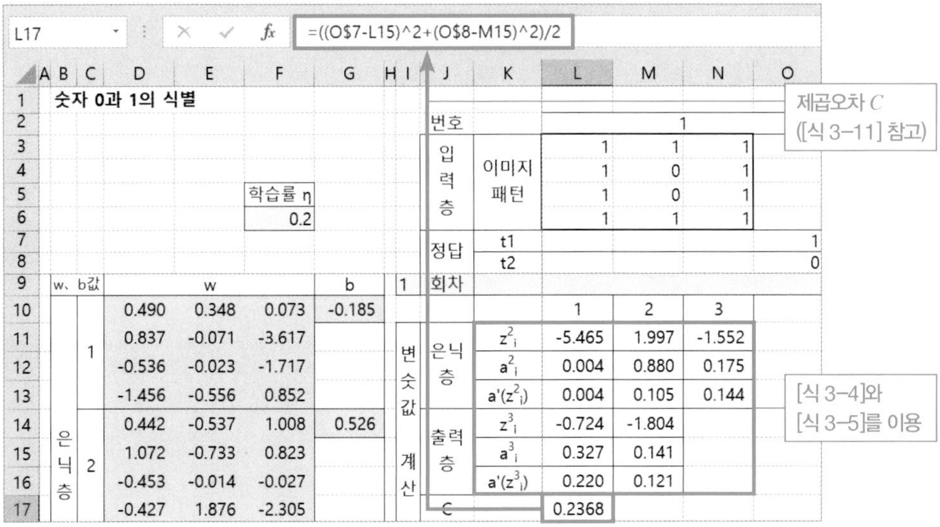

L17 fx = =((O$7-L15)^2+(O$8-M15)^2)/2

	A B C	D	E	F	G	H I	J	K	L	M	N	O
1	숫자 0과 1의 식별											
2							번호				1		제곱오차 C ([식 3-11] 참고)
3							입력층	이미지 패턴		1	1	1	
4										1	0	1	
5				학습률 η						1	0	1	
6				0.2						1	1	1	
7							정답	t1					1
8								t2					0
9	w、b값		w			b	1 회차						
10		0.490	0.348	0.073	-0.185		은닉층			1	2	3	
11	1	0.837	-0.071	-3.617				z^2_i	-5.465	1.997	-1.552	
12		-0.536	-0.023	-1.717		변숫값 계산		a^2_i	0.004	0.880	0.175	[식 3-4]와 [식 3-5]를 이용
13		-1.456	-0.556	0.852				$a'(z^2_i)$	0.004	0.105	0.144	
14	은닉층	0.442	-0.537	1.008	0.526		출력층	z^3_i	-0.724	-1.804		
15	2	1.072	-0.733	0.823				a^3_i	0.327	0.141		
16		-0.453	-0.014	-0.027				$a'(z^3_i)$	0.220	0.121		
17		-0.427	1.876	-2.305			C		0.2368			

④ 오차역전파법으로 각 층 유닛의 오차 δ 계산하기

출력층 유닛의 오차 δ^3_j을 계산합니다([식 4-16] 참고). 계속해서 [식 4-27]을 참고해 '역' 점화식 δ^2_i를 계산합니다.

⑤ 유닛의 오차에서 제곱오차 C의 편미분 계산하기

④에서 구한 δ에서 제곱오차 C의 가중치와 편향의 편미분을 계산합니다([식 4-15] 참고).

그림 4-21

	A B C	D	E	F	G	H I	J	K	L	M	N	O
1	숫자 0과 1의 식별											
2							번호			1		
3						입	이미지		1	1	1	
4						력	패턴		1	0	1	
5			학습률 η			층			1	0	1	
6			0.2						1	1	1	
7						정답	t1					1
8							t2					0
9	w、b값		w		b	1	회차					
10		0.490	0.348	0.073	-0.185				1	2	3	
11	1	0.837	-0.071	-3.617		변	은닉	z^2_i	-5.465	1.997	-1.552	
12		-0.536	-0.023	-1.717		숫	층	a^2_i	0.004	0.880	0.175	
13		-1.456	-0.556	0.852		값		$a'(z^2_i)$	0.004	0.105	0.144	
14	은닉층 2	0.442	-0.537	1.008	0.526	계	출력	z^3_i	-0.724	-1.804		
15		1.072	-0.733	0.823		산	층	a^3_i	0.327	0.141		
16		-0.453	-0.014	-0.027				$a'(z^3_i)$	0.220	0.121		
17		-0.427	1.876	-2.305			C		0.2368			④ [식 4-16]을 이용
18	3	0.654	-1.389	1.246	-1.169	δ	출력	$\partial C/\partial a^3$	-0.673	0.141		
19		0.057	-0.183	-0.743			층	δ^3	-0.148	0.017		
20		-0.461	0.331	0.449		계	은닉	$\Sigma w\delta^3$	-0.057	-0.133	0.022	
21		-1.296	1.569	-0.471		산	층	δ^2	0.000	-0.014	0.003	
22	출력층 1	0.388	0.803	0.029	-1.438							
23	출력층 2	0.025	-0.790	1.553	-1.379							④ [식 4-27]을 이용
24	기울기		$\partial C_T/\partial w$		$\partial C_T/\partial b$					$\partial C/\partial w$		$\partial C/\partial b$
25		0.040	0.068	-0.022	0.082	제			0.000	0.000	0.000	0.000
26	1	-0.015	0.103	-0.013		곱	1		0.000	0.000	0.000	
27		-0.014	0.093	-0.022		오			0.000	0.000	0.000	
28		0.000	0.080	-0.011		차			0.000	0.000	0.000	
29	은닉층 2	-0.019	0.193	-0.295	0.121	의	은		-0.014	-0.014	-0.014	-0.014
30		-0.481	0.589	-0.394			닉	2	-0.014	0.000	-0.014	
31		-0.534	0.645	-0.413		편	층		-0.014	0.000	-0.014	
32		-0.287	0.187	-0.396		미			-0.014	-0.014	-0.014	
33	3	-0.491	-0.794	0.037	-0.932	분			0.003	0.003	0.003	0.003
34		0.016	-0.959	-0.086			3		0.003	0.000	0.003	
35		0.016	-0.922	-0.129					0.003	0.000	0.003	
36		-0.117	-0.889	-0.163					0.003	0.003	0.003	
37	출력층 1	0.542	-1.939	-0.135	-2.491	출력	1		-0.001	-0.130	-0.026	-0.148
38	출력층 2	-1.158	-2.106	-1.028	-3.263	층	2		0.000	0.015	0.003	0.017

⑤ [식 4-15]를 이용

⑥ 비용함수 C_T와 기울기 ∇C_T 계산하기

지금까지 학습 데이터의 대표로 첫 번째 이미지를 선택해 계산했습니다. 이제 전체 데이터를 대상으로 계산하도록 해야 합니다. 지금까지 살펴본 [학습] 워크시트에 학습을 위한 이미지 데이터 64개 모두를 복사합니다. 그리고 변숫값 계산, δ 계산, 제곱오차의 편미분 부분도 함께 복사합니다.

그림 4-22

I	J	K	L	M	N	O	JC	JD	JE	JF	JG
	번호			1					64		
	입력층	이미지 패턴	1	1	1			0	1	0	64개 학습 이미지 데이터를 모두 복사
			1	0	1			1	0	0	
			1	0	1			1	0	0	
			1	1	1			0	1	0	
	정답	t1				1	0				0
		t2				0	1				1
1	회차										
			1	2	3			1	2	3	
변숫값 계산	은닉층	z^2_i	-5.465	1.997	-1.552			-0.090	2.483	-1.392	
		a^2_i	0.004	0.880	0.175			0.477	0.923	0.199	
		$a'(z^2_i)$	0.004	0.105	0.144			0.249	0.071	0.159	
	출력층	z^3_i	-0.724	-1.804				-0.505	-1.788		
		a^3_i	0.327	0.141				0.376	0.143		
		$a'(z^3_i)$	0.220	0.121				0.235	0.123		
	C		0.2368					0.4377			
δ 계산	출력층	$\partial C/\partial a^3$	-0.673	0.141				0.376	-0.857		
		δ^3	-0.148	0.017				0.088	-0.105		
	은닉층	$\Sigma w\delta^3$	-0.057	-0.133	0.022			0.032	0.154	-0.161	
		δ^2	0.000	-0.014	0.003			0.008	0.011	-0.026	

I	J	K	L $\partial C/\partial w$	M	N	O $\partial C/\partial b$	JC $\partial C/\partial b$	JD $\partial C/\partial w$	JE	JF	JG $\partial C/\partial b$
제곱오차의 편미분	은닉층	1	0.000	0.000	0.000	0.000	0.000	0.000	0.008	0.000	0.008
			0.000	0.000	0.000			0.008	0.000	0.000	
			0.000	0.000	0.000			0.008	0.000	0.000	
			0.000	0.000	0.000			0.000	0.008	0.000	
		2	-0.014	-0.014	-0.014	-0.014	0.009	0.000	0.011	0.000	0.011
			-0.014	0.000	-0.014			0.011	0.000	0.000	
			-0.014	0.000	-0.014			0.011	0.000	0.000	
			-0.014	-0.014	-0.014			0.000	0.011	0.000	
		3	0.003	0.003	0.003	0.003	-0.028	0.000	-0.026	0.000	-0.026
			0.003	0.000	0.003			-0.026	0.000	0.000	
			0.003	0.000	0.003			-0.026	0.000	0.000	
			0.003	0.003	0.003			0.000	-0.026	0.000	
	출력층	1	-0.001	-0.130	-0.026	-0.148	0.075	0.042	0.081	0.018	0.088
		2	0.000	0.015	0.003	0.017	-0.106	-0.050	-0.097	-0.021	-0.105

셀 주소 L10~O39 블록을 오른쪽에 64개 복사합니다.

64개 학습 이미지 데이터의 복사가 끝나면 제곱오차 C 및 ⑤에서 구한 제곱오차 C의 편미분을 더합니다. 이를 통해 비용함수 C_T, 기울기 ∇C_T를 알 수 있습니다.

그림 4-23

G39 | =SUM(L17:JG17)

$C_T=C_1+C_2+\cdots+C_{64}$ 이용

	B	C	D	E	F	G	I	J	K	IF	IG	IH	II
1	숫자 0과 1의 식별												
2								번호			58		
3								입력층		0	1	0	
4									이미지 패턴	0	0	0	
5					학습률 η					0	1	0	
6					0.2					1	1	0	
7								정답	t1				0
8									t2				1
9	w、b값			w		b	1	회차					
10	은닉층	1	0.490	0.348	0.073	-0.185				1	2	3	
11			0.837	-0.071	-3.617		변숫값 계산	은닉층	z^2_i	-1.871	1.424	-1.954	
12			-0.536	-0.023	-1.717				a^2_i	0.133	0.806	0.124	
13			-1.456	-0.556	0.852				$a'(z^2_i)$	0.116	0.156	0.109	
14		2	0.442	-0.537	1.008	0.526		출력층	z^3_i	-0.735	-1.820		
15			1.072	-0.733	0.823				a^3_i	0.324	0.139		
16			-0.453	-0.014	-0.027				$a'(z^3_i)$	0.219	0.120		
17			-0.427	1.876	-2.305			C		0.4228			
18		3	0.654	-1.389	1.246	-1.169	δ 계산	출력층	$\partial C/\partial a^3$	0.324	-0.861		
19			0.057	-0.183	-0.743				δ^3	0.071	-0.103		
20			-0.461	0.331	0.449			은닉층	$\Sigma w\delta^3$	0.025	0.139	-0.158	
21			-1.296	1.569	-0.471				δ^2	0.003	0.022	-0.017	
22	출력층	1	0.388	0.803	0.029	-1.438							
23		2	0.025	-0.790	1.553	-1.379							
24	기울기			$\partial C_T/\partial w$		$\partial C_T/\partial b$					$\partial C/\partial w$		$\partial C/\partial b$
25	은닉층	1	0.040	0.068	-0.022	0.082	제곱오차의 편미분	은닉층	1	0.000	0.003	0.000	0.003
26			-0.015	0.103	-0.013					0.000	0.000	0.000	
27			-0.014	0.093	-0.022					0.000	0.003	0.000	
28			0.000	0.080	-0.011					0.003	0.003	0.000	
29		2	-0.019	0.193	-0.295	0.121			2	0.000	0.022	0.000	0.022
30			-0.481	0.589	-0.394					0.000	0.000	0.000	
31			-0.534	0.645	-0.413					0.000	0.022	0.000	
32			-0.287	0.187	-0.396					0.022	0.022	0.000	
33		3	-0.491	-0.794	0.037	-0.932			3	0.000	-0.017	0.000	-0.017
34			0.016	-0.959	-0.086					0.000	0.000	0.000	
35			0.016	-0.922	-0.129					0.000	-0.017	0.000	
36			-0.117	-0.889	-0.163					-0.017	-0.017	0.000	
37	출력층	1	0.542	-1.939	-0.135	-2.491		출력층	1	0.009	0.057	0.009	0.071
38		2	-1.158	-2.106	-1.028	-3.263			2	-0.014	-0.083	-0.013	-0.103
39				1회	C_T	20.255							

[식 4-3]을 이용

NOTE_ 엑셀의 행렬 합과 차 계산

엑셀에는 행렬의 합과 차, 상수 배를 계산하는 함수가 없습니다. 함수를 사용할 필요가 없기 때문입니다. 예를 들어 2개의 범위 A1:B3과 P1:Q3에 있는 두 행렬의 합을 X1:Y3으로 계산할 때는 X1:Y3을 범위로 지정하고 A1:B3과 P1:Q3을 '+'로 연결해 [Shift]+[Ctrl] 키를 동시에 누르면 됩니다(즉, 배열 계산을 실행합니다). 이러한 방법을 익혀두면 수식 입력이 쉬워집니다.

⑦ ⑥에서 구한 기울기로 가중치 및 편향값 갱신하기

경사하강법의 기본 식([식 4-3] 참고)을 이용하여 새로운 가중치 및 편향값을 구합니다. 엑셀에서 구현하려면 [학습] 워크시트에 ⑥까지 진행한 결과(1회차 블록) 맨 왼쪽 아래에 [그림 4-24]처럼 새 표를 만들어, 거기에 갱신 식 $(w_{11}^2 + \Delta w_{11}^2,\ \cdots,\ w_{11}^3 + \Delta w_{11}^3,\ \cdots,\ b_1^2 + \Delta b_1^2,\ \cdots,$ $b_1^3 + \Delta b_1^3,\ \cdots)$을 넣습니다(예제 파일의 2회차 부분에 해당합니다).

그림 4-24

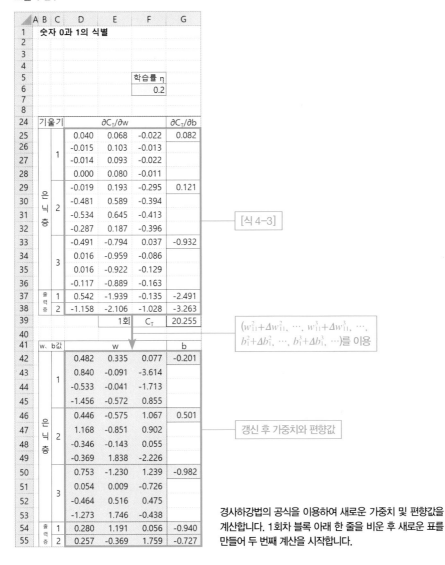

	A B C	D	E	F	G
1	숫자 0과 1의 식별				
5				학습률 η	
6				0.2	
24	기울기		$\partial C_T / \partial w$		$\partial C_T / \partial b$
25			0.040	0.068	-0.022	0.082
26		1	-0.015	0.103	-0.013	
27			-0.014	0.093	-0.022	
28			0.000	0.080	-0.011	
29	은닉층	2	-0.019	0.193	-0.295	0.121
30			-0.481	0.589	-0.394	
31			-0.534	0.645	-0.413	
32			-0.287	0.187	-0.396	
33		3	-0.491	-0.794	0.037	-0.932
34			0.016	-0.959	-0.086	
35			0.016	-0.922	-0.129	
36			-0.117	-0.889	-0.163	
37	출력층	1	0.542	-1.939	-0.135	-2.491
38		2	-1.158	-2.106	-1.028	-3.263
39			1회	C_T	20.255

[식 4-3]

$(w_{11}^2 + \Delta w_{11}^2,\ \cdots,\ w_{11}^3 + \Delta w_{11}^3,\ \cdots,$
$b_1^2 + \Delta b_1^2,\ \cdots,\ b_1^3 + \Delta b_1^3,\ \cdots)$를 이용

	A B C	D	E	F	G
41	w, b값		w		b
42		1	0.482	0.335	0.077	-0.201
43			0.840	-0.091	-3.614	
44			-0.533	-0.041	-1.713	
45			-1.456	-0.572	0.855	
46	은닉층	2	0.446	-0.575	1.067	0.501
47			1.168	-0.851	0.902	
48			-0.346	-0.143	0.055	
49			-0.369	1.838	-2.226	
50		3	0.753	-1.230	1.239	-0.982
51			0.054	0.009	-0.726	
52			-0.464	0.516	0.475	
53			-1.273	1.746	-0.438	
54	출력층	1	0.280	1.191	0.056	-0.940
55		2	0.257	-0.369	1.759	-0.727

갱신 후 가중치와 편향값

경사하강법의 공식을 이용하여 새로운 가중치 및 편향값을 계산합니다. 1회차 블록 아래 한 줄을 비운 후 새로운 표를 만들어 두 번째 계산을 시작합니다.

⑧ ③~⑦ 작업 반복하기

⑦에서 구한 새로운 가중치 w와 편향 b를 이용하여 다시 ③의 계산을 반복합니다.

그림 4-25

	A	B	C	D	E	F	G	H	I	J	K	L	M	N	O
1	숫자 0과 1의 식별														
2										번호				1	
3										입력층	이미지 패턴	1	1	1	
4												1	0	1	
5					학습률 η							1	0	1	
6					0.2							1	1	1	
7										정답	t1				
8											t2				

③~⑥에서 작성한 부분을 복사

	B C	D	E	F	G	H I	J	K	L	M	N	O
41	w、b값		w		b	2	회차					
42		0.482	0.335	0.077	-0.201				1	2	3	
43	1	0.840	-0.091	-3.614		변숫값 계산	출력층	z^2_i	-5.500	2.461	-0.846	
44		-0.533	-0.041	-1.713				a^2_i	0.004	0.921	0.300	
45		-1.456	-0.572	0.855				$a'(z^2_i)$	0.004	0.072	0.210	
46	은닉층 2	0.446	-0.575	1.067	0.501		출력층	z^3_i	0.176	-0.538		
47		1.168	-0.851	0.902				a^3_i	0.544	0.369		
48		-0.346	-0.143	0.055				$a'(z^3_i)$	0.248	0.233		
49		-0.369	1.838	-2.226				C	0.1720			
50	3	0.753	-1.230	1.239	-0.982	δ 계산	출력층	$\partial C/\partial a^3$	-0.456	0.369		
51		0.054	0.009	-0.726				δ^3	-0.113	0.086		
52		-0.464	0.516	0.475			출력층	$\Sigma w\delta^3$	-0.010	-0.166	0.145	
53		-1.273	1.746	-0.438				δ^2	0.000	-0.012	0.030	
54	출력층 1	0.280	1.191	0.056	-0.940							
55	출력층 2	0.257	-0.369	1.759	-0.727							
56	기울기		$\partial C_T/\partial w$		$\partial C_T/\partial b$					$\partial C/\partial w$		$\partial C/\partial b$
57	1	0.010	-0.004	-0.003	0.001		은닉층 1		0.000	0.000	0.000	0.000
58		-0.003	0.006	-0.003					0.000	0.000	0.000	
59		-0.004	0.005	-0.003					0.000	0.000	0.000	
60		-0.016	0.009	-0.014					0.000	0.000	0.000	
61	은닉층 2	0.009	0.321	-0.317	0.222	제곱오차의 편미분	2		-0.012	-0.012	-0.012	-0.012
62		-0.554	0.751	-0.443					-0.012	0.000	-0.012	
63		-0.645	0.847	-0.499					-0.012	0.000	-0.012	
64		-0.308	0.340	-0.533					-0.012	-0.012	-0.012	
65	3	-0.074	-0.625	0.562	-0.538		3		0.030	0.030	0.030	0.030
66		0.615	-1.078	0.401					0.030	0.000	0.030	
67		0.549	-1.019	0.483					0.030	0.000	0.030	
68		0.113	-0.620	0.291					0.030	0.030	0.030	
69	출력층 1	0.928	-0.494	0.773	-0.136		출력층 1		0.000	-0.104	-0.034	-0.113
70	출력층 2	-0.971	-0.336	-0.883	-1.314		출력층 2		0.000	0.079	0.026	0.086
71			2回	C_T	14.428							

이렇게 만든 41행~71행의 블록을 아래에 48번 복사합니다. 이것으로 50회 계산[9]이 이루어집니다.

---

9 50회에 특별한 의미는 없습니다. 구분 짓기에 좋은 숫자를 정한 것입니다.

그림 4-26

Row	B	C	D	E	F	G	I	J	K	L	M	N	O
1	숫자 0과 1의 식별												
2								번호			1		
3								입		1	1	1	
4								력	이미지	1	0	1	
5					학습률 η			층	패턴	1	0	1	
6					0.2					1	1	1	
7								정답	t1				
8									t2				
1576													
1577	w、b값			w		b	50	회차					
1578			0.441	0.791	-0.114	0.250				1	2	3	
1579		1	0.859	0.301	-3.699		변	출력	z^2_i	-4.794	4.516	-4.068	
1580			-0.484	0.316	-1.939		숫	층	a^2_i	0.008	0.989	0.017	
1581			-1.432	-0.120	0.653		값		$a'(z^2_i)$	0.008	0.011	0.017	
1582	은		0.631	-2.044	1.517	-0.374		출력	z^3_i	3.143	-3.243		
1583	닉	2	1.847	-1.631	1.157		계	층	a^3_i	0.959	0.038		
1584	층		0.781	-1.377	0.777		산		$a'(z^3_i)$	0.040	0.036		
1585			0.479	0.573	-0.828			C		0.0016			
1586			-0.106	0.452	-0.110	0.039	δ	출력	$\partial C/\partial a^3$	-0.041	0.038		
1587		3	-1.047	0.869	-1.302			층	δ^3	-0.002	0.001		
1588			-1.343	1.311	-0.516		계	출력	$\Sigma w\delta^3$	0.004	-0.009	0.010	
1589			-1.745	3.221	-1.611		산	층	δ^2	0.000	0.000	0.000	
1590	출	1	-1.308	3.576	-3.040	-0.332							
1591	력층	2	1.445	-2.408	4.055	-0.941							
1592	기울기			$\partial C_T/\partial w$		$\partial C_T/\partial b$					$\partial C/\partial w$		$\partial C/\partial b$
1593			0.008	-0.007	0.009	-0.006				0.000	0.000	0.000	0.000
1594		1	0.003	-0.007	0.004					0.000	0.000	0.000	
1595			0.002	-0.005	0.011		제		1	0.000	0.000	0.000	
1596			0.006	-0.008	0.011		곱			0.000	0.000	0.000	
1597			-0.033	0.061	-0.018	0.038	오			0.000	0.000	0.000	0.000
1598	은		-0.005	-0.016	0.011		차	은		0.000	0.000	0.000	
1599	닉	2	-0.021	-0.010	0.001		의	닉	2	0.000	0.000	0.000	
1600	층		-0.043	0.058	-0.047			층		0.000	0.000	0.000	
1601			0.027	-0.033	0.028	-0.018	편			0.000	0.000	0.000	0.000
1602		3	0.019	0.003	0.013		미		3	0.000	0.000	0.000	
1603			0.013	0.006	0.020		분			0.000	0.000	0.000	
1604			0.024	-0.032	0.027					0.000	0.000	0.000	
1605	출	1	0.028	-0.070	0.077	-0.033		출력	1	0.000	-0.002	0.000	-0.002
1606	력층	2	-0.021	0.062	-0.066	0.019		층	2	0.000	0.001	0.000	0.001
1607				50回	C_T	0.245							

가중치와 편향의 계산값

50번 계산한 후의 비용함숫값 0.245

41행~71행의 블록을 48번 복사합니다. 총 50번의 계산을 하는 셈입니다.

이상으로 비용함수 C_T의 값 0.245를 구하면서 계산이 끝났습니다. 이때 64개의 이미지 데이터로 구성된 학습 데이터의 이미지 하나당 제곱오차 C는 약 0.016입니다. 제곱오차 식([식 3-11])에서 최대 오차가 이미지 하나당 1임을 고려하면 좋은 결과입니다.

계산을 반복(총 50회)할 때마다 비용함숫값을 확인하면 경사하강법을 좀 더 잘 이해할 수 있을 겁니다. 경사하강법의 장점은 계산을 반복할수록 비용함수 C_T 값이 계속 작아진다는 것입니다. 다음 표에서 이를 확인할 수 있습니다.

표 4-1

횟수	C_T	횟수	C_T	횟수	C_T	횟수	C_T	횟수	C_T
1	20.255	11	2.214	21	1.030	31	0.580	41	0.353
2	14.428	12	2.000	22	0.968	32	0.550	42	0.338
3	12.243	13	1.827	23	0.911	33	0.522	43	0.323
4	9.924	14	1.680	24	0.859	34	0.496	44	0.310
5	7.581	15	1.553	25	0.810	35	0.471	45	0.297
6	5.679	16	1.441	26	0.765	36	0.448	46	0.285
7	4.332	17	1.342	27	0.723	37	0.426	47	0.274
8	3.451	18	1.252	28	0.683	38	0.406	48	0.264
9	2.868	19	1.171	29	0.647	39	0.387	49	0.254
10	2.488	20	1.097	30	0.612	40	0.370	50	0.245

NOTE_ 관계식의 행렬 표현

행렬로 관계식을 간결하게 표현할 수 있습니다. 예를 들어 4장 03의 관계식 [식 4-17], [식 4-27]은 행렬로 다음처럼 간결하게 표현합니다.

$$[식\ 4\text{-}17] \quad \begin{bmatrix} \delta_1^3 \\ \delta_2^3 \end{bmatrix} = \begin{bmatrix} \dfrac{\partial C}{\partial a_1^3} \\ \dfrac{\partial C}{\partial a_2^3} \end{bmatrix} \circ \begin{bmatrix} a'(z_1^3) \\ a'(z_2^3) \end{bmatrix}$$

$$[식\ 4\text{-}27] \quad \begin{bmatrix} \delta_1^2 \\ \delta_2^2 \\ \delta_3^2 \end{bmatrix} = \begin{bmatrix} \begin{bmatrix} w_{11}^3 & w_{21}^3 \\ w_{12}^3 & w_{22}^3 \\ w_{13}^3 & w_{23}^3 \end{bmatrix} \begin{bmatrix} \delta_1^3 \\ \delta_2^3 \end{bmatrix} \end{bmatrix} \circ \begin{bmatrix} a'(z_1^2) \\ a'(z_2^2) \\ a'(z_3^2) \end{bmatrix} \quad \cdots (*)$$

여기서 $\circ$는 아다마르 곱Hadamard product[10]입니다(2장 05 참고).

참고로 (*)는 컴퓨터로 계산할 때 다음과 같은 식입니다. 미리 작성해두면 편리합니다.

$$\begin{bmatrix} \delta_1^2 \\ \delta_2^2 \\ \delta_3^2 \end{bmatrix} = \begin{bmatrix} {}^t\begin{bmatrix} w_{11}^3 & w_{12}^3 & w_{13}^3 \\ w_{21}^3 & w_{22}^3 & w_{23}^3 \end{bmatrix} \begin{bmatrix} \delta_1^3 \\ \delta_2^3 \end{bmatrix} \end{bmatrix} \circ \begin{bmatrix} a'(z_1^2) \\ a'(z_2^2) \\ a'(z_3^2) \end{bmatrix}$$

⑨ 테스트하기

이 신경망은 필기체 숫자 '0', '1'을 식별하기 위한 것입니다. 제대로 숫자 0과 1을 식별할 수 있는지 새로운 필기체 숫자 이미지로 확인해봅시다. 다음 숫자 이미지가 있다고 생각해보겠습니다.

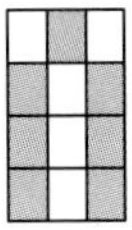

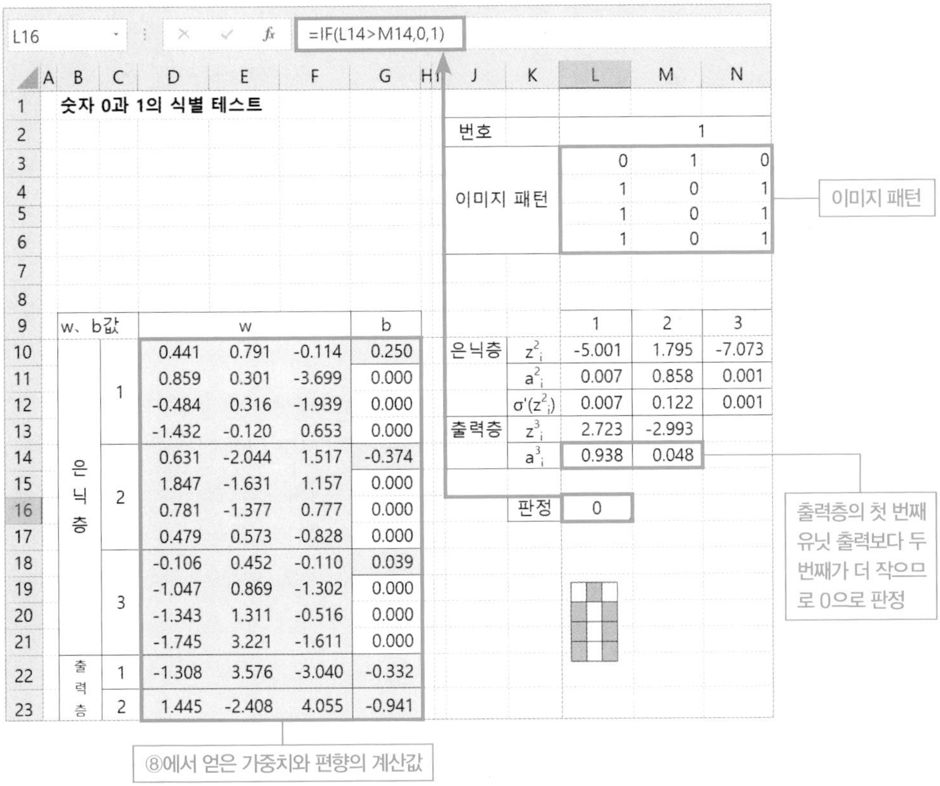

다음 그림은 ⑧에서 얻은 가중치 및 편향을 이용하여 [그림 4-27]을 입력 처리한 예입니다. [테스트] 워크시트에서 진행했습니다.

그림 4-27

그림 4-28

⑧에서 얻은 가중치 및 편향을 이용하여 새로운 데이터에 관한 출력층의 유닛 출력을 계산합니다. 첫 번째 유닛 출력보다 두 번째가 더 작으면 0으로 판정합니다.

사람이 '0'으로 판단하는 것처럼 신경망도 '0'으로 판단합니다.

....

10 역자주_ https://ko.wikipedia.org/wiki/아다마르_곱

또한 [테스트] 워크시트의 '번호 2' 부분은 다음 숫자 이미지를 입력한 예입니다.

그림 4-29

역시 ⑧에서 얻은 가중치 및 편향을 이용하여 [그림 4-29]를 입력 처리했습니다.

그림 4-30

| P16 | ▾ | : | × | ✓ | f_x | =IF(P14>Q14,0,1) | | | | |

	A B C	D	E	F	G	H I	J	K	P	Q	R	S
1	숫자 0과 1의 식별 테스트											
2							번호			2		
3									0	1	1	
4							이미지 패턴		0	1	0	이미지 패턴
5									0	1	0	
6									0	1	0	
7												
8												
9	w, b값		w		b				1	2	3	
10		0.441	0.791	-0.114	0.250		은닉층	z^2_i	1.424	-3.337	5.782	
11	1	0.859	0.301	-3.699	0.000			a^2_i	0.806	0.034	0.997	
12		-0.484	0.316	-1.939	0.000			$\sigma'(z^2_i)$	0.156	0.033	0.003	
13		-1.432	-0.120	0.653	0.000		출력층	z^3_i	-4.294	4.184		
14	은	0.631	-2.044	1.517	-0.374			a^3_i	0.013	0.985		
15	닉 2	1.847	-1.631	1.157	0.000							
16	층	0.781	-1.377	0.777	0.000		판정		1			
17		0.479	0.573	-0.828	0.000							
18		-0.106	0.452	-0.110	0.039							
19	3	-1.047	0.869	-1.302	0.000							
20		-1.343	1.311	-0.516	0.000							
21		-1.745	3.221	-1.611	0.000							
22	출력 1	-1.308	3.576	-3.040	-0.332							
23	층 2	1.445	-2.408	4.055	-0.941							

출력층의 첫 번째 유닛 출력보다 두 번째가 더 크므로 1로 판정

⑧에서 얻은 가중치 및 편향을 이용하여 새로운 데이터에 관한 출력층의 유닛 출력을 계산합니다. 첫 번째 유닛 출력보다 두 번째가 더 크면 1로 판정합니다.

사람이 '1'로 판단하는 것처럼 신경망도 '1'로 판단합니다.

NOTE_ 행렬 계산을 위한 엑셀 함수

신경망 계산에 행렬을 이용하면 식이 간단해져서 쉽게 계산할 수 있습니다. 엑셀을 사용할 때도 이 특징을 이용하면 좋을 것입니다.

엑셀에서는 신경망의 계산에 자주 사용하는 다음과 같은 행렬 함수가 있습니다.

• MMULT: 행렬의 곱을 계산합니다.
• TRANSPOSE: 전치행렬을 계산합니다.

참고로 아다마르 곱에 해당하는 엑셀 함수는 없지만 배열 식으로 간단히 계산할 수 있습니다.

딥러닝과 합성곱 신경망

딥러닝은 최근 가장 주목받는 인공지능 구현 방법 중 하나입니다. 은닉층이 겹겹이 쌓인 신경망으로 학습해 정답을 찾는 머신러닝 알고리즘의 집합이라고 정의할 수 있죠. 은닉층의 구조가 더 효율적으로 학습을 진행할 수 있게 합니다. 이 장에서는 딥러닝 연구에서 중요하게 생각하는 합성곱 신경망의 수학적 구조를 확인하겠습니다.

01 악마가 설명하는 합성곱 신경망의 구조

최근 딥러닝에서 각광받는 것이 합성곱 신경망입니다. 이 절에서는 합성곱 신경망이 어떤 아이디어로 설계되었는지 알아보겠습니다.

합성곱 신경망

합성곱 신경망은 최근 주목받는 이론이지만 실은 예전부터 논의해왔던 개념이므로 최신 이론으로 생각해서는 안 된다는 사실을 밝힙니다. 여기에서는 간단한 예제를 이용하여 합성곱 신경망의 개념을 살펴보기로 합니다. 1~4장에서 살펴본 '필기체 숫자 식별 신경망'를 변형한 것으로 합성곱 신경망의 구조를 잘 이해할 수 있을 것입니다. 예제는 다음과 같습니다(앞으로 '소악마 필기체 숫자 신경망'이라고 하겠습니다).

> 6×6 픽셀로 구성한 흑백 이미지에서 필기체 숫자 1, 2, 3을 식별하는 합성곱 신경망을 만들어봅시다. 96개의 학습 데이터(이미지 데이터)를 사용합니다. 필터는 3개로 3×3 영역으로 설정합니다.

먼저 예제의 답인 '합성곱 신경망'의 예를 [그림 5-1]로 소개합니다. 이 그림에서 합성곱 신경망의 특징을 알 수 있습니다. 변수명을 동그라미로 둘러싸서 유닛을 표현하며 여러 개의 은닉층으로 구성되어 있습니다. 즉, 은닉층이 여러 개의 합성곱convolution층[1]과 풀링pooling층으로 구성되어 있습니다.

---

1 합성곱층은 컨볼루션층(convolution layer)이라고도 합니다. 여기에 나타낸 것은 가장 원초적인 합성곱 신경망입니다. 실제 사용하는 것은 더 복잡합니다.

그림 5-1

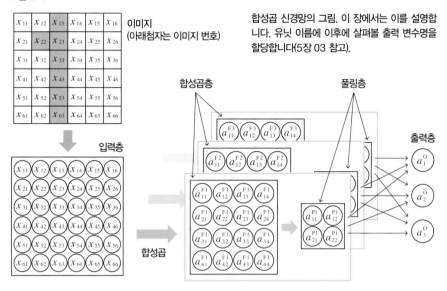

합성곱 신경망의 그림. 이 장에서는 이를 설명합니다. 유닛 이름에 이후에 살펴볼 출력 변수명을 할당합니다(5장 03 참고).

합성곱 신경망의 구성

합성곱 신경망의 원리를 알면 다양한 분야에 응용하거나 기존 신경망을 발전시킬 수 있습니다. 이번에는 1장에서 소개한 '악마'의 예를 이용해 합성곱 신경망을 살펴보겠습니다.

1장 05에서 살펴본 신경망에서 은닉층에 사는 악마(숨은 악마)는 취향이 있었습니다. 그 취향에 따라 숨은 악마가 반응하는 덕에 출력층에서 정보를 받아 신경망에서 패턴을 인식할 수 있었던 것입니다. 이 절에 등장하는 악마는 1장에서 소개한 숨은 악마와 성격이 다소 다릅니다. '취향'을 찾아 활발하게 활동합니다. 즉, 이미지 안에서 원하는 취향에 맞는 패턴을 적극적으로 찾아냅니다. 1장에 등장한 악마가 소극적으로 움직인다면 여기에 등장하는 악마는 소악마로 활동적입니다.

이 장의 신경망에서는 소악마가 활동할 수 있는 공간을 제공합니다. 그것이 합성곱층과 풀링층으로 구성된 은닉층입니다. 소악마 하나당 은닉층 하나를 제공합니다.

그림 5-2

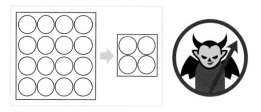

소악마가 활동할 수 있는 공간(테두리)을 제공.
은닉층은 숫자로 번호를 매깁니다.

소악마는 이미지 데이터에 취향에 맞는 패턴이 포함되었는지 적극적으로 검색(스캔)합니다. 많이 포함되어 있으면 활동 정보를 적극적으로 전하고 적게 포함되어 있으면 가만히 있습니다. 그런데 취향에 맞는 패턴의 수는 전체 이미지 안 패턴 수보다 작으므로 활동 정보는 합성곱층의 유닛에 기록합니다.

그림 5-3[2]

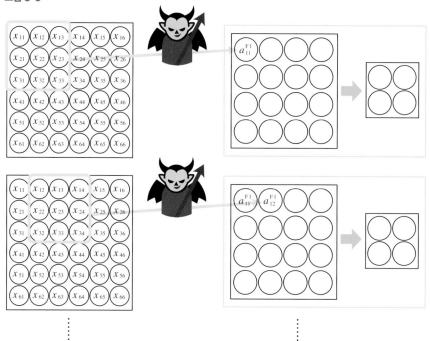

소악마는 이미지 데이터를 검색하고 취향에 맞는 패턴의 많고 적음에 따라 활동합니다. 그리고 활동 정보를 합성곱층의 유닛에 기록합니다. 유닛 이름 $F1$의 F는 filter의 머리글자, 1은 시트 번호를 의미합니다.

---

2 일반적으로 필터 영역은 5×5로 설정해 검색합니다. 여기에서는 결과를 간단하게 만들기 위해 그림처럼 작은 크기인 3×3 필터 영역을 사용했습니다.

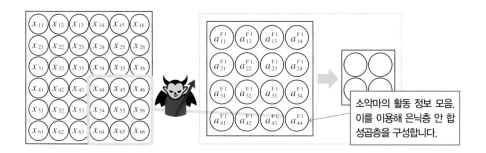

소악마의 활동 정보 모음. 이를 이용해 은닉층 안 합성곱층을 구성합니다.

소악마는 다시 합성곱층에 있는 자신의 활동 정보를 묶어 정리합니다. 이를 이용해 풀링층을 구성합니다.

그림 5-4

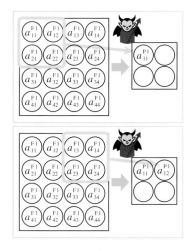

합성곱층 ⋮ 풀링층

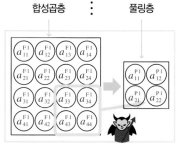

풀링층의 구성.
소악마는 검색(스캔) 결과의 활동 정보(a_{11}^{F1} 등) 를 다시 묶고, 풀링층 유닛으로 압축합니다. 풀 링층에는 소악마의 취향에 맞는 패턴 정보가 집중됩니다. 유닛 이름 $P1$의 P는 pooling의 머리 글자, 1은 시트 번호를 의미합니다.

이렇게 풀링층의 유닛에는 검색하는 이미지에 소악마의 취향에 맞는 패턴이 얼마나 포함되었 는지에 관한 정보가 압축되어 있는 것입니다.

1장 05에서 소개한 숨은 악마는 1명당 취향이 하나였습니다. 이 절의 소악마도 취향은 하나입니다. 그래서 숫자 '1', '2', '3'을 식별하려면 소악마가 여러 명 등장할 필요가 있습니다. 여기에서는 3명의 소악마가 있다고 가정합니다. 소악마 3명의 활동 정보를 조합하여 출력층이 신경망전체의 판정 결과를 제시합니다.

한편 출력층에 사는 출력 악마는 3명입니다. 필기체 숫자 '1', '2', '3' 각각에 반응해야 하기 때문입니다. 이는 1장과 마찬가지입니다.

그림 5-5

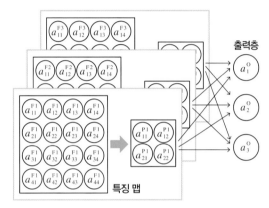

출력층

소악마 3명의 활동 정보를 정리하는 것이 출력층. 필기체 숫자 '1', '2', '3' 각각에 반응하는 출력 악마 3명이 필요합니다.

결론적으로 소악마를 이용해 신경망의 합성곱층과 풀링층을 구성한 것이 합성곱 신경망입니다.

참고로 1장에 등장한 은닉층의 '숨은 악마'는 정적입니다. 입력된 이미지의 패턴을 보고 취향에 맞는지 반응할 뿐입니다. 이에 반해 이 장의 소악마는 동적입니다. 취향에 맞는 패턴을 찾기 위해 적극적으로 이미지 패턴을 검색하고 정리해 출력층에 보고합니다. 이러한 소악마의 특징 때문에 합성곱 신경망은 지금까지의 단순한 신경망에는 없는 장점이 있습니다.

1 복잡한 패턴 인식 문제도 간결한 신경망으로 대응할 수 있습니다.
2 전체 유닛 수가 적으므로 계산이 편합니다.

다양한 분야에서 합성곱 신경망이 주목받는 이유는 이러한 특성 덕분입니다. 물론 모든 과학 이론이 그러하듯 모델이 정확한지는 정답과 비교했을 때 예측이 얼마나 잘 맞는지에 달려 있다는 점을 기억해두기 바랍니다.

그럼 소악마의 활동을 어떻게 수학적으로 구현할까요? 이는 다음 절(5장 02)에서 알아보겠습니다.

소악마 수 결정하기

앞에서 소악마가 3명 있다고 밝혔습니다. 그런데 이 수는 꼭 미리 정하는 것이 아닙니다. 만약 다섯 가지 패턴으로 이미지를 구별할 수 있다면 당연히 5명의 소악마가 있어야 합니다. 그러면 합성곱층과 풀링층으로 이루어진 은닉층 5개가 있어야 할 것입니다.

그림 5-6

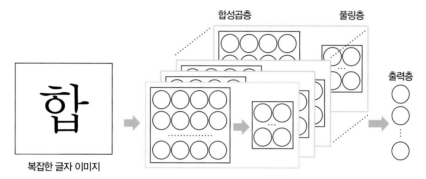

글자 이미지가 복잡하면 은닉층 수가 늘어납니다. 적절한 은닉층 수는 시행착오를 겪으면서 직접 알아내야 합니다.

만약 글자 이미지가 아니라 '고양이'와 같은 동물 이미지를 인식시켜야 한다면 은닉층의 구조는 더 복잡해질 것입니다. 이런 상황을 어떻게 해결하느냐가 딥러닝 모델 설계자의 실력을 가늠하는 기준의 하나가 됩니다.

소악마의 활동과 합성곱 신경망의 연관 관계

5장 01에서는 취향에 맞는 패턴을 찾는 활발한 소악마의 예로 합성곱 신경망의 기본 구조를 살펴봤습니다. 이 절에서는 소악마 활동을 구체적으로 표현해보겠습니다.

소악마의 활동 정보를 합성곱층으로 구성하기

이 절 역시 앞 절과 같은 '소악마 필기체 숫자 신경망' 예제를 기준으로 소악마 S의 여러 가지 활동을 표현해보겠습니다.

먼저 식별 대상이 되는 이미지는 '2'라고 하겠습니다. 즉, 필기체 숫자 '2'가 정답입니다.

그림 5-7

필기체 숫자 '2' 이미지
이 이미지를 식별하는 소악마의
활동 흐름을 살펴봅니다.

그리고 소악마 S는 다음 패턴 S가 취향이라고 가정합니다.[3]

그림 5-8

소악마 S의 마음에 드는 패턴 S(S는
슬래시slash(/)의 머리글자)

이러한 가정 아래 소악마 S의 활동을 표현해보겠습니다.

---

3 패턴의 크기는 보통 5×5입니다. 여기에서는 결과를 단순하게 하기 위해 3×3 패턴을 사용했습니다.

소악마 S는 먼저 취향에 맞는 패턴 S를 필터로 하여 이미지를 검색합니다. 이 필터를 필터 S라고 하겠습니다.

다음은 필터 S를 이용해 이미지 '2' 전체를 검색한 것입니다.

그림 5-9

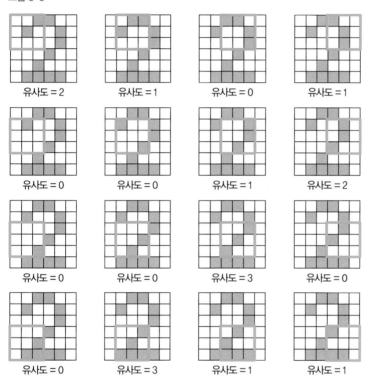

각 이미지 아래 '유사도^{similarity4}'는 필터(사각형으로 표시한 박스) 안에 속한 부분 중 패턴 S와 얼마나 일치하는 부분이 있는지의 개수입니다. 유사도 값이 크면 소악마의 취향에 맞는 패턴이라고 판단할 수 있습니다.

'유사도'는 다음 그림처럼 만들 수도 있습니다. 이것이 필터 S에서 얻은 합성곱^{convolution5}의 결과로 특징 맵$^{feature map}$이라고 합니다. 5장 01에서 소악마가 검색한 결과를 의미하기도 합니다.[6]

---

4 여기서의 유사도는 흑백 이미지(0과 1)라고 가정합니다. 일반적인 패턴의 유사도는 부록 C에서 확인합니다.

5 역자주_ https://ko.wikipedia.org/wiki/합성곱

6 이러한 필터의 계산을 합성곱이라고 합니다.

그림 5-10

2	1	0	1
0	0	1	2
0	0	3	0
0	3	1	1

합성곱층에는 합성곱의 결과를 입력 정보로 삼는 유닛이 준비되어 있습니다. 각 유닛은 대응하는 합성곱 값에 특정 맵 고유의 편향을 더한 값을 '가중 입력'으로 삼습니다(다음 그림 참고).

그림 5-11

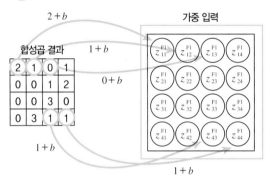

합성곱층에 있는 유닛의 '가중 입력'. 편향 b는 공통인 값이라는 점에 주의해야 합니다. 이 그림에서 소악마 S는 시트 1에서 활동합니다.

합성곱층의 각 유닛은 가중 입력을 활성화 함수에서 계산하고 유닛을 출력합니다. 이렇게 합성곱층의 구성이 완료됩니다.

그림 5-12

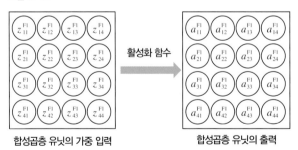

합성곱층 유닛의 가중 입력

활성화 함수

합성곱층 유닛의 출력

합성곱층의 유닛은 활성화 함수를 이용해 '가중 입력'을 출력으로 변환합니다.

풀링으로 활동 정보 압축하기

'소악마 필기체 숫자 신경망'의 합성곱층 유닛 수는 적어서 출력값을 간단히 나열할 수 있었습니다. 그러나 실제 이미지의 합성곱층 유닛 수는 방대합니다. 그래서 5장 01에서도 언급한 정보 압축 작업을 합니다. 그 결과는 풀링층 유닛에 저장합니다.

'소악마 필기체 숫자 신경망'에서는 합성곱층 유닛을 2×2 영역으로 나눈 후 각 부분의 대푯값을 계산합니다. 이러한 압축 방법을 최대 풀링$^{Max\ pooling}$이라고 합니다. 분할된 각 부분의 최댓값을 계산하는 정보 압축법입니다.[7]

그림 5-13

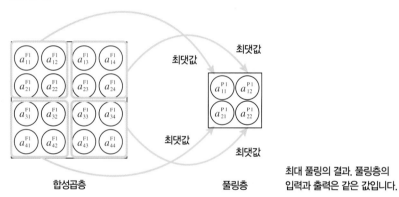

이렇게 이미지 하나의 모든 유닛을 압축한 유닛 모임으로 만들 수 있습니다.

그림 5-14

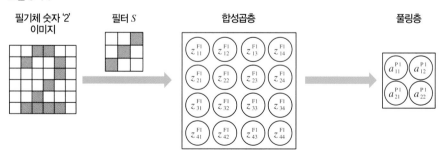

7 풀링 작업은 보통 2×2 영역으로 실행합니다만 꼭 그래야 한다는 규정은 없습니다.

그림 필기체 숫자 '2' 이미지와 필터 S를 사용하여 합성곱층과 풀링층에 있는 유닛의 입출력값을 계산하겠습니다. 이때 특징 맵의 편향은 잠정적으로 −1(임곗값 1), 활성화 함수는 시그모이드 함수로 합니다.

계산 과정은 다음 그림의 단계로 진행합니다.

그림 5-15[8]

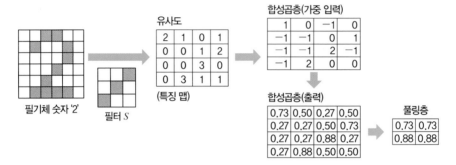

또한 다음 그림과 같은 필기체 숫자 '1'과 '3' 이미지와 필터 S를 이용해 합성곱층과 풀링층에 있는 유닛의 입출력값을 계산할 수 있습니다.

그림 5-16

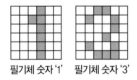

필기체 숫자 '1'   필기체 숫자 '3'

계산 과정은 다음 그림의 단계로 진행합니다.

---

8 풀링층의 입력과 출력값은 같습니다. 단순하게 보이려고 유닛도 사각 테두리로 표시했습니다.

그림 5-17[9]

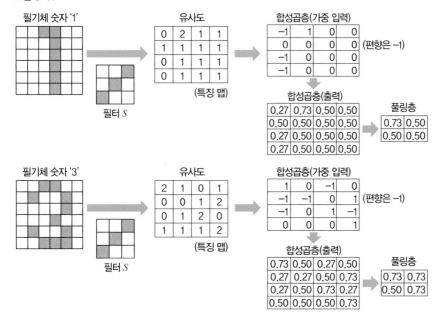

지금까지의 예를 살펴보면 필기체 숫자 '2'의 이미지 풀링 결과가 필기체 숫자 '1', '3'의 이미지 풀링 결과보다 큰 값으로 구성되어 있습니다. 풀링층에 압축한 유닛의 출력이 크면 원래 이미지에 필터 S를 적용했을 때 패턴 S 부분이 많이 포함되어 있다는 뜻입니다. 따라서 필터 S는 필기체 숫자 '2'를 식별하는 데 유용합니다.

이러한 판단을 내리는 것이 출력층입니다. 1~4장에서 살펴본 신경망과 마찬가지로 출력층은 이전 층(풀링층)의 정보를 조합하여 신경망의 판정을 끌어냅니다.

---

9 단순화하기 위해 유닛도 사각 테두리로 보여줍니다.

NOTE_ 딥러닝을 구현하는 컴퓨팅 환경

이 책에서 다루는 예는 신경망 기반의 딥러닝을 알기 쉽게 이해하기 위한 것입니다. 따라서 이 책으로 딥러닝 기본 개념을 이해했다면 다음 표에 있는 각종 컴퓨팅 환경을 사용해서 딥러닝 모델을 구현해보길 권합니다.

표 5-1

이름	설명
텐서플로(TensorFlow)	구글에서 제공하는 머신러닝/딥러닝 라이브러리입니다.
애저(Azure)	마이크로소프트에서 제공하는 클라우드 서비스입니다. 딥러닝 계산을 위한 서비스가 포함되어 있습니다.
왓슨(Watson)	IBM에서 제공하는 인공지능 컴퓨터 시스템입니다. 머신러닝과 딥러닝 계산을 위한 서비스가 포함되어 있습니다.
Amazon Machine Learning	AWS에서 제공하는 클라우드 서비스 중 머신러닝을 마법사 형식으로 이용할 수 있게 합니다.

합성곱 신경망 변수의 관계식

합성곱 신경망을 설정할 때는 필터, 가중치, 편향을 구체적으로 정해야 합니다. 이를 위해 각 요소에 해당하는 파라미터의 관계를 수식으로 표현해야 합니다.

각 층의 의미와 변수 및 파라미터명 확인

[그림 5-1]에서는 '소악마 필기체 숫자 신경망'의 예가 되는 합성곱 신경망의 구조를 살펴봤습니다. 이번에는 해당 그림을 좀 더 구체적으로 표현한 다음 합성곱 신경망의 그림을 살펴보고 설명을 이어나가겠습니다.

그림 5-18

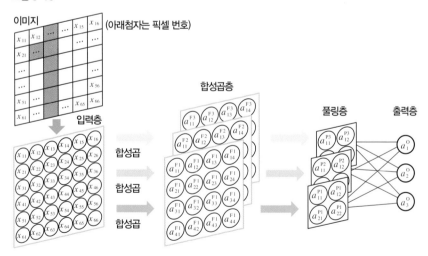

이 합성곱 신경망을 결정하는 데 필요한 변수 및 파라미터의 기호와 의미는 다음 표를 참고합니다.

표 5-2

위치	기호	의미
입력층(Input Layer)	x_{ij}	유닛에 입력되는 이미지의 픽셀(i행 j열)값입니다. 출력값과 같습니다.
필터(Filter)	w_{ij}^{Fk}	k번째 특징 맵을 만들기 위한 필터 i행 j열의 값입니다. 여기에서는 3×3 필터를 고려(5×5 필터 영역으로 설정하는 것이 일반적이지만, 여기에서는 간략하게 표현)합니다.
합성곱층	z_{ij}^{Fk}	k번째 j행 j열에 있는 유닛의 가중 입력입니다.
	b^{Fk}	k번째 i행 j열에 있는 유닛의 편향입니다. 각 특징 맵에 공통으로 이용하는 값이라는 점에 주의합니다.
	a_{ij}^{Fk}	k번째 i행 j열에 있는 유닛의 출력(활성화 함숫값)입니다.
풀링층(Pooling Layer)	z_{ij}^{Pk}	k번째 i행 j열에 있는 유닛의 입력입니다. 일반적으로 이전 층 출력의 비선형 함숫값입니다.
	a_{ij}^{Pk}	k번째 i행 j열에 있는 유닛의 출력입니다. 입력 z_{ij}^{Pk}와 일치합니다.
출력층(Output Layer)	$w_{k\text{-}ij}^{On}$	k번째 풀링층 i행 j열에 있는 유닛에서 출력층 n번째 유닛을 향한 화살표선이 갖는 가중치입니다.
	z_n^O	출력층 n번째에 있는 유닛의 가중 입력입니다.
	b_n^O	출력층 n번째에 있는 유닛의 편향입니다.
	a_n^O	출력층 n번째에 있는 유닛의 출력(활성화 함숫값)입니다.
학습 데이터	t_n	정답이 '1'일 때 $t_1{=}1, t_2{=}0, t_3{=}0$ 정답이 '2'일 때 $t_1{=}0, t_2{=}1, t_3{=}0$ 정답이 '3'일 때 $t_1{=}0, t_2{=}0, t_3{=}1$

다음 그림은 [표 5-2]에서 설명한 변수 및 파라미터의 위치 관계를 설명합니다.[10]

---

10 그림의 표기는 3장 01의 규약을 준수합니다.

그림 5-19

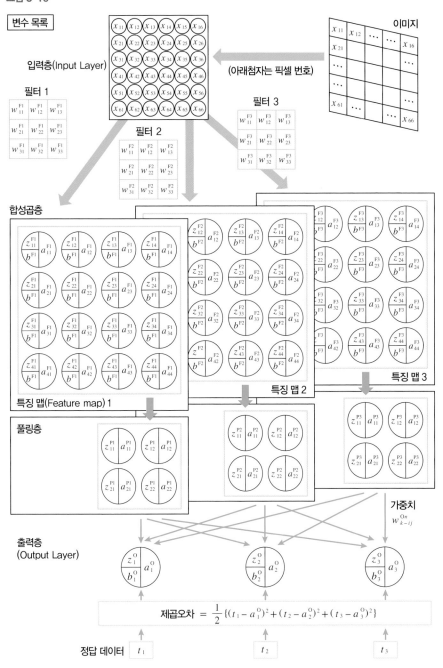

즉, 앞에서도 살펴봤겠지만 합성곱 신경망의 파라미터가 일반 신경망과 다른 점은 필터라는 새로운 성분이 포함된다는 것입니다.

다음에는 앞으로 합성곱 신경망을 계산할 때 필요한 파라미터와 변수의 관계식을 층별로 찾아볼 것입니다. 일부 내용은 이전 절 5장 01, 02와 중복되는 부분이 있으므로 해당 내용과 비교하면서 수식을 살펴보길 권합니다.

입력층

'소악마 필기체 숫자 신경망'에서는 6×6 픽셀의 이미지가 입력 데이터입니다. 입력층의 유닛은 픽셀값이 그대로 들어갑니다. 여기에서는 읽어 들인 이미지의 i행 j열 위치에 있는 픽셀값 x_{ij}를 입력층의 변수명과 유닛 이름에 사용합니다.

그림 5-20

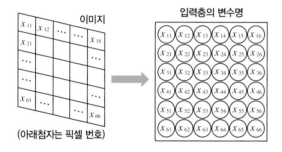

(아래첨자는 픽셀 번호)

입력층의 유닛은 입력과 출력값이 같습니다. 입력층 i행 j열에 있는 유닛의 출력을 a_{ij}^I로 표기한다면, 당연히 $a_{ij}^I = x_{ij}$의 관계가 성립합니다(a 위에 붙어 있는 I는 Input의 머리글자입니다).

필터 및 합성곱층

5장 01과 02에서 살펴본 것처럼 3×3 필터 영역을 이용해 이미지를 검색합니다. 그리고 필터[11]

----

11 필터는 커널(kernel)이나 마스크(mask)라고도 합니다.

를 은닉층의 개수(이 예제에서는 3개)만큼 준비합니다. 또한 필터 안에 포함되는 값은 학습 데이터로 학습한 결과로 모델의 파라미터입니다. 그 값을 다음 그림처럼 w_{11}^{Fk}, w_{12}^{Fk}, $\cdots$ (k=1, 2, 3)로 나타낼 수 있습니다.

그림 5-21

필터 1		
w_{11}^{F1}	w_{12}^{F1}	w_{13}^{F1}
w_{21}^{F1}	w_{22}^{F1}	w_{23}^{F1}
w_{31}^{F1}	w_{32}^{F1}	w_{33}^{F1}

필터 2		
w_{11}^{F2}	w_{12}^{F2}	w_{13}^{F2}
w_{21}^{F2}	w_{22}^{F2}	w_{23}^{F2}
w_{31}^{F2}	w_{32}^{F2}	w_{33}^{F2}

필터 3		
w_{11}^{F3}	w_{12}^{F3}	w_{13}^{F3}
w_{21}^{F3}	w_{22}^{F3}	w_{23}^{F3}
w_{31}^{F3}	w_{32}^{F3}	w_{33}^{F3}

필터 안에 포함되는 값은 모델의 파라미터입니다. 덧붙여서 F는 filter의 머리글자입니다.

필터 영역은 보통 5×5로 설정합니다만 이 책은 이해를 돕기 위해 3×3으로 간략화했습니다. 또한 계산 결과가 데이터와 잘 맞지 않는다면 필터 수를 변경해 반복 계산하면서 적절한 필터 수를 찾아야 합니다.

이제 필터를 사용하여 합성곱을 실행합니다. 예를 들어 입력층의 왼쪽 위에서 시작하는 3×3 필터 영역과 필터 1의 대응 성분끼리 곱한 다음 합성곱 값 c_{11}^{F1}을 만듭니다(c는 convolution의 머리글자입니다). 다음과 같습니다.

$$c_{11}^{F1} = w_{11}^{F1}x_{11} + w_{12}^{F1}x_{12} + w_{13}^{F1}x_{13} + \cdots + w_{33}^{F1}x_{33}$$

앞 식의 원리를 그림으로 나타내면 다음과 같습니다.

그림 5-22

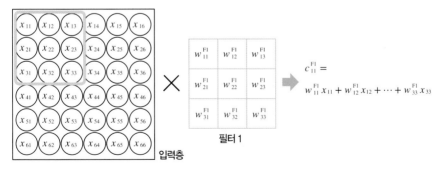

이러한 필터를 차례로 설정([그림 5-9] 참고)해 같은 방법으로 합성곱의 값 c_{12}^{F1}, c_{13}^{F1}, …, c_{44}^{F1}을 구하면 필터 1을 이용한 합성곱 값을 얻을 수 있습니다(합성곱 값의 수학적 의미는 부록 C를 참고하세요).

참고로 필터 k를 이용한 합성곱 값은 다음처럼 표현할 수 있습니다. 여기에서 i, j는 필터를 적용하는 입력층의 첫 번째 행과 열 번호(i, j는 4 이하의 자연수)입니다.

$$c_{ij}^{Fk} = w_{11}^{Fk}x_{ij}+w_{12}^{Fk}x_{ij+1}+w_{13}^{Fk}x_{ij+2}+\cdots+w_{33}^{Fk}x_{i+2j+2}$$

이렇게 얻어진 값의 모임이 특징 맵feature map을 형성합니다.

합성곱 값을 알았다면 다음으로 합성곱층의 가중 입력을 살펴보겠습니다. 이는 합성곱 값에 i, j에 의존하지 않는 수 b^{Fk}를 추가하면 됩니다. 식은 다음과 같습니다.

식 5-1

$$z_{ij}^{Fk} = w_{11}^{Fk}x_{ij}+w_{12}^{Fk}x_{ij+1}+w_{13}^{Fk}x_{ij+2}+\cdots+w_{33}^{Fk}x_{i+2j+2}+b^{Fk}$$

앞 식의 원리를 그림으로 나타내면 다음과 같습니다.

그림 5-23

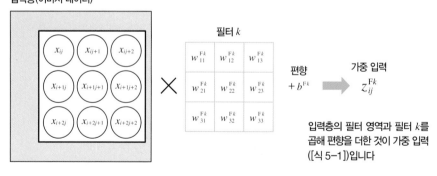

실제로 z_{ij}^{Fk}를 가중 입력으로 하는 유닛의 모임이 합성곱층의 시트를 형성합니다. b^{Fk}는 합성곱층에 공통으로 적용할 수 있는 편향입니다. 또한 활성화 함수를 $a(z)$로 하면 이 가중 입력 z_{ij}^{Fk}에 관한 유닛의 출력 a_{ij}^{Fk}는 다음처럼 표현할 수 있습니다.

$$a_{ij}^{Fk} = a(z_{ij}^{Fk})$$

앞 식의 원리를 그림으로 나타내면 다음과 같습니다.

그림 5-24

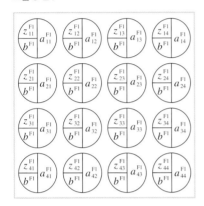

[식 5-1]과 [식 5-2]의 변수 및 파라미터 관계. 합성곱층의 시트 안 유닛 구성을 살펴보면 각 유닛의 가중 입력을 [식 5-1], 출력을 [식 5-2]로 표현합니다. 공통으로 적용할 수 있는 편향이 있음에 주의합니다.

예를 들어 합성곱층 첫 번째 시트 1행 2열에 있는 유닛의 가중 입력 z_{12}^{F1}과 출력 a_{12}^{F1}를 식으로 표현하면 다음과 같습니다(활성화 함수는 시그모이드 함수로 합니다).

$$z_{12}^{F1} = w_{11}^{F1}x_{12}+w_{12}^{F1}x_{13}+w_{13}^{F1}x_{14}+w_{21}^{F1}1x_{22}+w_{22}^{F1}x_{23}+w_{23}^{F1}x_{24}+w_{31}^{F1}x_{32}+w_{32}^{F1}x_{33}+w_{33}^{F1}x_{34}+b^{F1}$$

$$a_{12}^{F1} = \frac{1}{1+\exp(-z_{12}^{F1})}$$

앞 식의 원리를 그림으로 나타내면 다음과 같습니다.

그림 5-25

입력층(이미지 데이터)

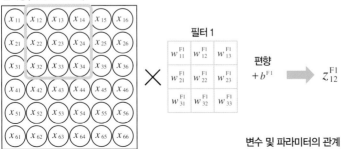

변수 및 파라미터의 관계

풀링층

앞서 5장 01과 02에서 2×2 유닛을 유닛 하나로 압축했습니다. 그 압축한 유닛의 모임이 풀링층을 형성합니다.

그림 5-26

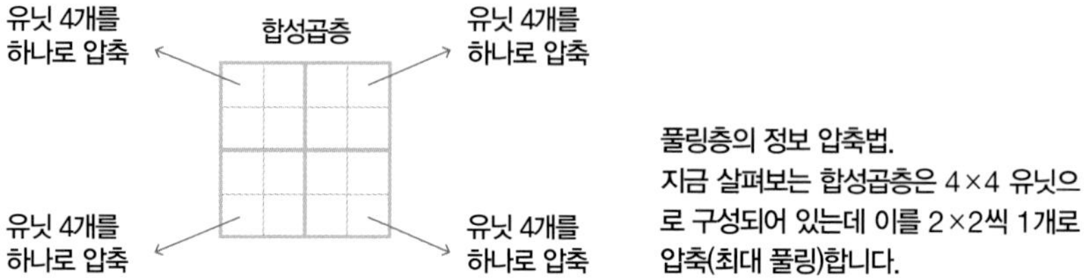

유닛 4개를
하나로 압축

합성곱층

유닛 4개를
하나로 압축

유닛 4개를
하나로 압축

유닛 4개를
하나로 압축

풀링층의 정보 압축법.
지금 살펴보는 합성곱층은 4×4 유닛으로 구성되어 있는데 이를 2×2씩 1개로 압축(최대 풀링)합니다.

이 책 이외의 많은 참고 자료에서도 특징 맵의 2×2 유닛[12]을 유닛 하나로 압축하는 최대 풀링을 사용합니다. 1회 풀링을 실행하면 특징 맵의 유닛 수는 4분의 1로 압축할 수 있습니다.

예를 들어 다음 그림처럼 4개의 유닛 출력 a_{11}, a_{12}, a_{21}, a_{22} 중 최댓값을 대표로 선택합니다.

그림 5-27

a_{11}	a_{12}
a_{21}	a_{22}

최대 풀링

$\text{Max}(a_{11}, a_{12}, a_{21}, a_{22})$

또한 [그림 5-28] 왼쪽 표가 합성곱층의 출력값이라면 오른쪽 그림은 최대 풀링의 결과입니다.

그림 5-28

합성곱층의 출력

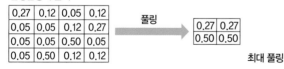

0.27	0.12	0.05	0.12
0.05	0.05	0.12	0.27
0.05	0.05	0.50	0.05
0.05	0.50	0.12	0.12

풀링

0.27	0.27
0.50	0.50

최대 풀링

---

12 기존에 언급한 바와 같이 2×2 영역을 정하는 규약은 없습니다.

풀링층도 신경망의 관점에서 보면 유닛의 모임입니다. 그러나 일반 유닛이 이전 층의 유닛에게 '가중 입력'을 받는다면 풀링층의 유닛은 가중치와 편향의 개념이 없습니다. 즉, 모델을 정하는 파라미터가 없는 셈입니다. 또한 활성화 함수 $a(x)$는 항등 함수 $a(x) = x$로 입력과 출력이 같은 값입니다. 활성화 함수라는 개념도 없는 셈입니다. 이러한 특성은 입력층의 유닛과 비슷합니다.

그림 5-29

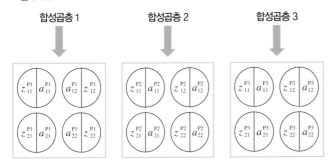

합성곱층 1　　　　합성곱층 2　　　　합성곱층 3

풀링층은 유닛으로 구성하지만 일반 유닛과 다릅니다.

풀링층을 군이 공식화하자면 다음처럼 표현할 수 있습니다. 여기서 k는 풀링층의 시트 번호이며 i, j는 파라미터가 의미를 갖는 범위에서 움직이는 정수입니다.

식 5-3[13]

$$z_{ij}^{Pk} = \mathrm{Max}(a_{2i-1\,2j-1}^{Fk}, a_{2i-1\,2j}^{Fk}, a_{2i\,2j-1}^{Fk}, a_{2i\,2j}^{Fk})$$

$$a_{ij}^{Pk} = z_{ij}^{Pk}$$

앞 식의 원리를 그림으로 나타내면 다음과 같습니다.

----

13 Max 함수는 괄호 안 항목의 최댓값을 출력하는 함수입니다.

그림 5-30

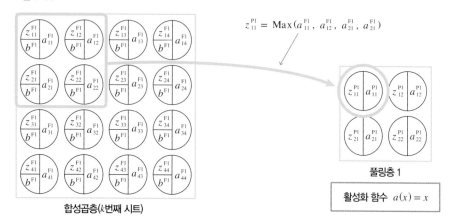

$$z_{11}^{P1} = \text{Max}(a_{11}^{F1}, a_{12}^{F1}, a_{21}^{F1}, a_{21}^{F1})$$

풀링층 1

활성화 함수 $a(x) = x$

합성곱층(k번째 시트)

풀링층 유닛이 받는 입력에는 가중치와 편향의 개념이 없습니다. 활성화 함수는 $a(x) = x$라고 생각해도 됩니다. 예를 들어 $a_{11}^{P1} = z_{11}^{P1}$입니다.

출력층

출력층에는 필기체 숫자 '1', '2', '3'을 식별하는 유닛 3개가 필요합니다. 풀링층의 모든 유닛에게 화살표선을 받습니다(즉, 완전 연결fully-connected합니다). 이렇게 하면 풀링층 유닛 정보를 종합적으로 알 수 있습니다.

그림 5-31

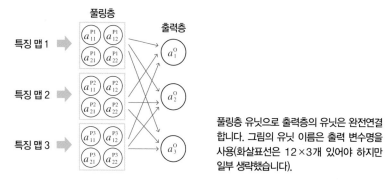

특징 맵 1

특징 맵 2

특징 맵 3

풀링층

출력층

풀링층 유닛으로 출력층의 유닛은 완전연결합니다. 그림의 유닛 이름은 출력 변수명을 사용(화살표선은 12 × 3개 있어야 하지만 일부 생략했습니다).

[그림 5-31]을 공식화하겠습니다. 출력층의 n번째 유닛($n=1, 2, 3$)에 관해 가중 입력은 다음 처럼 표현합니다.

식 5-4

$$z_n^O = w_{1\text{-}11}^{On}a_{11}^{P1}+w_{1\text{-}12}^{On}a_{12}^{P1}+\cdots+w_{2\text{-}11}^{On}a_{11}^{P2}+w_{2\text{-}12}^{On}a_{12}^{P2}+\cdots+w_{3\text{-}11}^{On}a_{11}^{P3}+w_{3\text{-}12}^{On}a_{12}^{P3}+\cdots+b_n^O$$

계수 $w_{k\text{-}ij}^{On}$는 출력층 n번째 유닛의 풀링층 유닛 출력 a_{ij}^{Pk}($k=1, 2, 3, i=1, 2, j=1, 2$)에 주는 가중치입니다. 또한 b_n^O는 출력층 n번째 유닛의 편향입니다.

예를 들어 b_1^O을 구체적으로 표현하면 다음과 같습니다.

$$z_1^O = w_{1\text{-}11}^{O1}a_{11}^{P1}+w_{1\text{-}12}^{O1}a_{12}^{P1}+\cdots+w_{2\text{-}11}^{O1}a_{11}^{P2}+w_{2\text{-}12}^{O1}a_{12}^{P2}+\cdots+w_{3\text{-}11}^{O1}a_{11}^{P3}+w_{3\text{-}12}^{O1}a_{12}^{P3}+\cdots+b_1^O$$

앞 식의 원리를 그림으로 나타내면 다음과 같습니다.

그림 5-32

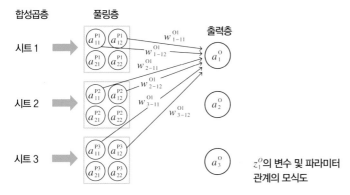

z_1^O의 변수 및 파라미터 관계의 모식도

출력층에 있는 유닛의 출력은 합성곱 신경망 전체의 출력입니다. 출력층 n번째 유닛의 출력값을 a_n^O으로, 활성화 함수를 $a(z)$로 하면 다음과 같은 식이 성립합니다.

식 5-5

$$a_n^O = a(z_n^O)$$

이때 a_n^O ($n=1, 2, 3$)의 최댓값이 되는 n이 합성곱 신경망으로 식별한 숫자입니다.

비용함수 C_T 구하기

'소악마 필기체 숫자 신경망'에서 출력층 유닛의 출력은 a_1^O, a_2^O, a_3^O 세 가지입니다. 학습 데이터에는 출력층 유닛에 대응하는 정답 데이터가 있습니다. 이를 t_1, t_2, t_3로 두면([표 5-2] 참고) 제곱오차 C는 다음처럼 나타낼 수 있습니다.

식 5-6[14]

$$C = \frac{1}{2}\{(t_1 - a_1^O)^2 + (t_2 - a_2^O)^2 + (t_3 - a_3^O)^2\}$$

앞 식의 원리를 그림으로 나타내면 다음과 같습니다.

그림 5-33

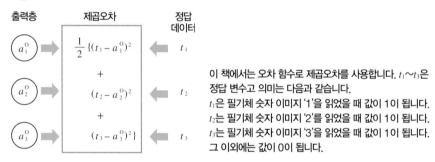

이 책에서는 오차 함수로 제곱오차를 사용합니다. $t_1 \sim t_3$은 정답 변수고 의미는 다음과 같습니다.
t_1은 필기체 숫자 이미지 '1'을 읽었을 때 값이 1이 됩니다.
t_2는 필기체 숫자 이미지 '2'를 읽었을 때 값이 1이 됩니다.
t_3는 필기체 숫자 이미지 '3'을 읽었을 때 값이 1이 됩니다.
그 이외에는 값이 0이 됩니다.

즉, k번째 학습 데이터(이미지 데이터)가 입력되었을 때의 제곱오차값을 C_k로 두면 다음과 같은 식으로 나타낼 수 있습니다.[15]

식 5-7

$$C_k = \frac{1}{2}\{(t_1[k] - a_1^O[k])^2 + (t_2[k] - a_2^O[k])^2 + (t_3[k] - a_3^O[k])^2\}$$

앞에서 비용함수 C_T는 모든 학습 데이터를 대상으로 한 제곱오차의 총합이라고 설명했습니다. 따라서 '소악마 필기체 숫자 신경망'의 비용함수 C_T는 다음처럼 구합니다.

---

14 제곱오차는 2장 12, 3장 04를 참고하세요.
15 변수에 붙인 [k]의 의미는 3장 01을 참고하세요.

식 5-8[16]

$$C_T = C_1 + C_2 + \cdots + C_{96} \text{ (96은 학습 이미지 데이터 개수)}$$

이제 남은 것은 이 비용함수 C_T가 최솟값이 되는 파라미터를 구하는 것입니다. 즉, C_T가 최솟값이 되는 가중치, 편향, 합성곱 신경망의 특징이 되는 필터의 성분을 구하는 것입니다.

그림 5-34

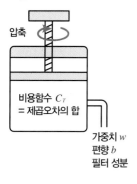

가중치와 편향, 필터 성분의 결정 원리는 회귀분석과 같으며 '비용함수 C_T가 최솟값이 되는 것이 최선의 파라미터'라는 생각을 '최적화'라고 합니다.

NOTE_ L2 풀링

이 절에서는 풀링 방법으로 최대 풀링을 사용했습니다. 대상 영역의 최댓값을 대푯값으로 선택하는 정보의 압축입니다. 이밖에도 여러 가지 풀링 방법이 있습니다. 유명한 것을 다음 표에 소개합니다.

표 5-3

이름	설명
최대 풀링	대상 영역의 최댓값을 선택하는 압축 방법입니다.
평균 풀링	대상 영역의 평균값을 선택하는 압축 방법입니다.
L2 풀링	예를 들어 4개의 유닛 출력 a_1, a_2, a_3, a_4가 있을 때 $\sqrt{a_1^2 + a_2^2 + a_3^2 + a_4^2}$를 선택하는 압축 방법입니다.

---

16 96은 학습 데이터의 개수입니다.

04 엑셀로 합성곱 신경망 살펴보기

합성곱 신경망의 실제 동작을 엑셀에서 확인하겠습니다.

개요

합성곱 신경망이 데이터 분석에 도움을 주는지는 실제로 이 모델을 사용한 계산 결과가 원하는
결과를 잘 표현했는지에 달려 있습니다. 이 절에서는 엑셀의 최적화 도구(해 찾기)를 이용하여
직접 '소악마 필기체 숫자 신경망'의 비용함수 최솟값을 구하고 이때의 필터와 가중치 편향을
구해봅니다(예제 파일은 '5_4_합성곱신경망.xlsx'이고, 학습 이미지 데이터 96개는 부록 B를
참고하세요).[17]

① 학습용 이미지 데이터 읽기

합성곱 신경망을 학습시키려면 학습 데이터가 필요합니다. 그래서 다음 그림처럼 [Data] 워크
시트의 이미지를 읽습니다.

---

17 비용함수는 제곱오차 C의 총합, 활성화 함수는 시그모이드 함수, 풀링은 최대 풀링을 이용합니다.

그림 5-35

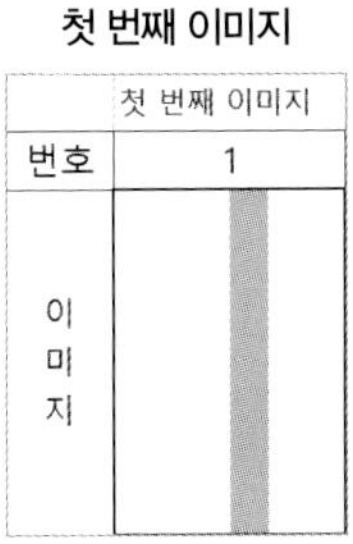

첫 번째 이미지

	첫 번째 이미지
번호	1
이 미 지	

			L	M	N	O	P	Q
			I J K					
	번호		1					
입력 층	이미지 패턴		0	0	0	1	0	0
			0	0	0	1	0	0
			0	0	0	1	0	0
			0	0	0	1	0	0
			0	0	0	1	0	0
			0	0	0	1	0	0
	정답	t_1	1					
		t_2	0					
층		t_3	0					

학습 이미지 데이터를 워크시트에 저장합니다.

학습 데이터는 흑백 이미지므로 음영이 있는 부분은 1, 흰 바탕 부분은 0으로 설정했습니다. 정답 데이터는 변수 t_1, t_2, t_3에 저장합니다. 학습 이미지 데이터가 숫자 '1'이면 $t_1 = 1$, 숫자 2면 $t_2 = 1$, 숫자 3이면 $t_3 = 1$, 나머지 상황이면 0입니다.

또한 학습용 이미지 데이터는 다음 그림처럼 전체를 [학습] 워크시트상에 저장합니다.

그림 5-36[18]

I	J	K	L	M	N	O	P	Q		VJ	VK	VL	VM	VN	VO
		번호	1							96					
입력 층		이미지 패턴	0	0	0	1	0	0		0	0	1	1	1	0
			0	0	0	1	0	0		0	1	0	0	1	1
			0	0	0	1	0	0		0	0	0	1	1	0
			0	0	0	1	0	0		0	0	0	0	1	0
			0	0	0	1	0	0		0	1	0	0	1	1
			0	0	0	1	0	0		0	0	1	1	1	0
	정답	t_1	1							0					
		t_2	0							0					
층		t_3	0							1					

학습 데이터를 [학습] 워크시트에 저장

---

18 그림의 P, Q열처럼 이미지의 오른쪽 2픽셀만큼 열 너비를 좁혔습니다.

② 파라미터의 초깃값 설정하기

[학습] 워크시트에 필터, 가중치, 편향의 초깃값을 설정합니다. 여기에서는 표준 정규분포에서 얻은 정규분포 난수(2장 01 참고)를 이용합니다.[19] 이 책에서는 [학습] 워크시트 아래에 있는 초깃값 영역의 값을 복사하면 됩니다.

그림 5-37

A B C D				1	2	3
				숫자 1, 2, 3의 식별		
			F1	-1.277	-0.454	0.358
				1.138	-2.398	-1.664
				-0.794	0.899	0.675
합성곱층		필터	F2	-1.274	2.338	2.301
				0.649	-0.339	-2.054
				-1.022	-1.204	-1.900
			F3	-1.869	2.044	-1.290
				-1.710	-2.091	-2.946
				0.201	-1.323	0.207
		FM 편향		-3.363	-3.176	-1.739
출력층의 가중치와 편향	z^O_1	P1		-0.276	0.124	
				-0.961	0.718	
		P2		-3.680	-0.594	
				0.280	-0.782	
		P3		-1.475	-2.010	
				-1.085	-0.188	
	z^O_2	P1		0.010	0.661	
				-1.591	2.189	
		P2		1.728	0.003	
				-0.250	1.898	
		P3		0.238	1.589	
				2.246	-0.093	
	z^O_3	P1		-1.322	-0.218	
				3.527	0.061	
		P2		0.613	0.218	
				-2.130	-1.678	
		P3		1.236	-0.486	
				-0.144	-1.235	
	O층 편향			2.060	-2.746	-1.818

필터, 가중치, 편향의 초깃값. 정규분포 난수를 이용하여 입력

---

[19] 해 찾기의 실행 결과가 나오지 않으면 초깃값을 교체해야 합니다.

③ 첫 번째 이미지에서 각 변숫값 계산하기

현재의 필터, 가중치, 편향을 바탕으로 첫 번째 이미지에 관해 각 유닛의 가중 입력값, 출력값, 제곱오차값 C를 계산합니다. 계산 식은 [식 5-1]~[식 5-6]을 이용합니다.

그림 5-38

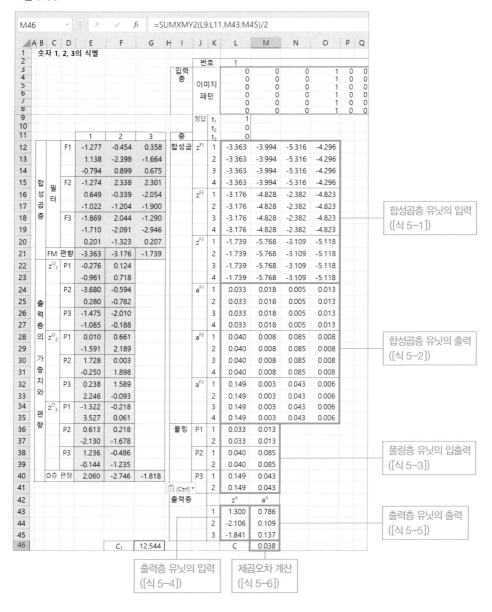

④ ③에서 만든 함수를 전체 데이터에 복사하기

첫 번째 이미지를 계산하는 데 사용한 함수를 마지막 이미지(이 예제에서는 96번째)까지 복사합니다.

그림 5-39

I	J	K	L	M	N	O	P	Q	VJ	VK	VL	VM	VN	VO
	번호		1						96					
입력 층	이미지 패턴		0	0	0	1	0	0	0	0	1	1	1	0
			0	0	0	1	0	0	0	1	0	0	1	1
			0	0	0	1	0	0	0	0	0	1	1	0
			0	0	0	1	0	0	0	0	0	0	1	0
			0	0	0	1	0	0	0	1	0	0	1	1
			0	0	0	1	0	0	0	0	1	1	1	0
정답 층	정답	t_1	1						0					
		t_2	0						0					
		t_3	0						1					
합성곱	z^{F1}	1	-3.363	-3.994	-5.316	-4.296			-5.403	-1.645	-4.826	-9.052		
		2	-3.363	-3.994	-5.316	-4.296			-3.817	-6.304	-6.391	-3.820		
		3	-3.363	-3.994	-5.316	-4.296			-2.464	-3.799	-4.448	-5.918		
		4	-3.363	-3.994	-5.316	-4.296			-5.085	-0.651	-3.889	-7.775		
	z^{F2}	1	-3.176	-4.828	-2.382	-4.823			-1.214	0.213	-4.969	-6.732		
		2	-3.176	-4.828	-2.382	-4.823			-0.838	-6.504	-5.168	0.569		
		3	-3.176	-4.828	-2.382	-4.823			-4.381	-1.897	-2.490	-5.556		
		4	-3.176	-4.828	-2.382	-4.823			-5.415	-5.631	-7.055	-5.458		
	z^{F3}	1	-1.739	-5.768	-3.109	-5.118			-5.120	-2.488	-6.916	-7.723		
		2	-1.739	-5.768	-3.109	-5.118			0.305	-6.554	-7.859	-6.109		
		3	-1.739	-5.768	-3.109	-5.118			-3.062	-2.828	-3.724	-4.771		
		4	-1.739	-5.768	-3.109	-5.118			-3.623	-4.565	-6.890	-5.853		
	a^{F1}	1	0.033	0.018	0.005	0.013			0.004	0.162	0.008	0.000		
		2	0.033	0.018	0.005	0.013			0.022	0.002	0.002	0.021		
		3	0.033	0.018	0.005	0.013			0.078	0.022	0.012	0.003		
		4	0.033	0.018	0.005	0.013			0.006	0.343	0.020	0.000		
	a^{F2}	1	0.040	0.008	0.085	0.008			0.229	0.553	0.007	0.001		
		2	0.040	0.008	0.085	0.008			0.302	0.001	0.006	0.638		
		3	0.040	0.008	0.085	0.008			0.012	0.130	0.077	0.004		
		4	0.040	0.008	0.085	0.008			0.004	0.004	0.001	0.004		
	a^{F3}	1	0.149	0.003	0.043	0.006			0.006	0.077	0.001	0.000		
		2	0.149	0.003	0.043	0.006			0.576	0.001	0.000	0.002		
		3	0.149	0.003	0.043	0.006			0.045	0.056	0.024	0.008		
		4	0.149	0.003	0.043	0.006			0.026	0.010	0.001	0.003		
풀링	P1	1	0.033	0.013					0.162	0.021				
		2	0.033	0.013					0.343	0.020				
	P2	1	0.040	0.085					0.553	0.638				
		2	0.040	0.085					0.130	0.077				
	P3	1	0.149	0.043					0.576	0.002				
		2	0.149	0.043					0.056	0.024				
출력층			z^{o}	a^{o}					z^{o}	a^{o}				
		1	1.300	0.786					-1.654	0.161				
		2	-2.106	0.109					-1.898	0.130				
		3	-1.841	0.137					-0.081	0.480				
			C	0.038					C	0.157				

96개 이미지 데이터를 복사

첫 번째 이미지 데이터를 계산하는 데 사용한 함수들을 모든 학습 데이터(96개 이미지 데이터)에 복사합니다.

⑤ 비용함수 C_T 계산하기

[식 5-8]을 이용하여 비용함수 C_T의 값을 구합니다.

그림 5-40

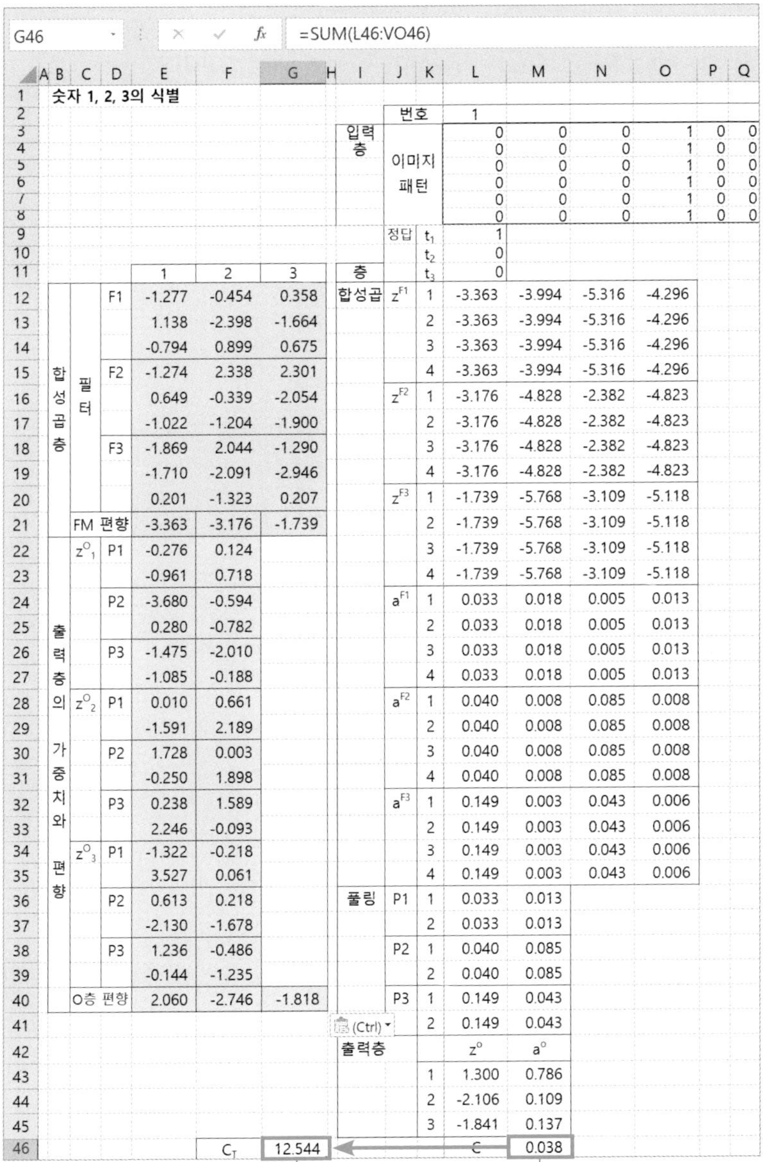

G46　　　fx　=SUM(L46:VO46)

숫자 1, 2, 3의 식별

			1	2	3
합성곱층	필터	F1	-1.277	-0.454	0.358
			1.138	-2.398	-1.664
			-0.794	0.899	0.675
		F2	-1.274	2.338	2.301
			0.649	-0.339	-2.054
			-1.022	-1.204	-1.900
		F3	-1.869	2.044	-1.290
			-1.710	-2.091	-2.946
			0.201	-1.323	0.207
	FM 편향		-3.363	-3.176	-1.739
출력층의 가중치와 편향	z^O_1	P1	-0.276	0.124	
			-0.961	0.718	
		P2	-3.680	-0.594	
			0.280	-0.782	
		P3	-1.475	-2.010	
			-1.085	-0.188	
	z^O_2	P1	0.010	0.661	
			-1.591	2.189	
		P2	1.728	0.003	
			-0.250	1.898	
		P3	0.238	1.589	
			2.246	-0.093	
	z^O_3	P1	-1.322	-0.218	
			3.527	0.061	
		P2	0.613	0.218	
			-2.130	-1.678	
		P3	1.236	-0.486	
			-0.144	-1.235	
	O층 편향		2.060	-2.746	-1.818
		C_T	**12.544**		

입력층

번호		1			
이미지 패턴	0	0	0	1	0	0
	0	0	0	1	0	0
	0	0	0	1	0	0
	0	0	0	1	0	0
	0	0	0	1	0	0
	0	0	0	1	0	0

정답		
t_1	1
t_2	0
t_3	0

합성곱층

z^{F1}	1	-3.363	-3.994	-5.316	-4.296
	2	-3.363	-3.994	-5.316	-4.296
	3	-3.363	-3.994	-5.316	-4.296
	4	-3.363	-3.994	-5.316	-4.296
z^{F2}	1	-3.176	-4.828	-2.382	-4.823
	2	-3.176	-4.828	-2.382	-4.823
	3	-3.176	-4.828	-2.382	-4.823
	4	-3.176	-4.828	-2.382	-4.823
z^{F3}	1	-1.739	-5.768	-3.109	-5.118
	2	-1.739	-5.768	-3.109	-5.118
	3	-1.739	-5.768	-3.109	-5.118
	4	-1.739	-5.768	-3.109	-5.118
a^{F1}	1	0.033	0.018	0.005	0.013
	2	0.033	0.018	0.005	0.013
	3	0.033	0.018	0.005	0.013
	4	0.033	0.018	0.005	0.013
a^{F2}	1	0.040	0.008	0.085	0.008
	2	0.040	0.008	0.085	0.008
	3	0.040	0.008	0.085	0.008
	4	0.040	0.008	0.085	0.008
a^{F3}	1	0.149	0.003	0.043	0.006
	2	0.149	0.003	0.043	0.006
	3	0.149	0.003	0.043	0.006
	4	0.149	0.003	0.043	0.006

풀링

P1	1	0.033	0.013
	2	0.033	0.013
P2	1	0.040	0.085
	2	0.040	0.085
P3	1	0.149	0.043
	2	0.149	0.043

출력층

	z^o	a^o
1	1.300	0.786
2	-2.106	0.109
3	-1.841	0.137
C		0.038

비용함수 계산([식 5-8])　　　제곱오차의 합

⑥ 해 찾기를 이용해 최적화 실행하기

엑셀의 '해 찾기' 기능을 이용하여 비용함수 C_T의 최솟값을 계산합니다(해 찾기 기능이 추가되지 않은 독자라면 3장 05 ⑤에 있는 NOTE를 참고하세요). [데이터] → [해 찾기]를 선택하고 다음 그림처럼 [목표 설정]에는 '$G$46'을, [변수 셀 변경]에는 '$E$12:$G$21,$E$22:$F$39,$E$40:$G$40'를 설정한 후 〈해 찾기〉를 눌러 실행합니다.

그림 5-41

해 찾기 설정

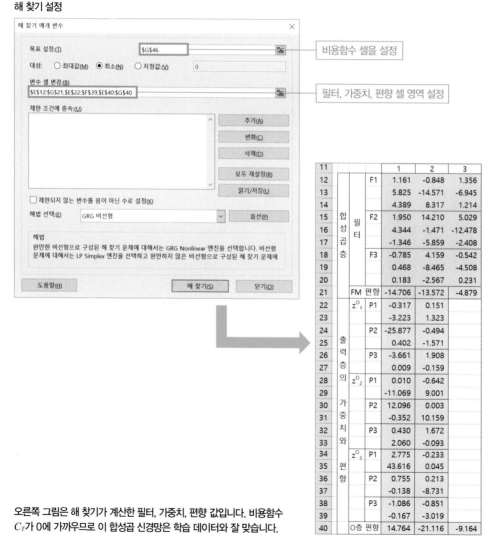

11				1	2	3
12	합성곱층	필터	F1	1.161	-0.848	1.356
13				5.825	-14.571	-6.945
14				4.389	8.317	1.214
15			F2	1.950	14.210	5.029
16				4.344	-1.471	-12.478
17				-1.346	-5.859	-2.408
18			F3	-0.785	4.159	-0.542
19				0.468	-8.465	-4.508
20				0.183	-2.567	0.231
21		FM 편향		-14.706	-13.572	-4.879
22	출력층의 가중치와 편향	z^O_1	P1	-0.317	0.151	
23				-3.223	1.323	
24			P2	-25.877	-0.494	
25				0.402	-1.571	
26			P3	-3.661	1.908	
27				0.009	-0.159	
28		z^O_2	P1	0.010	-0.642	
29				-11.069	9.001	
30			P2	12.096	0.003	
31				-0.352	10.159	
32			P3	0.430	1.672	
33				2.060	-0.093	
34		z^O_3	P1	2.775	-0.233	
35				43.616	0.045	
36			P2	0.755	0.213	
37				-0.138	-8.731	
38			P3	-1.086	-0.851	
39				-0.167	-3.019	
40		O층 편향		14.764	-21.116	-9.164

오른쪽 그림은 해 찾기가 계산한 필터, 가중치, 편향 값입니다. 비용함수 C_T가 0에 가까우므로 이 합성곱 신경망은 학습 데이터와 잘 맞습니다.

⑦ 테스트하기

⑥에서 얻은 필터, 가중치, 편향을 이용해 합성곱 신경망을 실행합니다. 제대로 동작하는지 확인하기 위해 다음 그림과 같은 이미지를 입력해봅시다. 판정 결과는 숫자 '1'입니다. 인간의 직관과 같은 판단을 합니다.

그림 5-42

그림 5-43

M47	▾ : × ✓ fx	=VLOOKUP(MAX(M43:M45),M43:N45,2,0)

숫자 1, 2, 3 식별

입력층 이미지 패턴 — 테스트 번호 1

0	0	1	1	1	0
0	0	0	1	0	0
0	0	0	1	0	0
0	0	0	1	0	0
0	0	1	1	1	0

← 이미지 패턴

합성곱층 필터 / 층

		1	2	3
F1		1.161	-0.848	1.356
		5.825	-14.571	-6.945
		4.389	8.317	1.214
F2		1.950	14.210	5.029
		4.344	-1.471	-12.478
		-1.346	-5.859	-2.408
F3		-0.785	4.159	-0.542
		0.468	-8.465	-4.508
		0.183	-2.567	0.231
FM 편향		-14.706	-13.572	-4.879

출력층의 가중치와 편향:

		1	2
z^O_1	P1	-0.317	0.151
		-3.223	1.323
	P2	-25.877	-0.494
		0.402	-1.571
	P3	-3.661	1.908
		0.009	-0.159
z^O_2	P1	0.010	-0.642
		-11.069	9.001
	P2	12.096	0.003
		-0.352	10.159
	P3	0.430	1.672
		2.060	-0.093
z^O_3	P1	2.775	-0.233
		43.616	0.045
	P2	0.755	0.213
		-0.138	-8.731
	P3	-1.086	-0.851
		-0.167	-3.019
O층 bias		14.764	-21.116	-9.164

⑥에서 얻은 필터, 가중치, 편향

합성곱 / 풀링 / 출력층:

층						
합성곱	z^{F1}	1	-13.350	-19.929	-19.290	-4.179
		2	-14.706	-19.081	-21.808	-3.331
		3	-14.706	-19.081	-21.808	-3.331
		4	-13.492	-10.765	-16.205	4.986
	z^{F2}	1	-8.543	-9.218	0.288	5.587
		2	-13.572	-23.428	-6.691	-8.623
		3	-13.572	-23.428	-6.691	-8.623
		4	-15.979	-29.287	-10.444	-14.482
	z^{F3}	1	-5.422	-5.540	-13.079	-0.853
		2	-4.879	-9.699	-11.752	-5.013
		3	-4.879	-9.699	-11.752	-5.013
		4	-4.649	-12.266	-11.338	-7.580
	a^{F1}	1	0.000	0.000	0.000	0.015
		2	0.000	0.000	0.000	0.035
		3	0.000	0.000	0.000	0.035
		4	0.000	0.000	0.000	0.993
	a^{F2}	1	0.000	0.000	0.572	0.996
		2	0.000	0.000	0.001	0.000
		3	0.000	0.000	0.001	0.000
		4	0.000	0.000	0.000	0.000
	a^{F3}	1	0.004	0.004	0.000	0.299
		2	0.008	0.000	0.000	0.007
		3	0.008	0.000	0.000	0.007
		4	0.009	0.000	0.000	0.001
풀링	P1	1	0.000	0.035		
		2	0.000	0.993		
	P2	1	0.000	0.996		
		2	0.000	0.001		
	P3	1	0.008	0.299		
		2	0.009	0.007		
출력층			z^O	a^O	숫자	
		1	16.125	1.000	1	
		2	-11.659	0.000	2	
		3	-9.209	0.000	3	
		판정	1			

← 최댓값을 출력할 유닛 번호가 판정한 숫자

← 숫자 판정 결과

대문자 I 같은 모습의 숫자 1을 입력한 예. 2, 3이 아닌 1로 판정합니다.

합성곱 신경망과 오차역전파법

4장에서는 여러 층으로 구성한 신경망에 적용하는 오차역전파법의 구조와 계산법을 알아보았습니다. 여기에서는 '소악마 필기체 숫자 신경망'을 이용해 합성곱 신경망에 적용하는 오차역전파법의 계산법을 확인합니다. 수학적으로 4장에서 살펴본 오차역전파법과 다르지 않습니다.

합성곱 신경망에 경사하강법 적용

본격적인 설명에 앞서 다시 한번 '소악마 필기체 숫자 신경망'에 적용한 합성곱 신경망의 구조를 살펴보겠습니다.

그림 5-44[20]

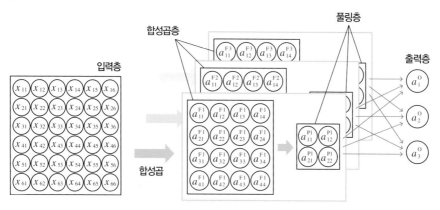

또한 5장 03에서 설명한 [식 5-1]~[식 5-6]을 다시 한번 상기하기 바랍니다. 이 절은 앞 그림과 식을 기반으로 개념을 확장해나가기 때문입니다.

그럼 합성곱 신경망의 파라미터 결정에 적용하는 경사하강법을 살펴보겠습니다.

---

20 유닛의 이름은 출력 변수명을 사용합니다.

비용함수 C_T가 있다면 '소악마 필기체 숫자 신경망' 예제에 적용하는 경사하강법의 기본 공식은 다음과 같습니다(2장 10 참고).

식 5-9

$$(\Delta w_{11}^{F1}, \cdots, \Delta w_{1-11}^{O1}, \cdots, \Delta b_1^2, \cdots, \Delta b_1^O, \cdots)$$

$$= -\eta \left(\frac{\partial C_T}{\partial w_{11}^{F1}}, \cdots, \frac{\partial C_T}{\partial w_{1-11}^{O1}}, \cdots, \frac{\partial C_T}{\partial b^{F1}}, \cdots, \frac{\partial C_T}{\partial b_1^O}, \cdots \right)$$

우변의 괄호 안 식은 '비용함수 C_T의 기울기'고 필터에 관한 편미분, 가중치에 관한 편미분, 편향에 관한 편미분을 성분으로 둡니다. 성분은 총 69개입니다.

그림 5-45

비용함수 C_T의 기울기

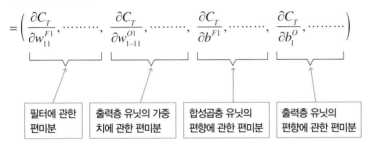

이제 [식 5-7]을 이용해 비용함수를 계산해보겠습니다. 실제로 [식 5-9] 우변의 기울기 성

편미분 계산 횟수 줄이기

기울기 계산은 [식 5-9]처럼 비용함수 C_T를 구하는 것입니다. 즉, 학습 데이터의 k번째 이미지에서 얻는 제곱오차 [식 5-7] 값을 이용해 비용함수 C_T는 [식 5-8]과 같다고 설명했습니다(5장 03 참고). 따라서 비용함수 C_T의 편미분을 구하려면 [식 5-7]을 편미분하고 모든 이미지 데이터를 대입한 후 계산한 합을 구하면 됩니다.

이제 [식 5-7]을 이용해 비용함수를 계산해보겠습니다. 실제로 [식 5-9] 우변의 기울기 성분 $\partial C_T/\partial w_{11}^{F1}$을 구할 때는 [식 5-7]의 C_T를 구한 후 미분하면 비효율적입니다. 이럴 때는 [식 5-6] 제곱오차 C를 편미분한 후 이미지 데이터를 대입하는 $\partial C_k/\partial w_{11}^{F1}$ ($k=1, 2, \cdots, 96$)을 계산합니다. 그리고 $\partial C_k/\partial w_{11}^{F1}$의 계산 결과를 모든 데이터에 더하면 편미분의 계산 횟수를 많이 줄일 수 있습니다.

그림 5-46

[계산 방법 1] (편미분 횟수 96)

[식 5-6] C에
데이터 대입 $\longrightarrow$ $C_T = C_1 + C_2 + \cdots + C_{96}$ $\longrightarrow$ $\dfrac{\partial C_T}{\partial w_{11}^{F1}} = \dfrac{\partial C_1}{\partial w_{11}^{F1}} + \dfrac{\partial C_2}{\partial w_{11}^{F1}} + \cdots + \dfrac{\partial C_{96}}{\partial w_{11}^{F1}}$

[계산 방법 2] (편미분 횟수 1)

[식 5-6] C를
편미분 $\longrightarrow$ $\dfrac{\partial C}{\partial w_{11}^{F1}}$ 계산 $\longrightarrow$ $\dfrac{\partial C_T}{\partial w_{11}^{F1}}$ = 계산 결과를 모든 데이터에 더함.

계산 방법 2를 이용하면 미분 계산을 줄일 수 있습니다.

$\delta_j^{}$과 편미분의 관계

합성곱 신경망에서 사용하는 유닛의 오차 δ는 두 가지가 있습니다. 하나는 δ_{ij}^{Fk} 형태로 합성곱층 k번째 시트 i행 j열에 있는 유닛의 오차를 나타냅니다. 또 하나는 δ_n^{o} 형식으로 출력층의 n번째에 있는 유닛의 오차를 나타냅니다. 두 가지 모두 가중 입력 z_{ij}^{Fk}, z_j^{o}([식 5-1]~[식 5-2] 및 [식 5-4]~[식 5-5])에 관한 편미분으로 정의합니다.

식 5-10

$$\delta_{ij}^{Fk} = \frac{\partial C}{\partial z_{ij}^{Fk}}, \ \delta_n^{o} = \frac{\partial C}{\partial z_n^{o}}$$

예를 들어 합성곱층 첫 번째 1행 1열 유닛의 제곱오차인 $\delta_{11}^{F1} = \partial C/\partial z_{11}^{F1}$과 출력층 첫 번째 유닛의 제곱오차인 $\delta_1^{o} = \partial C/\partial z_1^{o}$를 그림으로 나타내면 다음과 같습니다.

그림 5-47

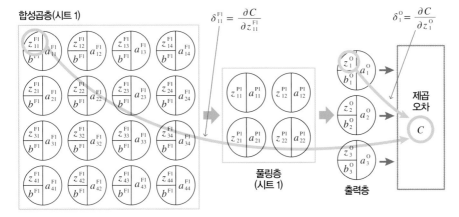

합성곱층(시트 1)

$$\delta_{11}^{F1} = \frac{\partial C}{\partial z_{11}^{F1}}$$

$$\delta_1^O = \frac{\partial C}{\partial z_1^O}$$

제곱
오차

풀링층
(시트 1)

출력층

변수의 위치 관계

δ_j^l로 표현하는 출력층 유닛의 기울기 성분

[식 5-4]~[식 5-5], [식 5-10] 및 편미분 연쇄법칙(2장 08 참고)을 이용하면 출력층 유닛의
기울기 성분을 δ_j^l로 표현할 수 있습니다. 다음 두 식은 그 예입니다.

$$\frac{\partial C}{\partial w_{2-21}^{O1}} = \frac{\partial C}{\partial z_1^O}\frac{\partial z_1^O}{\partial w_{2-21}^{O1}} = \delta_1^O a_{21}^{P2}$$

$$\frac{\partial C}{\partial b_1^O} = \frac{\partial C}{\partial z_1^O}\frac{\partial z_1^O}{\partial b_1^O} = \delta_1^O$$

앞 식의 과정을 그림으로 나타내면 다음과 같습니다.

그림 5-48

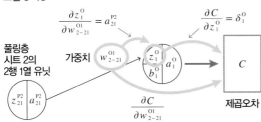

$$\frac{\partial z_1^O}{\partial w_{2-21}^{O1}} = a_{21}^{P2}$$

$$\frac{\partial C}{\partial z_1^O} = \delta_1^O$$

풀링층
시트 2의
2행 1열 유닛

가중치

제곱오차

$$\frac{\partial C}{\partial w_{2-21}^{O1}}$$

변수와 파라미터의 관계도

앞 두 식은 다음과 같은 공식으로 일반화할 수 있습니다.

식 5-11

$$\frac{\partial C}{\partial w_{k-ij}^{On}} = \delta_n^O a_{ij}^{Pk}, \quad \frac{\partial C}{\partial b_n^O} = \delta_n^O$$

n은 출력층에 있는 유닛 번호, k는 풀링층의 시트 번호, i, j는 필터의 행과 열 번호($i, j = 1, 2$)입니다.

δ_j^F로 표현하는 합성곱층 유닛의 기울기 성분

이번에는 합성곱층 유닛의 기울기 성분을 δ_j^F로 표현하겠습니다. 먼저 필터 성분 w_{11}^F의 편미분을 알아야 합니다. [식 5-1]과 [식 5-2]을 이용해 필터 성분 w_{ij}^{Fk}를 실제 구하면 다음과 같습니다.

$$z_{11}^{F1} = w_{11}^{F1}x_{11} + w_{12}^{F1}x_{12} + w_{13}^{F1}x_{13} + w_{21}^{F1}x_{21} + w_{22}^{F1}x_{22} + w_{23}^{F1}x_{23} + w_{31}^{F1}x_{31} + w_{32}^{F1}x_{32} + w_{33}^{F1}x_{33} + b^{F1}$$

$$z_{12}^{F1} = w_{11}^{F1}x_{12} + w_{12}^{F1}x_{13} + w_{13}^{F1}x_{14} + w_{21}^{F1}x_{22} + w_{22}^{F1}x_{23} + w_{23}^{F1}x_{24} + w_{31}^{F1}x_{32} + w_{32}^{F1}x_{33} + w_{33}^{F1}x_{34} + b^{F1}$$

......

$$z_{44}^{F1} = w_{11}^{F1}x_{44} + w_{12}^{F1}x_{45} + w_{13}^{F1}x_{46} + w_{21}^{F1}x_{54} + w_{22}^{F1}x_{55} + w_{23}^{F1}x_{56} + w_{31}^{F1}x_{64} + w_{32}^{F1}x_{65} + w_{33}^{F1}x_{66} + b^{F1}$$

이를 이용하면 입력층 변수 x_{ij}를 구하는 다음 식을 얻을 수 있습니다.

식 5-12

$$\frac{\partial z_{11}^{F1}}{\partial w_{11}^{F1}} = x_{11}, \quad \frac{\partial z_{12}^{F1}}{\partial w_{11}^{F1}} = x_{12}, \cdots, \quad \frac{\partial z_{44}^{F1}}{\partial w_{11}^{F1}} = x_{44}$$

[식 5-12]와 연쇄법칙을 이용하면 다음 식도 얻을 수 있습니다.

식 5-13

$$\frac{\partial C}{\partial w_{11}^{F1}} = \frac{\partial C}{\partial z_{11}^{F1}}\frac{\partial z_{11}^{F1}}{\partial w_{11}^{F1}} + \frac{\partial C}{\partial z_{12}^{F1}}\frac{\partial z_{12}^{F1}}{\partial w_{11}^{F1}} + \cdots + \frac{\partial C}{\partial z_{44}^{F1}}\frac{\partial z_{44}^{F1}}{\partial w_{11}^{F1}}$$

마지막으로 [식 5-13]에 δ의 정의인 [식 5-10]과 [식 5-12]를 대입하면 합성곱층 유닛의 기울기 성분인 [식 5-14]를 구할 수 있습니다.

식 5-14

$$\frac{\partial C}{\partial w_{11}^{F1}} = \delta_{11}^{F1} x_{11} + \delta_{12}^{F1} x_{12} + \cdots + \delta_{44}^{F1} x_{44}$$

다음 그림은 δ_j^i로 표현하는 합성곱층 유닛의 기울기 성분을 구하는 [식 5-12]~[식 5-14]의 과정을 설명합니다.

그림 5-49

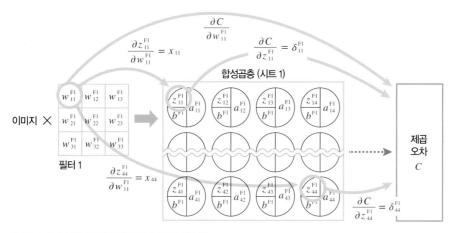

[식 5-14]의 우변 1항과 말항의 변수 관계도입니다.

[식 5-14]는 다른 필터 성분으로 확장하기 쉽습니다. k를 필터 번호(합성곱층의 번호와 동일), i, j는 필터의 행과 열 번호(i, $j=1$, 2, 3)라고 하면 [식 5-14]를 다음처럼 일반화할 수 있습니다.

식 5-15[21]

$$\frac{\partial C}{\partial w_{ij}^{Fk}} = \delta_{11}^{Fk} x_{ij} + \delta_{12}^{Fk} x_{ij+1} + \cdots + \delta_{44}^{Fk} x_{i+3\,j+3}$$

---

21 픽셀 수가 6×6이고, 필터 영역이 3×3이라고 가정합니다. 기준이 다르다면 그에 맞게 [식 5-15]를 변경해야 합니다.

또한 합성곱층의 각 시트에 있는 유닛의 편향은 공통으로 적용할 수 있는 값입니다. 따라서 편미분할 때는 시트별로 편향값이 같습니다. 예를 들어 첫 번째 특징 맵에 있는 유닛의 편향을 편미분할 때는 다음의 관계식이 성립합니다.

식 5-16

$$\frac{\partial C}{\partial b^{F1}} = \frac{\partial C}{\partial z_{11}^{F1}} \frac{\partial z_{11}^{F1}}{\partial b^{F1}} + \frac{\partial C}{\partial z_{12}^{F1}} \frac{\partial z_{12}^{F1}}{\partial b^{F1}} + \cdots + \frac{\partial C}{\partial z_{44}^{F1}} \frac{\partial z_{44}^{F1}}{\partial b^{F1}}$$

$$= \delta_{11}^{F1} + \delta_{12}^{F1} + \cdots + \delta_{44}^{F1}$$

앞 식의 과정을 그림으로 나타내면 다음과 같습니다.

그림 5-50

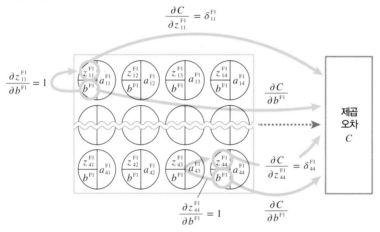

[식 5-16] 오른쪽 1항과 말항의 변수 관련도

[식 5-16]은 k를 합성곱층의 시트 번호로 하여 다음처럼 일반화할 수 있습니다.

식 5-17[22]

$$\frac{\partial C}{\partial b^{Fk}} = \delta_{11}^{Fk} + \delta_{12}^{Fk} + \cdots + \delta_{33}^{Fk} + \cdots + \delta_{44}^{Fk}$$

---

22 픽셀 수가 6×6이고, 필터가 3×3 영역일 때의 공식입니다. 다른 경우에는 공식을 그에 맞게 변경해야 합니다.

즉, 합성곱층 유닛의 편향에 관한 편미분은 합성곱층 시트 각각에 있는 모든 유닛의 오차 합입니다.

출력층 유닛의 오차 δ 계산하기

[식 5-11], [식 5-15], [식 5-17]을 이용해 유닛의 오차 δ를 얻으면, [식 5-9]의 기울기 성분을 모두 얻는다는 사실을 알 수 있었습니다. 이번에는 [식 5-10]에서 정의한 출력층 유닛의 오차 δ를 계산해보겠습니다.

활성화 함수가 $a(z)$, n을 해당 층의 유닛 번호라고 하면 [식 5-10]에서 다음 식을 도출할 수 있습니다.

식 5-18

$$\delta_n^O = \frac{\partial C}{\partial z_n^O} = \frac{\partial C}{\partial a_n^O} \frac{\partial a_n^O}{\partial z_n^O} = \frac{\partial C}{\partial a_n^O} a'(z_n^O)$$

또한 [식 5-6]을 이용하면 [식 5-18]에 있는 $\partial C / \partial a_n^O$를 다음처럼 바꿀 수 있습니다.

식 5-19

$$\frac{\partial C}{\partial a_n^O} = a_n^O - t_n \quad (n = 1, 2, 3)$$

[식 5-19]를 [식 5-18]에 대입하면 구하려고 했던 출력층 유닛의 오차 δ_n^O를 얻을 수 있습니다.

식 5-20

$$\delta_n^O = (a_n^O - t_n) a'(z_n^O)$$

합성곱층 유닛의 오차 δ 계산하기

합성곱층 유닛의 오차 δ는 출력층 유닛의 오차 δ를 구하고 '수열의 점화식'(2장 02 참고)을 기반에 두는 '역' 점화식(4장 03 참고)을 구해서 계산합니다.

먼저 편미분 연쇄법칙을 이용해 δ_{11}^{F1}의 '역' 점화식을 만드는 예를 살펴보겠습니다.

식 5-21

$$\delta_{11}^{F1} = \frac{\partial C}{\partial z_{11}^{F1}} = \frac{\partial C}{\partial z_1^O}\frac{\partial z_1^O}{\partial a_{11}^{P1}}\frac{\partial a_{11}^{P1}}{\partial z_{11}^{P1}}\frac{\partial z_{11}^{P1}}{\partial a_{11}^{F1}}\frac{\partial a_{11}^{F1}}{\partial z_{11}^{F1}}$$

$$+ \frac{\partial C}{\partial z_2^O}\frac{\partial z_2^O}{\partial a_{11}^{P1}}\frac{\partial a_{11}^{P1}}{\partial z_{11}^{P1}}\frac{\partial z_{11}^{P1}}{\partial a_{11}^{F1}}\frac{\partial a_{11}^{F1}}{\partial z_{11}^{F1}} + \frac{\partial C}{\partial z_3^O}\frac{\partial z_3^O}{\partial a_{11}^{P1}}\frac{\partial a_{11}^{P1}}{\partial z_{11}^{P1}}\frac{\partial z_{11}^{P1}}{\partial a_{11}^{F1}}\frac{\partial a_{11}^{F1}}{\partial z_{11}^{F1}}$$

앞 식의 과정을 그림으로 나타내면 다음과 같습니다.

그림 5-51

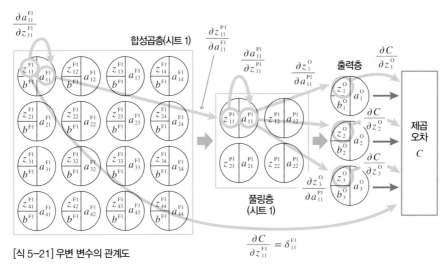

[식 5-21] 우변 변수의 관계도

[식 5-21]에서 공통 항목을 묶으면 다음처럼 단순화시킬 수 있습니다.

식 5-22

$$\delta_{11}^{F1} = \frac{\partial a_{11}^{P1}}{\partial z_{11}^{P1}}\frac{\partial z_{11}^{P1}}{\partial a_{11}^{F1}}\frac{\partial a_{11}^{F1}}{\partial z_{11}^{F1}}\left\{\frac{\partial C}{\partial z_1^O}\frac{\partial z_1^O}{\partial a_{11}^{P1}} + \frac{\partial C}{\partial z_2^O}\frac{\partial z_2^O}{\partial a_{11}^{P1}} + \frac{\partial C}{\partial z_3^O}\frac{\partial z_3^O}{\partial a_{11}^{P1}}\right\}$$

또한 [식 5-12]의 $\partial z_1^O/\partial a_{11}^{P1}$, $\partial z_2^O/\partial a_{11}^{P1}$, $\partial z_3^O/\partial a_{11}^{P1}$은 [식 5-4]와 [식 5-5]를 이용해 다음처럼 구할 수 있습니다.

식 5-23

$$\frac{\partial z_1^O}{\partial a_{11}^{P1}} = w_{1\text{-}11}^{O1}, \quad \frac{\partial z_2^O}{\partial a_{11}^{P1}} = w_{1\text{-}11}^{O2}, \quad \frac{\partial z_3^O}{\partial a_{11}^{P1}} = w_{1\text{-}11}^{O3}$$

또한 [식 5-3]을 이용하면 a_{11}^{P1}과 z_{11}^{P1}을 다음처럼 바꿀 수 있습니다.

식 5-24

$$a_{11}^{P1} = z_{11}^{P1}, \; z_{11}^{P1} = \text{Max}(a_{11}^{F1}, a_{12}^{F1}, a_{21}^{F1}, a_{22}^{F1})$$

[식 5-24]를 이용하면 $\partial a_{11}^{P1}/\partial z_{11}^{P1}$의 값은 다음과 같습니다.

식 5-25

$$\frac{\partial a_{11}^{P1}}{\partial z_{11}^{P1}} = 1$$

a_{11}^{F1}, a_{12}^{F1}, a_{21}^{F1}, a_{22}^{F1}은 풀링할 때 하나의 블록을 구성하므로 $\text{Max}(a_{11}^{F1}, a_{12}^{F1}, a_{21}^{F1}, a_{22}^{F1})$는 다음처럼 표현할 수 있습니다.

식 5-26

$$\frac{\partial a_{11}^{P1}}{\partial z_{11}^{F1}} = \begin{cases} 1 & \text{(블록 안에서 } a_{11}^{F1}\text{가 최댓값일 때)} \\ 0 & \text{(블록 안에서 } a_{11}^{F1}\text{가 최댓값이 아닐 때)} \end{cases}$$

한편 $\partial a_{11}^{F1}/\partial z_{11}^{F1}$은 $a'(z_{11}^{F1})$으로도 표현할 수 있으므로, δ의 정의 [식 5-10]에 [식 5-23]~[식 5-26]을 [식 5-22]에 대입하여 다음 식으로 바꿀 수 있습니다.

식 5-27

$$\delta_{11}^{F1} = \{\delta_1^O w_{1\text{-}11}^{O1} + \delta_2^O w_{1\text{-}11}^{O2} + \delta_3^O w_{1\text{-}11}^{O3}\} \times 1 \times (a_{11}^{F1}\text{이 블록 안 최댓값일 때 1, 그렇지 않을 때 0}) \times a'(z_{11}^{F1})$$

따라서 최종 합성곱층 유닛의 오차 δ_{ij}^{Fk}는 다음처럼 일반화할 수 있습니다.

$$\delta_{ij}^{Fk} = \{\delta_1^O w_{k-i'j'}^{O1} + \delta_2^O w_{k-i'j'}^{O2} + \delta_3^O w_{k-i'j'}^{O3}\} \times (a_{ij}^{Fk}\text{이 블록 안 최댓값일 때 1, 그렇지 않을 때 0}) \times a'(z_{ij}^{Fk})$$

만약 δ_{34}^{F1}라면 $\delta_{34}^{F1} = \{\delta_1^O w_{1-22}^{O1} + \delta_2^O w_{1-22}^{O2} + \delta_3^O w_{1-22}^{O3}\} \times (a_{34}^{F1}$이 블록 안 최댓값일 때 1, 그렇지 않을 때 0)$\times a'(z_{11}^{F1})$라고 예를 들 수 있습니다. 다음 그림을 참고하면 좀 더 이해하기 좋을 것입니다.

그림 5-52

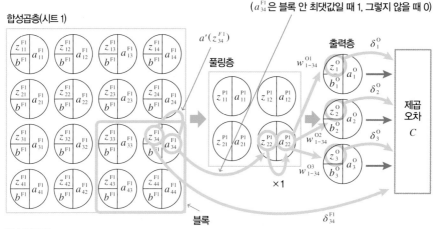

변수의 관계

합성곱층 유닛의 오차 δ를 미분하지 않고 얻기

앞에서 출력층과 합성곱층에서 정의한 유닛의 오차 δ에 관한 관계식(즉 점화식)을 도출할 수 있었습니다. 그런데 출력층 유닛의 오차 δ 값은 [식 5-20]에서 이미 구했습니다. 따라서 [식 5-28]을 이용하면 미분하지 않아도 합성곱층 유닛의 오차 δ 값을 구할 수 있습니다. 이것이 합성곱 신경망의 오차역전파법 구조입니다.

---

23 참고로 k, i, j 등의 의미는 이전에 설명한 내용과 같습니다. 또한 i', j'는 합성곱층 i번 j열 유닛에 대응하는 풀링층 유닛 위치를 나타냅니다.

그림 5-53

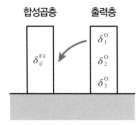

합성곱층　　　출력층

δ_{ij}^{Fk}　　δ_1^O
　　　　　　δ_2^O
　　　　　　δ_3^O

오차역전파법 구조. 출력층 유닛의 오차 δ를 구하면 합성곱층 유닛의 오차 δ도 쉽게 구할 수 있습니다.

그럼 앞에서 살펴봤던 $\delta_{34}^{F1} = \{\delta_1^O w_{1-22}^{O1} + \delta_2^O w_{1-22}^{O2} + \delta_3^O w_{1-22}^{O3}\} \times (a_{34}^{F1}$이 블록 안 최댓값일 때 1, 그렇지 않을 때 0)$\times a'(z_{11}^{F1})$의 관계식을 증명하겠습니다. 다음과 같습니다.

$$\delta_{34}^{F1} = \frac{\partial C}{\partial z_{34}^{F1}} = \frac{\partial a_{22}^{P1}}{\partial z_{22}^{P1}} \frac{\partial z_{22}^{P1}}{\partial a_{22}^{F1}} \frac{\partial a_{34}^{F1}}{\partial z_{34}^{F1}} \left\{ \frac{\partial C}{\partial z_1^O} \frac{\partial z_1^O}{\partial a_{22}^{P1}} + \frac{\partial C}{\partial z_2^O} \frac{\partial z_2^O}{\partial a_{22}^{P1}} + \frac{\partial C}{\partial z_3^O} \frac{\partial z_3^O}{\partial a_{22}^{P1}} \right\}$$

$$\frac{\partial z_1^O}{\partial a_{22}^{P1}} = w_{1-22}^{O1}, \quad \frac{\partial z_2^O}{\partial a_{22}^{P1}} = w_{1-22}^{O2}, \quad \frac{\partial z_3^O}{\partial a_{22}^{P1}} = w_{1-22}^{O3}$$

$$a_{22}^{P1} = z_{22}^{P1}, \quad z_{22}^{P1} = \mathrm{Max}(a_{33}^{F1}, a_{34}^{F1}, a_{43}^{F1}, a_{44}^{F1})$$

$$\frac{\partial a_{22}^{P1}}{\partial z_{22}^{P1}} = 1, \quad \frac{\partial a_{22}^{P1}}{\partial z_{34}^{F1}} = \begin{cases} 1 & (\text{블록 안 } a_{34}^{F1} \text{이 최댓값일 때}) \\ 0 & (\text{블록 안 } a_{34}^{F1} \text{이 최댓값이 아닐 때}) \end{cases}$$

$\dfrac{\partial a_{34}^{F1}}{\partial z_{34}^{F1}}$은 $a'(z_{34}^{F1})$로 바꿀 수 있으므로

$$\delta_{34}^{F1} = \{\delta_1^O w_{1-22}^{O1} + \delta_2^O w_{1-22}^{O2} + \delta_3^O w_{1-22}^{O3}\} \times 1$$

$$\times (a_{34}^{F1} \text{이 블록 안 최댓값이면 1, 그렇지 않으면 0}) \times a'(z_{34}^{F1})$$

4장에서 살펴본 신경망과 마찬가지로 합성곱 신경망에도 오차역전파법을 사용할 수 있습니다. 지금까지 살펴본 '소악마 필기체 숫자 신경망'을 엑셀에서 계산해봅시다.

개요

'소악마 필기체 숫자 신경망'이라는 합성곱 신경망의 필터, 가중치, 편향값을 결정합니다. 예제 파일은 '5_6_합성곱신경망_오차역전파법.xlsx'이고, 학습 이미지 데이터 96개는 부록 B를 참고합니다. 활성화 함수는 시그모이드 함수를 사용합니다.[24]

'소악마 필기체 숫자 신경망'의 개념은 5장 01, 변수 및 파라미터의 관계식은 5장 05에서 설명했습니다. 엑셀에서는 이를 바탕으로 계산합니다.

① 학습용 이미지 데이터 읽기

합성곱 신경망을 학습시키려면 학습 데이터가 필요합니다. [학습] 워크시트에 5장 04 ①처럼 이미지 데이터를 읽게 합니다.

그림 5-54

I	J	K	L	M	N	O	P	Q	≈	VI	VJ	VK	VL	VM	VN
	번호	1						2		96					
입력층	이미지패턴	0	0	0	1	0	0	0		0	0	1	1	1	0
		0	0	0	1	0	0	0		0	1	0	0	1	1
		0	0	0	1	0	0	0		0	0	0	0	1	0
		0	0	0	1	0	0	0		0	0	0	0	1	0
		0	0	0	1	0	0	0		0	1	0	0	1	1
		0	0	0	1	0	0	0		0	0	1	1	1	0
정답	t1	1						1		0					
	t2	0						0		0					
	t3	0						0		1					

---

24 계산 알고리즘은 4장 04에서 설명한 내용과 같습니다.

② 필터 성분, 가중치, 편향의 초깃값 설정하기

앞으로 정해야 할 필터의 성분, 가중치, 편향은 지금 당장 알 수 없습니다. 시험용 초깃값을 설정해 찾아야 합니다. 그래서 정규분포 난수(2장 01 참고)를 이용하여 초깃값을 설정합니다. 또한 작은 값을 갖는 양의 상수로 학습률 η도 설정합니다.

그림 5-55

	A B	C	D	E	F
1	숫자 1, 2, 3의 식별(시그모이드)				
4		η	0.2		
12	파라미터		1	2	3
13	합성곱층	F1	-1.277	-0.454	0.358
14			1.138	-2.398	-1.664
15			-0.794	0.899	0.675
16		F2	-1.274	2.338	2.301
17			0.649	-0.339	-2.054
18			-1.022	-1.204	-1.900
19		F3	-1.869	2.044	-1.290
20			-1.710	-2.091	-2.946
21			0.201	-1.323	0.207
22		편향	-3.363	-3.176	-1.739
23	O층 1 가중치	P1	-0.276	0.124	
24			-0.961	0.718	
25		P2	-3.680	-0.594	
26			0.280	-0.782	
27		P3	-1.475	-2.010	
28			-1.085	-0.188	
29	O층 2 가중치	P1	0.010	0.661	
30			-1.591	2.189	
31		P2	1.728	0.003	
32			-0.250	1.898	
33		P3	0.238	1.589	
34			2.246	-0.093	
35	O층 3 가중치	P1	-1.322	-0.218	
36			3.527	0.061	
37		P2	0.613	0.218	
38			-2.130	-1.678	
39		P3	1.236	-0.486	
40			-0.144	-1.235	
41	O층 편향		2.060	-2.746	-1.818

학습률 η를 설정

필터 성분, 가중치, 편향의 초깃값 설정

셀 주소 D13부터 시작하는 영역에 필터 성분, 가중치, 편향의 초깃값을 설정합니다. 총 69개의 파라미터로 구성하며 정규분포 난수를 이용하여 초깃값을 설정합니다.

NOTE_ 학습률 η 설정

학습률 η는 시행착오를 통해 설정합니다. η가 너무 작으면 비용함수 C_T는 최솟값에 도달하는 데 어려움을 겪을 수 있습니다. 혹은 의도하지 않은 곳으로 도달할 수도 있습니다. 또한 η가 너무 크면 비용함수 C_T를 수렴할 수 없다는 위험이 있습니다. 학습률을 설정하는 이유는 비용함수 C_T의 최솟값을 구하는 데 있습니다. 효율적으로 C_T의 최솟값을 찾도록 여러 가지 값을 바꾸어 계산하기 바랍니다.

③ 유닛의 출력값과 제곱오차 C 계산하기

주어진 필터 성분, 가중치, 편향을 사용하여 첫 번째 이미지에 관한 각 유닛의 가중 입력, 활성화 함숫값, 제곱오차 C를 구합니다.

그림 5-56

입력층 / 정답 / η 등:

숫자 1, 2, 3의 식별(시그모이드)	
η	0.2

번호	1					
입력층 이미지 패턴	0	0	0	1	0	0
	0	0	0	1	0	0
	0	0	0	1	0	0
	0	0	0	1	0	0
	0	0	0	1	0	0

정답	
t1	1
t2	0
t3	0

합성곱층 파라미터

파라미터		1	2	3
합성곱층	F1	-1.277	-0.454	0.358
		1.138	-2.398	-1.664
		-0.794	0.899	0.675
	F2	-1.274	2.338	2.301
		0.649	-0.339	-2.054
		-1.022	-1.204	-1.900
	F3	-1.869	2.044	-1.290
		-1.710	-2.091	-2.946
		0.201	-1.323	0.207
	편향	-3.363	-3.176	-1.739
O층 1 가중치	P1	-0.276	0.124	
		-0.961	0.718	
	P2	-3.680	-0.594	
		0.280	-0.782	
	P3	-1.475	-2.010	
		-1.085	-0.188	
O층 2 가중치	P1	0.010	0.661	
		-1.591	2.189	
	P2	1.728	0.003	
		-0.250	1.898	
	P3	0.238	1.589	
		2.246	-0.093	
O층 3 가중치	P1	-1.322	-0.218	
		3.527	0.061	
	P2	0.613	0.218	
		-2.130	-1.678	
	P3	1.236	-0.486	
		-0.144	-1.235	
O층 편향		2.060	-2.746	-1.818
변수 수		69		
1 번째 C_T		12.544		

변숫값 계산 (1 번째)

합성곱층의 가중치 입력 ([식 5-1])

z^{F1}	-3.363	-3.994	-5.316	-4.296
	-3.363	-3.994	-5.316	-4.296
	-3.363	-3.994	-5.316	-4.296
	-3.363	-3.994	-5.316	-4.296
z^{F2}	-3.176	-4.828	-2.382	-4.823
	-3.176	-4.828	-2.382	-4.823
	-3.176	-4.828	-2.382	-4.823
	-3.176	-4.828	-2.382	-4.823
z^{F3}	-1.739	-5.768	-3.109	-5.118
	-1.739	-5.768	-3.109	-5.118
	-1.739	-5.768	-3.109	-5.118
	-1.739	-5.768	-3.109	-5.118

합성곱층의 출력 ([식 5-2])

a^{F1}	0.033	0.018	0.005	0.013
	0.033	0.018	0.005	0.013
	0.033	0.018	0.005	0.013
	0.033	0.018	0.005	0.013
a^{F2}	0.040	0.008	0.085	0.008
	0.040	0.008	0.085	0.008
	0.040	0.008	0.085	0.008
	0.040	0.008	0.085	0.008
a^{F3}	0.149	0.003	0.043	0.006
	0.149	0.003	0.043	0.006
	0.149	0.003	0.043	0.006
	0.149	0.003	0.043	0.006

풀링층 유닛의 출력 ([식 5-3])

a^{P1}	0.033	0.013
	0.033	0.013
a^{P2}	0.040	0.085
	0.040	0.085
a^{P3}	0.149	0.043
	0.149	0.043

출력층 ([식 5-4], [식 5-5])

	z^{O}	a^{O}
1	1.300	0.786
2	-2.106	0.109
3	-1.841	0.137
C	0.038	

- 합성곱층 유닛의 가중 입력([식 5-1])
- 합성곱층 유닛의 출력([식 5-2])
- 풀링층 유닛의 출력([식 5-3])
- 출력층 유닛의 출력([식 5-4], [식 5-5])
- 제곱오차([식 5-6])

④ 오차역전파법에 이용할 각층 유닛의 오차 δ 계산하기

먼저 출력층 유닛의 오차 δ_n^O를 계산합니다([식 5-20] 참고). 이어 '역' 점화식으로 δ_{ij}^{Fk}를 계산합니다([식 5-28] 참고).

⑤ 유닛의 오차에서 제곱오차 C의 편미분 계산하기

④에서 구한 δ로 제곱오차 C의 필터 성분, 가중치, 편향에 관한 편미분값을 계산합니다.

그림 5-57

		1 번째 C_T	12.544			C	0.038			
					O층	δ^O	-0.036	0.011	0.016	
						δ^{F1}	0.000	0.000	0.000	0.000
							0.000	0.000	0.000	0.000
							0.002	0.000	0.000	0.000
				δ 계산	합성곱층	δ^{F2}	0.006	0.000	0.002	0.000
							0.006	0.000	0.002	0.000
							-0.002	0.000	0.002	0.000
							-0.002	0.000	0.002	0.000
						δ^{F3}	0.010	0.000	0.003	0.000
							0.010	0.000	0.003	0.000
파라미터의 기울기 1							0.008	0.000	-0.001	0.000
		1	2	3			0.008	0.000	-0.001	0.000

→ ④ 유닛의 오차 δ 계산 ([식 5-20], [식 5-28])

		1	2	3			F1	0.000	0.000	0.000
	F1							0.000	0.000	0.000
								0.000	0.000	0.000
합성곱층	F2				합성곱층	F2	0.000	0.007	0.000
							0.000	0.007	0.000
							0.000	0.007	0.000
	F3					F3	0.000	0.005	0.000
							0.000	0.005	0.000
							0.000	0.005	0.000
	편향					편향	0.004	0.016	0.040

→ ⑤ 필터 성분에 관한 제곱오차의 편미분값[식 5-15]

→ ⑤ 합성곱층 유닛의 편향에 관한 제곱오차의 편미분값 ([식 5-17])

					제곱오차의 편미분	O층1가중치	P1	-0.001	0.000	
O층1가중치	P1							-0.001	0.000	
	P2						P2	-0.001	-0.003	
								-0.001	-0.003	
	P3						P3	-0.005	-0.002	
								-0.005	-0.002	
O층2가중치	P1					O층2가중치	P1	0.000	0.000	
								0.000	0.000	
	P2						P2	0.000	0.001	
								0.000	0.001	
	P3						P3	0.002	0.000	
								0.002	0.000	
O층3가중치	P1					O층3가중치	P1	0.001	0.000	
								0.001	0.000	
	P2						P2	0.001	0.001	
								0.001	0.001	
	P3						P3	0.002	0.001	
								0.002	0.001	
O층 편향						O층 편향	-0.036	0.011	0.016

→ ⑤ 출력층 유닛의 가중치에 관한 제곱오차의 편미분값 ([식 5-11])

→ ⑤ 출력층 유닛의 편향에 관한 제곱오차의 편미분값 ([식 5-11])

⑥ 비용함수 C_T와 기울기 ∇C_T 계산하기

지금까지 첫 번째 이미지만 학습 데이터로 다뤘습니다. 목표는 모든 데이터에 적용할 비용함수 C_T와 기울기 값을 구하는 것입니다. [학습] 워크시트에 학습 이미지 데이터 96개 해당하는 함수를 모두 복사합니다.

그림 5-58

1번째											
합성곱층의 가중치입력	z^{F1}	-3.363	-3.994	-5.316	-4.296		-5.403	-1.645	-4.826	-9.052	
		-3.363	-3.994	-5.316	-4.296		-3.817	-6.304	-6.391	-3.820	
		-3.363	-3.994	-5.316	-4.296		-2.464	-3.799	-4.448	-5.918	
		-3.363	-3.994	-5.316	-4.296		-5.085	-0.651	-3.889	-7.775	
	z^{F2}	-3.176	-4.828	-2.382	-4.823		-1.214	0.213	-4.969	-6.732	
		-3.176	-4.828	-2.382	-4.823		-0.838	-6.504	-5.168	0.569	
		-3.176	-4.828	-2.382	-4.823		-4.381	-1.897	-2.490	-5.556	
		-3.176	-4.828	-2.382	-4.823		-5.415	-5.631	-7.055	-5.458	
	z^{F3}	-1.739	-5.768	-3.109	-5.118		-5.120	-2.488	-6.916	-7.723	
		-1.739	-5.768	-3.109	-5.118		0.305	-6.554	-7.859	-6.109	
		-1.739	-5.768	-3.109	-5.118		-3.062	-2.828	-3.724	-4.771	
		-1.739	-5.768	-3.109	-5.118		-3.623	-4.565	-6.890	-5.853	
변숫값 계산 / 합성곱층의 출력	a^{F1}	0.033	0.018	0.005	0.013		0.004	0.162	0.008	0.000
		0.033	0.018	0.005	0.013		0.022	0.002	0.002	0.021
		0.033	0.018	0.005	0.013		0.078	0.022	0.012	0.003
		0.033	0.018	0.005	0.013		0.006	0.343	0.020	0.000
	a^{F2}	0.040	0.008	0.085	0.008		0.229	0.553	0.007	0.001
		0.040	0.008	0.085	0.008		0.302	0.001	0.006	0.638
		0.040	0.008	0.085	0.008		0.012	0.130	0.077	0.004
		0.040	0.008	0.085	0.008		0.004	0.004	0.001	0.004
	a^{F3}	0.149	0.003	0.043	0.006		0.006	0.077	0.001	0.000
		0.149	0.003	0.043	0.006		0.576	0.001	0.000	0.002
		0.149	0.003	0.043	0.006		0.045	0.056	0.024	0.008
		0.149	0.003	0.043	0.006		0.026	0.010	0.001	0.003
풀링	a^{P1}	0.033	0.013				0.162	0.021		
		0.033	0.013				0.343	0.020		
	a^{P2}	0.040	0.085				0.553	0.638		
		0.040	0.085				0.130	0.077		
	a^{P3}	0.149	0.043				0.576	0.002		
		0.149	0.043				0.056	0.024		
제곱오차의 편미분	O층 1 가중치	P1	-0.001	0.000			0.003	0.000		
			-0.001	0.000			0.007	0.000		
		P2	-0.001	-0.003			0.012	0.014		
			-0.001	-0.003			0.003	0.002		
		P3	-0.005	-0.002			0.012	0.002		
			-0.005	-0.002			0.001	0.001		
	O층 2 가중치	P1	0.000	0.000			0.002	0.000		
			0.000	0.000			0.005	0.000		
		P2	0.000	0.001			0.008	0.009		
			0.000	0.001			0.002	0.001		
		P3	0.002	0.000			0.009	0.000		
			0.002	0.000			0.001	0.000		
	O층 3 가중치	P1	0.001	0.000			-0.021	-0.003		
			0.001	0.000			-0.045	-0.003		
		P2	0.001	0.001			-0.072	-0.083		
			0.001	0.001			-0.017	-0.010		
		P3	0.002	0.001			-0.075	0.000		
			0.002	0.001			-0.007	-0.003		
	O층 편향		-0.036	0.011	0.016		0.022	0.015	-0.130	

96개 이미지 데이터 만큼 함수를 복사

96개 이미지 데이터의 함수 복사가 끝났다면 제곱오차 C 및 ⑤에서 구한 제곱오차 C의 파라미터에 관한 편미분을 모두 더합니다. 비용함숫값과 기울기를 계산할 수 있습니다([식 5-8] 참고).

그림 5-59

	1 번째C_T	12.544		C	0.038		
			O층 δ^O	-0.036	0.011	0.016	
			δ^{F1}	0.000	0.000	0.000	0.000
				0.000	0.000	0.000	0.000
				0.002	0.000	0.000	0.000
δ 계산		합성곱층		0.002	0.000	0.000	0.000
			δ^{F2}	0.006	0.000	0.002	0.000
				0.006	0.000	0.002	0.000
				-0.002	0.000	0.002	0.000
				-0.002	0.000	0.002	0.000
			δ^{F3}	0.010	0.000	0.003	0.000
				0.010	0.000	0.003	0.000
				0.008	0.000	-0.001	0.000
				0.008	0.000	-0.001	0.000

> 96개 이미지 데이터 제곱오차 C의 합이 비용함수 C_T ([식 5-8])

파라미터의 기울기 1

		1	2	3
	F1	-0.017	-0.221	-2.303
		-3.463	0.035	0.073
		-1.723	-3.677	-3.091
합성곱층	F2	-0.148	-1.660	-0.052
		-1.599	0.433	0.322
		0.189	0.927	-0.341
	F3	-0.044	-1.215	-0.024
		0.031	-0.228	0.022
		-0.165	0.177	-0.640
	편향	-2.989	-0.805	-1.156
O층 1 가중치	P1	0.057	-0.041	
		0.151	-0.012	
	P2	0.235	-0.077	
		-0.051	0.038	
	P3	0.178	-0.115	
		-0.115	-0.126	
O층 2 가중치	P1	-0.067	0.005	
		0.198	-0.302	
	P2	-1.515	-0.165	
		0.047	-0.964	
	P3	-1.009	-0.321	
		-0.294	-0.407	
O층 3 가중치	P1	-0.291	-0.118	
		-1.156	0.029	
	P2	-2.006	-0.219	
		-0.181	-0.303	
	P3	-1.241	0.004	
		-0.045	-0.006	
O층 편향		-0.580	-1.574	-2.500

제곱오차의 편미분

	F1	0.000	0.000	0.000
		0.000	0.000	0.000
		0.000	0.000	0.000
합성곱층	F2	0.000	0.007	0.000
		0.000	0.007	0.000
		0.000	0.007	0.000
	F3	0.000	0.005	0.000
		0.000	0.005	0.000
		0.000	0.005	0.000
	편향	0.004	0.016	0.040
O층 1 가중치	P1	-0.001	0.000	
		-0.001	0.000	
	P2	-0.001	-0.003	
		-0.001	-0.003	
	P3	-0.005	-0.002	
		-0.005	-0.002	
O층 2 가중치	P1	0.000	0.000	
		0.000	0.000	
	P2	0.000	0.001	
		0.000	0.001	
	P3	0.002	0.000	
		0.002	0.000	
O층 3 가중치	P1	0.001	0.000	
		0.001	0.000	
	P2	0.001	0.001	
		0.001	0.001	
	P3	0.002	0.001	
		0.002	0.001	
O층 편향		-0.036	0.011	0.016

> 96개 이미지 데이터 제곱오차 C의 편미분 합계가 기울기 값

⑦ ⑥에서 구한 기울기로 가중치 및 편향값 갱신하기

경사하강법의 기본 식([식 5-9] 참고)을 이용하여 필터, 가중치, 편향을 갱신합니다(2장 10 참고). [학습] 워크시트 [그림 5-59] 부분 아래에 새로운 파라미터와 계산 함수를 복사해 갱신하는 값을 계산합니다.

그림 5-60

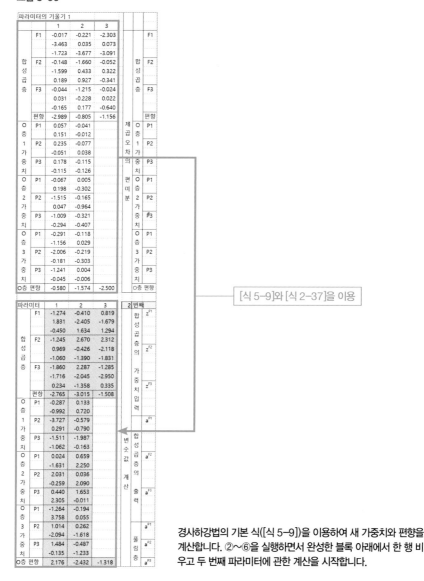

[식 5-9]와 [식 2-37]을 이용

경사하강법의 기본 식([식 5-9])을 이용하여 새 가중치와 편향을 계산합니다. ②~⑥을 실행하면서 완성한 블록 아래에서 한 행 비우고 두 번째 파라미터에 관한 계산을 시작합니다.

⑧ ③~⑦ 작업 반복하기

⑦에서 만든 새 가중치 w와 편향 b를 이용하여 다시 ③의 처리를 실행합니다. 그리고 두 번째 파라미터 처리 블록 아래 같은 블록을 48개 복사해서 만듭니다. 50회를 계산한 것입니다.

그림 5-61

행	파라미터		1	2	3
3883	파라미터		1	2	3
3884	합성곱층	F1	-0.648	-0.785	0.353
3885			2.397	-3.776	-2.737
3886			0.727	1.979	1.332
3887		F2	-0.704	3.916	1.983
3888			2.963	-1.392	-2.967
3889			-0.984	-2.722	-1.169
3890		F3	-1.819	2.636	-1.289
3891			-1.719	-2.368	-3.012
3892			-0.027	-1.687	0.354
3893		편향	-3.460	-3.640	-2.535
3894	O층 1 가중치	P1	-0.532	0.733	
3895			-1.781	0.552	
3896		P2	-4.961	0.167	
3897			0.545	-0.932	
3898		P3	-2.004	-1.778	
3899			-0.886	0.036	
3900	O층 2 가중치	P1	-0.693	-0.467	
3901			-3.149	2.818	
3902		P2	2.771	-0.732	
3903			-0.578	2.423	
3904		P3	0.772	1.494	
3905			2.192	-0.204	
3906	O층 3 가중치	P1	-0.224	-0.408	
3907			5.298	-1.577	
3908		P2	1.481	0.203	
3909			-1.763	-2.690	
3910		P3	1.149	-0.747	
3911			-0.360	-1.480	
3912	O층 편향		3.154	-4.271	-2.246
3918			50 번째 C_T	0.497	

50번째

행						
3884	합성곱층의 가중치 입력	z^{F1}	-3.460	-4.512	-6.041	-0.984
3885			-3.460	-4.512	-6.041	-0.984
3886			-3.460	-4.512	-6.041	-0.984
3887			-3.460	-4.512	-6.041	-0.984
3888		z^{F2}	-3.640	-5.794	-3.838	-2.366
3889			-3.640	-5.794	-3.838	-2.366
3890			-3.640	-5.794	-3.838	-2.366
3891			-3.640	-5.794	-3.838	-2.366
3892		z^{F3}	-2.535	-6.482	-3.954	-6.099
3893			-2.535	-6.482	-3.954	-6.099
3894			-2.535	-6.482	-3.954	-6.099
3895			-2.535	-6.482	-3.954	-6.099
3896	변숫값 계산 — 합성곱층의 출력	a^{F1}	0.030	0.011	0.002	0.272
3897			0.030	0.011	0.002	0.272
3898			0.030	0.011	0.002	0.272
3899			0.030	0.011	0.002	0.272
3900		a^{F2}	0.026	0.003	0.021	0.086
3901			0.026	0.003	0.021	0.086
3902			0.026	0.003	0.021	0.086
3903			0.026	0.003	0.021	0.086
3904		a^{F3}	0.073	0.002	0.019	0.002
3905			0.073	0.002	0.019	0.002
3906			0.073	0.002	0.019	0.002
3907			0.073	0.002	0.019	0.002
3908	풀링층	a^{P1}	0.030	0.272		
3909			0.030	0.272		
3910		a^{P2}	0.026	0.086		
3911			0.026	0.086		
3912		a^{P3}	0.073	0.019		
3913			0.073	0.019		
3914	출력층		z^O	a^O		
3915		1	3.009	0.953		
3916		2	-3.305	0.035		
3917		3	-2.836	0.055		
3918		C	0.003			

필터의 성분, 가중치, 편향을 계산

50회 계산했을 때 비용함숫값

91행~168행의 블록을 48번 복사합니다 총 50번의 계산을 하는 셈입니다.

이상으로 계산이 끝났습니다. 비용함수 C_T의 값을 살펴보면 0.497임을 알 수 있습니다. 이때 96개 학습 이미지 데이터를 하나당 제곱오차 C는 0.005입니다. 제곱오차 함수([식 5-6])에서 최대 제곱오차가 이미지 하나당 3/2=1.5임을 고려하면 좋은 결과입니다.

⑨ 테스트하기

'소악마 필기체 숫자 신경망'이 숫자 1, 2, 3을 올바르게 식별하는지 살펴봅시다. [그림 5-62]와 [그림 5-63]은 [테스트] 워크시트에 [그림 5-63]과 같은 이미지를 입력한 예입니다.

그림 5-62

	번호	1					
입력층	이미지패턴	0	1	1	1	1	0
		0	0	0	0	1	0
		0	0	1	1	0	0
		0	0	0	0	1	0
		0	0	0	0	1	0
		0	1	1	1	0	0

그림 5-63

실제 해당 숫자를 '3'으로 판정한다는 것을 확인할 수 있습니다.

그림 5-64

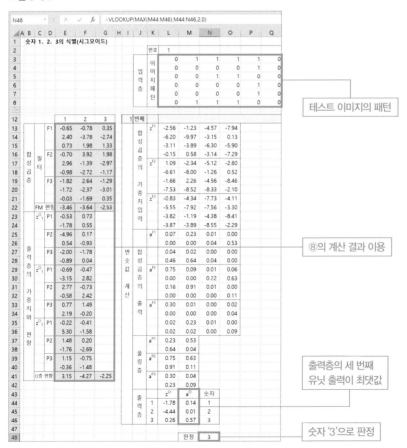

계산을 반복(총 50회)할 때마다 비용함숫값을 확인하면 경사하강법을 좀 더 잘 이해할 수 있을 겁니다. 경사하강법의 장점은 계산을 반복할수록 비용함수 C_T 값이 작아지는 폭이 크다는 것입니다. 다음 표에서 이를 확인할 수 있습니다.

표 5-4

횟수	C_T	횟수	C_T	횟수	C_T
1	12.544	21	1.059	41	0.594
2	10.627	22	1.018	42	0.582
3	11.280	23	0.981	43	0.570
4	11.674	24	0.946	44	0.558
5	13.969	25	0.913	45	0.547
6	6.007	26	0.883	46	0.536
7	3.365	27	0.854	47	0.526
8	2.277	28	0.828	48	0.516
9	2.076	29	0.804	49	0.506
10	1.921	30	0.781	50	0.497
11	1.787	31	0.759		
12	1.671	32	0.739		
13	1.569	33	0.719		
14	1.479	34	0.701		
15	1.399	35	0.683		
	1.327	36	0.667		
	1.263	37	0.651		
18	1.205	38	0.636		
19	1.152	39	0.621		
20	1.104	40	0.608		

그런데 실제 오차역전파법을 컴퓨터에서 적용하면 비용함수 C_T 값이 작아지지 않을 수도 있습니다. 이는 학습률과 초깃값 설정이 효과적이지 않을 때 발생합니다. 이럴 때는 학습률 η를 변경하거나 초깃값을 변경하여 다시 계산하기 바랍니다.

부록

부록에서는 이 책의 예제를 살펴보는 데 필요한 학습 데이터를 소개합니다. 부록_A.xlsx, 부록_B.xlsx에서도 내용을 확인할 수 있습니다.

A 학습 데이터 1

1장, 3장, 4장에서 살펴보는 '필기체 숫자 식별 신경망'을 위한 학습 데이터를 살펴봅시다.

다음은 '필기체 숫자 식별 신경망'에서 사용하는 학습 데이터입니다. 숫자 0과 1을 4×3 픽셀로 나타냅니다. 같은 형태의 이미지도 포함되어 있습니다.[1]

번호		1	2	3	4	5	6	7	8	9	10	11	12	13	14	15	16
이미지 패턴	1 2 3 4																
정답		0	0	0	0	0	0	0	0	0	0	0	0	0	0	0	0

번호		17	18	19	20	21	22	23	24	25	26	27	28	29	30	31	32
이미지 패턴	1 2 3 4																
정답		0	0	0	0	0	0	0	0	0	0	0	0	0	0	0	0

번호		33	34	35	36	37	38	39	40	41	42	43	44	45	46	47	48
이미지 패턴	1 2 3 4																
정답		1	1	1	1	1	1	1	1	1	1	1	1	1	1	1	1

번호		49	50	51	52	53	54	55	56	57	58	59	60	61	62	63	64
이미지 패턴	1 2 3 4																
정답		1	1	1	1	1	1	1	1	1	1	1	1	1	1	1	1

----

1 선이 끊기거나 흐릿한 문자가 있는 것은 숫자를 스캔할 때 발생한 노이즈 때문이라고 생각하기 바랍니다.

학습 데이터 2

5장에서 살펴보는 '소악마 필기체 숫자 신경망'을 위한 학습 데이터를 살펴봅시다.

5장 '소악마 필기체 숫자 신경망'에서 사용하는 학습 데이터입니다. 숫자 1, 2, 3을 6×6 픽셀로 나타냅니다. 픽셀 안은 0과 1이라는 2개의 값을 사용합니다.

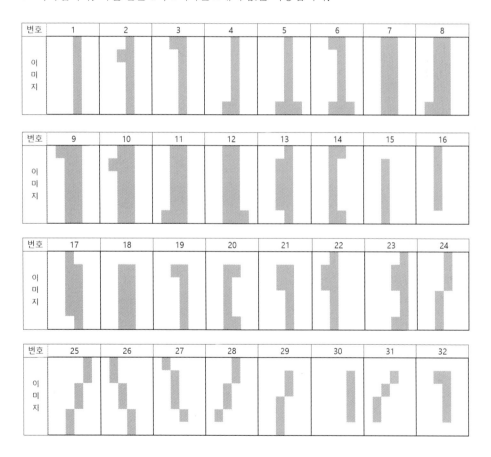

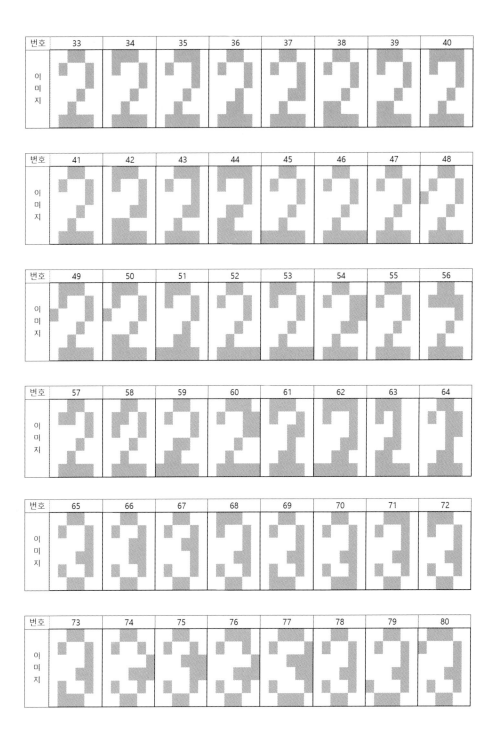

번호	81	82	83	84	85	86	87	88
이미지								

번호	89	90	91	92	93	94	95	96
이미지								

패턴 유사도를 수식으로 표현하기

합성곱 신경망의 필터와 유사도 정보를 살펴봅시다.

합성곱 신경망의 특징 맵 값은 필터와 유사도가 입력 정보입니다. 예를 들어 3×3 픽셀로 구성한 A, F가 [그림 C-1]처럼 주어지면, A, F의 유사도는 다음과 같습니다.

유사도 $= w_{11}x_{11} + w_{12}x_{12} + w_{13}x_{13} + \cdots + w_{33}x_{33}$

그림 C-1

A		
x_{11}	x_{12}	x_{13}
x_{21}	x_{22}	x_{23}
x_{31}	x_{32}	x_{33}

F		
w_{11}	w_{12}	w_{13}
w_{21}	w_{22}	w_{23}
w_{31}	w_{32}	w_{33}

앞 유사도를 벡터의 성질을 이용하여 설명할 수 있습니다. 2장 04에서 두 벡터 $\vec{a}$, $\vec{b}$의 방향이 같다면 내적 $\vec{a} \cdot \vec{b}$([식 C-1] 참고)가 최댓값이 된다는 특징이 있다고 했습니다.

식 C-1

$\vec{a} \cdot \vec{b} = |\vec{a}||\vec{b}| \cos\theta$ (θ는 두 벡터가 이루는 각도)

이때 내적 $\vec{a} \cdot \vec{b}$의 값 크기는 두 수의 유사성을 나타냅니다.

그림 C-2

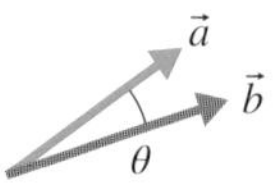

두 벡터의 내적은 두 화살표선이 갖는 각도에 코사인 삼각 함수를 적용한 것입니다. 모서리가 0에 가까울수록 $\cos\theta$는 값이 커집니다. 즉, 두 수의 유사성이 높다면 값이 커질 것입니다.

이 성질을 이용하기 위해 A, F를 다음과 같이 벡터로 나타낼 수 있습니다.

$$\vec{A} = (x_{11}, x_{12}, x_{13}, x_{21}, x_{22}, x_{23}, x_{31}, x_{32}, x_{33})$$

$$\vec{F} = (w_{11}, w_{12}, w_{13}, w_{21}, w_{22}, w_{23}, w_{31}, w_{32}, w_{33})$$

그러면 두 벡터의 내적 $\vec{A} \cdot \vec{F}$는 [식 C−1]의 우변과 일치합니다(2장 04 참고). 즉, [식 C−1]을 유사도로 설명할 수 있습니다.

INDEX